| 光明社科文库 |

湘赣苏区红色新闻研究

余习惠 ◎著

光明日报出版社

图书在版编目（CIP）数据

湘赣苏区红色新闻研究 / 余习惠著. -- 北京：光明日报出版社，2020.3
ISBN 978-7-5194-5126-4

Ⅰ.①湘… Ⅱ.①余… Ⅲ.①湘赣革命根据地—新闻事业史—研究 Ⅳ.①G219.296

中国版本图书馆 CIP 数据核字（2020）第 017220 号

湘赣苏区红色新闻研究

XIANGGAN SUQU HONGSE XINWEN YANJIU

著　　者：余习惠

责任编辑：曹美娜　黄　莺　　　　　责任校对：周春梅
封面设计：中联学林　　　　　　　　特约编辑：万　胜
责任印制：曹　净

出版发行：光明日报出版社
地　　址：北京市西城区永安路 106 号，100050
电　　话：010 - 63139890（咨询），010 - 63131930（邮购）
传　　真：010 - 63131930
网　　址：http：//book. gmw. cn
E - mail：caomeina@ gmw. cn
法律顾问：北京德恒律师事务所龚柳方律师
印　　刷：三河市华东印刷有限公司
装　　订：三河市华东印刷有限公司
本书如有破损、缺页、装订错误，请与本社联系调换，电话：010 - 63131930
开　　本：170mm×240mm
字　　数：261 千字　　　　　　　　印　　张：16
版　　次：2020 年 3 月第 1 版　　　　印　　次：2020 年 3 月第 1 次印刷
书　　号：ISBN 978 - 7 - 5194 - 5126 - 4
定　　价：95. 00 元

湘赣苏区即湘赣革命根据地，是土地革命时期，在井冈山、赣西南、湘东南地区革命斗争基础上发展起来的，位于赣江以西，袁水流域以南，大庚以北，故县、都县以东地区。1929 年 1 月，毛泽东、朱德率红四军主力向赣南、闽西进军，留守井冈山的红五军和红四军三十二团在彭德怀等领导之下，为保卫和发展井冈山根据地，进行了英勇的斗争。1929 年 1 月下旬，湘赣两省的国民党军分路向井冈山进犯，在优势敌人面前，留守红军被迫突围向赣南转移。5 月，红五军在彭德怀率领下重返井冈山。在当地农民武装配合下，红五军粉碎了国民党军的多次"会剿"，恢复和巩固了永新、宁冈、莲花、上犹、崇义等十余县的革命政权。1931 年 8 月，中共中央在永新成立了湘赣省临时省委和湘赣省工农兵政府。至此，在井冈山革命根据地的基础上，形成了以永新为中心，包括湖南的茶陵、攸县、鄞县、醴陵、耒阳、资兴、郴县、桂阳、宜章 9 个县及长湘区委，江西的永新、宁冈、莲花、安福、遂川、吉安、萍乡、新余、宜春、峡江、分宜、上犹、崇文、万安、信丰、大余等 16 个县，共计 25 个县，总面积约 1000 平方千米，基本人口 100 余万的苏区。1933 年 6 月，湘赣根据地的红军和湘鄂赣根据地的红军合编为红六军团。1934 年 8 月，红六军团奉命撤离湘赣根据地进行西征，留下的地方武装在谭余保等领导下继续在湘赣边坚持游击战争，1937 年国共实现第二次合作，陈毅代表党中央把坚持游击战争的部队改编为新四军开赴抗日前线。

目　录
CONTENTS

第一章

湘赣苏区新闻宣传的社会环境

第一节 湘赣革命根据地的建立与发展

一、湘赣革命根据地的建立

湘赣革命根据地是继井冈山革命根据地之后，在湘赣边、赣西南、湘东南人民革命斗争的基础上形成与发展起来的。

井冈山革命根据地： 1927 年 8 月 1 日，周恩来、贺龙、叶挺、朱德、刘伯承等在江西南昌发动起义，打响了共产党人武装反抗国民党的第一枪。8 月 7 日，中共中央于湖北汉口举行秘密会议，确定了实行土地革命和武装反抗国民党的总方针。9 月 9 日，毛泽东领导了湘赣边界的秋收起义，成立工农革命第一军第一师，对部队进行了著名的"三湾改编"，将部队缩编为一个团，将党的支部建在连上。10 月 7 日进驻宁冈茅坪，开始了井冈山工农武装割据。1928 年 2 月底，包括宁冈全县，遂川西北部，永新、酃县、茶陵等县部分地区的井冈山革命根据地初步建成。4 月，朱德、陈毅率领工农革命军由湘南到达井冈山，同毛泽东领导的工农革命军会师，合编为工农革命军第四军，后改称红军第四军。5 月，组成了以毛泽东为书记的中共湘赣边界特别委员会；接着成立了袁文才任主席的湘赣边界苏维埃政府。红军在赤卫队和人民群众的配合下，接连打败了江西国民党军的多次"进剿"。至 6 月，井冈山革命根据地拥有宁冈、永新、莲花 3 个县，和遂川、酃县、吉安、安福等县的部分地区。之后，又突破了湘赣两省国民党军的两次"会剿"。12月，彭德怀、滕代远率领红五军主力到达井冈山，同红四军会师。从此，中国共产党开辟了一条以农村包围城市，最后夺取城市的革命道路。

湘赣边革命根据地：1929年1月26日，敌人向井冈山发动进攻。井冈山军民在彭德怀等人的指挥下，凭险抵抗三昼夜，终因敌众我寡，井冈山失守。井冈山失守后，湘赣边区陷于严重白色恐怖之中。边界各县党组织和苏维埃政权大部分遭到破坏，随红五军突围的湘赣边界特委成员在遂川边境被打散，特委工作陷于瘫痪状态。为了恢复、重建湘赣边界党组织，领导人民继续进行斗争，2月中旬，湘赣边界特委委员、特委巡视员兼茶陵特别区委书记宛希先，克服重重困难，与永新、宁冈党组织取得联系，在九陇山召开茶陵、永新、宁冈3县党的负责人联席会议，组建了湘赣边界临时特委（称二月临时特委）。3月14日，原湘赣边界特委副书记陈正人从遂川来到九陇山，召开边界特委扩大会议，成立了新的临时特委（称三月临时特委）。4月，原特委书记邓乾元回到永新，恢复特委工作，并将永新、宁冈、茶陵、莲花等县部分地方武装与李灿部和王佐部合编为红军独立团第一团，积极开展游击战争，逐步恢复了井冈山、九陇山两块军事根据地。在边界特委领导下，边界各级党组织开始恢复，茶陵、酃县、永新、宁冈、莲花等县的党组织很快健全，并开展了活动与斗争。随着湘赣边界各级党组织的恢复和地方武装的发展，湘赣边界工作局面有了明显好转。这时，早先撤离井冈山并在瑞金与红四军会合的红五军，遵照红四军前委决定，从赣南返回湘赣边界。5月2日，彭德怀率红五军到达宁冈茅坪。红五军的到来，不仅增强了湘赣边界武装力量，而且带来了上级党委的指示精神和巩固根据地的斗争经验。边界特委"感觉到政治上有重新布置的必要"，便于5月10日在宁冈古城举行了中共湘赣边界特委二届四次执委扩大会议，重新研究部署边界的工作。这次会议制定了比较切合实际的工作方针、任务与措施，成为井冈山根据地失守后湘赣边界工作的一个重要转折点，会后，在边界特委领导下，湘赣边界党的组织、红色政权、割据区域和地方武装都得到发展，不仅恢复巩固了老区，而且发展了新的红色区域。6月底，红五军接连收复遂川、宁冈两座县城。10月攻克永新县城，特委机关由农村迁入城内，实现了边界特委政治军事中心由宁冈向永新的转移。9月25日，中共中央致信湘赣边界特委，确定特委的管辖区域为永新、莲花、宁冈、攸县、酃县、茶陵等县，特委由湖南省委改归江西省委领导，特委机关迁入永新县城。从此永新县城成为湘赣边界革命斗争的中心。经过一年的斗争，以永新为中心的湘赣边根据地基本形成。

赣西南革命根据地：1930年1月初，红五军由湘鄂赣边来到湘鄂边开展游击活动，湘赣边革命斗争获得更大发展。1930年1月，赣西特委、湘赣边特委合并为赣西特委，将赣西和湘赣边红军合编为红六军。2月6日到9日，由毛泽东主持在吉安县陂头召开了红四军前委、红四军、红五军军委和湘赣边界、赣西、赣南特委联席会议（史称"二七陂头"会议），决定扩大红四军前委为总前委，同时将湘赣边、赣西、赣南三特委合并为赣西南特委，统一领导所辖地区的工作。3月15日，赣西南党的第一次代表大会在吉安富田召开，在这次大会上确定了赣西南地区党组织的主要斗争任务。为了便于领导，赣西南特委分设了东、西、北、中、河东、河西六个行委。在此期间，赣西南特委在整顿革命政权、分配土地和发展群众武装等方面，基本上执行了前委的正确指示，因此，整个赣西南地区革命力量得到迅速发展，根据地也得到进一步巩固。但是，赣西南特委组成不久，在领导的思想上就表现了某些"左"的倾向，把夺取吉安、赣州进而夺取江西全省政权的长远斗争目标，当作当前的行动纲领，不顾主客观条件，盲目地组织和领导革命群众和地方武装，在没有或只有很少的主力红军参加的情况下，连续八次攻打吉安城，但最终未能攻破吉安城，徒然受到很大伤亡，遭受了不应有的损失。在此期间，红四军和红五军得到很大发展，并分别组成红一军团和红三军团。10月，中国工农红军第一方面军转战至赣西南地区，并攻下了吉安城。但部分人继续坚持贯彻执行立三路线，要红军攻打南昌、九江。以毛泽东为书记的红一方面军总前委对这种"左"的错误进行了坚决斗争。经过袁州会议、峡江会议和罗坊会议，这种"左"的错误基本上得到纠正。赣西南地区的革命斗争，在总前委领导下继续得到发展。

湘东革命根据地：国民党各派军阀之间，为了争夺地盘和巩固统治，混战连年不断，军阀混战给广大人民带来巨大灾难，同时也削弱了白色政权的统治势力，造成了有利于革命和革命战争胜利发展的新形势。湘赣地区的革命斗争在这种形势下有了进一步的发展。1930年3月，红五军由赣西地区返回湘鄂赣革命根据地。不久，打下了平江、修水、万载等县城。5月，在赣西南地区活动的红六军来到萍乡地区，打下了萍乡县城，占领了安源。7月下旬，由红五军发展组成的红三军团乘湖南国民党军主力南下追击李、张联军之机，在平江地区击破敌人的拦阻，一举攻入长沙，占领十天。由闽西进至江西南昌附近的红一军团，得知红三军团从长沙退出并受到湖南国民党军的追击，为了援助红三军团，由江西进到湖南，在浏阳文家市歼敌一个旅，接着会合红三军团，组成了中国工农红军第一方面军。从8月底开始，红一方面军包围长沙近半月之久，沉重地打击了敌人。主力红军的这些活动，给湘东地区人民的革命斗争以很大鼓舞。与此同时，湘东地区的革命斗争更是如火如荼地开展起来。原属中共湘鄂赣特委领导的浏阳、万载和宜春等县，早就建立了工农革命武装和小块根据地。第一次国内革命战争时期，浏阳及其附近各县农民自卫军就有了很大力量。毛泽东领导的秋收起义在这里留下了深刻的影响并撒播了革命的种子。1928年春，浏阳东乡的革命群众在金狮冲成立了浏东赤卫队。1929年10月，在红军帮助下，以大光洞和萤火洞为中心，建立了浏阳第一区工农兵政府。原在粤汉铁路长岳段任工人纠察队队长的王震带领近20名党员知识分子和工农群众团体骨干，于1929年6月到7月间从武汉返回家乡浏阳，先后成立湘鄂赣边第十八、十九两区委。1929年年底，两区委正式成立了游击队。1930年3月18日，中共浏阳县委根据湘鄂赣特委的指示，举行了全县起义。在此期间，万载黄茅地区和宜春慈化地区的革命斗争和地方武装，也都有所发展。莲花、茶陵和攸县，原是西路地区的一部分。这时的莲花赤卫大队和永新、宁冈等县的赤卫大队一样，是编组红六军、红二十军后重新发展起来的。茶陵的地方武装在1930年春再次组成赤卫大队，在县委领导下活动于茶陵县城周围，发动群众，袭扰敌人。醴陵和萍乡大部分地区，原属中共安源特区委领导。大革命失败后，这一带革命群众的武装斗争虽然经过多次曲折，但革命力量始终存在，醴陵游击队活动在醴陵、萍乡一带。1930年5月，红六军攻占安源，安源煤矿工人在红军的帮助下组织了工人武装纠察队。红六军转移后，这支工人武装转移到醴陵的农村地区，同那里的革命力量会合，共同进行斗争。在这种形势下，中共湖南省委为了加强对湘东地区革命斗争的领导，决定成立中共湘东特委，并将原属湘鄂赣特委领导的浏阳、万载、宜春和原属西路行委领导的莲花、茶陵、攸县以及安源特区委领导的醴陵、萍乡、株洲等县划归湘东特委领导，建立湘东革命根据地。

湘赣革命根据地正式形成：随着湘东、赣西地区革命斗争的深入发展并连成一个整体，特别是1931年2月湖南省委机关遭破坏和1930年12月江西吉安

"富田事变"发生后，在湘赣边界建立一个相对独立的苏维埃区域便提上了中共中央的重要议事日程。1931年5月，中共中央做出《关于苏维埃区域党的组织决议案》，① 决定撤销赣西南特委，在赣江以东地区成立赣南、赣东、永吉泰等三个特委，赣江以西的西路、北路分委和湘东南特委所辖地区组建湘东南省，成立湘东南省委。随后，中央又决定改名为湘赣省。7月中旬，王首道等受命在永新县城主持召开了湘东南特委、西路、北路分委负责人联席会议，宣读了中共中央、苏区中央局关于建立湘赣省与任命临时省委、省苏维埃政府负责人的决定。会上就肃反和扩大红军问题进行了研究，决定建立政治保卫处和少共（共青团）临时省委；将湘东南独立师改为湘赣红军独立一师，并将原西路分委指挥的独立第七团，补充改编为湘赣独立第七团，将湘赣游击队改编为湘赣红色警卫团。为了使各项工作不受影响，会议还宣布：湘东南特委、西路分委在正式成立省委、省苏维埃政府以前，仍暂时保留，协助临时省委、省苏维埃政府做好各项工作。经过筹备，1931年8月1日，中共湘赣临时省委和临时省苏维埃政府在永新县城、钱山、象形等地同时召开群众大会，正式宣布建立湘赣省的建置和管辖范围，号召群众积极行动起来，反对敌人的第三次"围剿"和开展重新分配土地等工作。此时，湘赣省管辖的范围包括湘东南特委领导的酃县、茶陵、攸县、醴陵、莲花、萍乡，西路分委领导的永新、安福、吉安、遂川、宁冈，北路分委领导的新余、分宜、宜春、峡江、清江，南路分委领导的上犹、崇义、万安、信丰、大庾等21个县及株洲直属区，不久又与湘南特委领导的安仁、资兴、耒阳、郴州等县沟通了联系，范围扩大到25个县和1个直属区，形成了以永新为中心，东起吉安永阳赤白交界处，西至茶陵近城赤白交界处，南至永新关背苏区，北邻萍乡赤白交界处，纵横各300余里，总面积达2.8万平方千米，人口近百万的整块苏区。苏区武装力量主要有：由湘东南独立师改编的中国工农红军湘赣独立第一师，红三师第七团，红二十军一七五团，共2000多人、近1500支枪。至此，湘赣革命根据地正式形成。

---

① 中央档案馆. 中共中央文件选集（第六册）[M]. 北京：中共中央党校出版社，1991：269.

二、湘赣革命根据地的巩固和发展

中共湘赣临时省委成立的时候，国民党军对中央苏区的第三次"围剿"已经开始。1931 年 7 月，蒋介石趁中央红军苦战后未得休整和兵力分散的时机，迅速调集 30 万人的兵力，自任总司令，对中央红军和中央苏区发动了第三次"围剿"。蒋介石采取"长驱直入"的战略，企图一举击破红军主力，在赣江一带将中央红军彻底消灭。在湘赣苏区周围，它调用 7 个师约 6 万余人的兵力配合行动。国民党军企图首先用封锁的办法来限制湘赣红军策应中央红军的作战，并相机以机动部队突袭和侵占湘赣苏区中心区域，陷红军于不利地位，准备在进攻中央红军得手后，再增添兵力围歼湘赣红军。

湘赣临时省委一成立，就领导全区军民立即投入配合中央红军反对敌人第三次"围剿"的斗争中。为了增强部队的战斗力，湘赣临时省委决定将原红二十军的第一七五团编入湘东南独立师，并将湘东南独立师改名为独立第一师，将西路地区的独立团改为独立第七团，由省委和省苏维埃政府统一指挥。同时积极整理地方武装，设法增强其战斗力，对敌展开作战。遵照中共中央"以主力向东南发展"的指示，8 月间，独立第一师进至遂川地区，打击反动地主武装，并寻找国民党军第二十八师，与之作战，以求通过胜利的战斗巩固和发展遂（川）酃（县）宁（冈）苏区，进而与上犹、崇义苏区联结起来，使湘赣苏区成为中央苏区西侧的坚强屏障。9 月 28 日，独立第一师会同独立第七团、安福独立营、河西教导队、当地游击队和暂留湘赣苏区活动的红三军团特务营前往永阳，攻打国民党军第二十八师的一个团，并将其全部歼灭。红军俘获敌军团长毕卫汉及以下官兵将近 1000 人，缴枪 800 余支。之后，独立第一师按省委指示，转向上犹和崇义等地区开展工作，他们首先攻克上犹，继而攻下南康县的塘江，严重打击了敌第十二师和地主武装，并帮助建立了赣南独立师。

11 月初，国民党军集中十个师连同地主武装共约 8 万人"围剿"湘赣苏区。第十一、第十四、第四十三、第五十三和第七十七共 5 个师配置在赣江沿线，第十八师和第五十九师配置在袁水沿岸地区，第六十二师和第六十三师配置在攸县、茶陵地区，第二十八师和第十二师的第三十四旅配置在遂川、万安和赣县地区。国民党军企图以东面的主力部队首先侵占苏区的城镇和交通要道，构筑碉堡，将苏区割裂封锁，然后实行分区"清剿"。11 月中旬，国民党军对湘赣苏区的"围剿"全面展开，第七十七师由吉安经安福进占莲花，第十四师进占永新，第二十八师又占永阳，第六十二师和第六十三师也开始由攸县、茶陵向苏区推进。中共湘赣省委查明敌军企图后，连续召开几次党委会议，分析形势，研究对策，布置应敌工作，随后还制定了《关于实行战争总动员，冲破敌人围剿，巩固苏区的决议》。省委明确指出：在目前敌人有计划地进攻湘赣苏区的严重形势下，党的紧急中心任务是实行群众总动员，集中一切力量冲破敌人的围攻。省委还决定由林瑞笙、李朴、冯建元、刘锋、袁任远组成临时前敌委员会（以下简称"临时前委"），林瑞笙为书记，统一指挥湘赣苏区的红军和地方武装。省委将独立第七团和由湘南游击队改编的红色警卫团组成独立第三师，师长冯建元，政治委员甘泗淇，政治部主任袁任远。同时，急调在上犹、塘江一带活动的独立第一师迅速北返，同独立第三师一起对敌展开作战。12月初，湘赣独立第三师和河西教导队，以伏击手段在永新县澧田附近全歼灭敌军一个营和永新保安队。1932年1月，根据中央革命军事委员会指示，成立湘赣军区，张启龙任总指挥，甘泗淇为政委。在军区的统一指挥下，湘赣红军对莲花守敌第七十七师展开进攻，经过一个多月的作战，迫使其弃城突围，逃往萍乡。至此，国民党军的"围剿"完全粉碎，湘赣根据地被敌人占领的地区又全部收得。2月，独立第一、第三师合编为第八军。第一师师长李天柱、政委王震兼代红八军军长、政委。1933年6月，红八军被改编为红十七师，并同由湘鄂赣苏区调来的红十八师合编成红六军团。

1931年10月8日，中共湘赣省召开党的第一次代表大会，成立了中共湘赣省委员会，王首道为书记，并通过了政治、组织、苏维埃等问题的决议案。17日，湘赣省召开第一次苏维埃代表大会，正式产生了湘赣省苏维埃政府，选举袁德生任主席。大会详细讨论了苏维埃政府的工作，就政府组织、军事、土地、经济、文化等问题做出了一系列的决议。

粉碎敌人的局部"围剿"后，湘赣苏区的管辖区域有赣西各县、湘东南各县、江西之南路各县、湖南之湘南游击工作区域。此区城共包含25个县，均可互通交通。但江西之南路、北路，湖南之湘南尚未取得斗争上的密切联系，整块苏区只有永新、安福、吉安、宁冈、遂川、茶陵、攸县、酃县、萍乡、莲花等10个县，以永新为中心，湘赣苏区走上了巩固和发展的道路。

从1931年10月至1933年4月，湘赣苏区进入全盛时期，尽管受到第三次

"左"倾冒险主义的影响，但在实际工作中还未得到全面贯彻，因而，土地革命深入开展，苏区的各项建设都获得了很大发展。1932 年 3~6 月和 7~9 月，在省委领导下，全省开展了两次革命竞赛，竞赛内容包括扩大苏区、扩大红军和地方武装、搞好工会工作、加紧苏维埃建设、继续彻底解决土地问题、开展白区工作、加紧"肃反"工作、加强两条战线上的斗争等八项。然而，由于第三次"左"倾错误的影响和敌人的进攻，竞赛被迫中断，而后期又出现了一些问题，使红军减员，苏区缩小，给革命造成了一些损失。但总的来看，这两次革命竞赛，调动了湘赣苏区人民的革命积极性，推动了苏区各项工作的发展。在全盛时期，苏区扩大到赣江以西、袁水以南、粤汉铁路以东的广大地区。

三、湘赣革命根据地的丧失

1933 年 2 月，敌人对中央根据地发动了第四次"围剿"。红八军按照中央军委的命令北出袁水，会合湘鄂赣的红十六军，打击袁水流域之敌，配合中央红军作战。3 月 9 日，红八军日夜兼程赶到新余以西地区，却因两次强渡袁水失败，与红十六军会合的计划未能实现，遂改变行动方向，直逼赣江并占领了新淦县的三湖、廖圩和界埠，此举严重威胁了敌人的赣江交通，有效配合了苏区的第四次反"围剿"斗争。

3 月中旬，湘敌第十五、第六十三师和赣敌第二十八师，对湘赣革命根据地发动第四次"围剿"。红八军经中央军委批准，返回湘赣根据地作战。在地方武装的配合下，红八军于 4 月 7 日在粤田圩歼敌第二十八师一个营，5 月 6~7 日，在莲花的九度冲地区，歼敌第六十三师 1500 余人，缴获大批军用物资；5 月 29 日，又在茶陵、莲花交界的塘下、棠市一线与敌四个团一个营激战，将敌人全部击溃，俘正团长以下官兵 800 余名，缴获大批枪支弹药，粉碎了敌人对湘赣根据地的第四次"围剿"。

1933 年夏，蒋介石在加紧准备对中央根据地发动第五次"围剿"的同时，以其西路军第一纵队的 6 个师，约 5 万人，准备"围剿"湘赣革命根据地。这时，王明"左"倾冒险主义者统治的党中央，以反对所谓湘赣罗明路线为借口，解散湘赣省委，成立新省委，错误地将原有的领导及其他许多干部当作"右倾机会主义动摇分子"，进行了"残酷"的斗争。6 月，党中央派任弼时任湘赣省委书记兼湘赣军区政治委员。7 月中旬，红八军改编为红十七师，师长萧克，政委蔡会文。红十七师同红十八军组成红六军团，暂由红十七师领导人统一指挥。

7月26日，中央军委命令红六军团第一阶段（9月底前），在永新、宁冈、莲花和茶陵地区消灭敌人的第一纵队；第二阶段，以一个师北渡袁水，与红十六师会合，消灭"围剿"湘鄂赣根据地的敌军第二纵队。7月底，红六军团挺进莲花、宁冈、茶陵、醴陵、萍乡等地区，不但未能达到预期目的，反而遭到敌人的夹击，遂于10月中旬返回永新地区。

11月初，敌第一纵队司令刘建绪率3个师，对湘赣革命根据地发动第五次"围剿"。8日，红六军团在莲花县以南梅花山防御，将敌击溃，歼敌近千人。12月15日，又在万安县潞田歼灭敌人一个团的大部分。1934年2月初，红十七师奉中央军委命令，北渡袁水，会同湘鄂赣根据地的红十六师向南浔铁路永修地区活动，未果。于3月下旬返回湘赣革命根据地。4月5日，第六军团在永新县沙市伏击敌人，歼敌一个旅，俘敌2000余人，缴枪1000余支。

6月3日至7月4日，第六军团按照中共中央指示在永新县金华山、松山进行单纯防御，与敌军打阵地战，致使红军力量削弱，根据地缩小，斗争形势严峻。7月23日，党中央和中央军委命令红六军团退出湘赣革命根据地，到湖南中部建立新的革命根据地，并指定任弼时、萧克、王震三人组成军政委员会，任弼时任主席，领导红六军团的行动。8月7日，第六军团开始突围西征，后到了黔东地区与红三军会师。至此，湘赣革命根据地第五次反"围剿"遭到失败。

红六军团离开后，湘赣苏区政府主席谭余保以及曾开福、彭明辉、段焕竞、刘培善等率领湘赣边独立第一团和游击队转战于湖南的茶陵、攸县、酃县、醴陵和江西的永新、莲花、萍乡、分宜等地。

第二节　湘赣革命根据地的建设

一、湘赣革命根据地党的建设

中共湘赣苏区党组织是在湘赣边、赣西南、湘东南地区党组织的基础上发展和壮大起来的。1931年8月1日，成立湘赣临时省委，下辖西路、北路、湘南三个特委，永新、安福、吉安、莲花、茶陵、萍乡、攸县、酃县八个直属县委和遂川、宁冈两个直属临时县委，50 个区委，600 多个支部，党员 20687 人。10 月 8 日，湘赣省一大通过了政治、组织、苏维埃等问题的决议案，并选举产生了中共湘赣省委员会。到 1932 年 7 月，省委下辖的党组织有分宜中心县委、河西道委、湘南道委、长湘区委和省属的 10 个县委，发展了党员 9000 余名。

湘赣苏区党组织进行了基层组织建设、干部队伍建设、党员队伍建设以及党员的思想作风建设。

（一）基层组织建设

中共湘赣省委指示"支部要能经常地召集会议，依照当地实际情形讨论和执行上级的指示和决议。支部要做群众工作，使支部真正地成为与群众的连环"。领导干部要"面向支部""到支部中去"，与支部同志打成一片。区委及县委一直到省委成员须经常出席会议。党支部负责组织各种问题的研究会和政治讨论会；组织读书班和读报组，阅读报刊及党的各种文件；召集新党员的特别会议，由一些比较有经验的老党员轮流到支部教育他们。经常召开支部生活会，生活会采取民主集中制，自上而下地开展自我批评，以提高党员的政治水平，清除非无产阶级的思想。各地基层组织的建立和健全，有力地推动了根据地的扩大红军、支前参战、购买公债、发展工农业生产、节约粮食和经费等各项工作任务的完成。

（二）干部队伍建设

从临时省委成立到 1932 年 1 月，湘赣苏区的党组织不断吸引新的干部，13 个县委 4 个特区委员会共 146 人，2/3 是从区委支部提出来的，且工人成分占 31%、农民占 50%、知识分子占 13%。1932 年这一年，湘赣全省共提拔干部 2498 人。边区党组织采取了党校、训练班等形式进行干部培训。1932 年 5 月，湘赣省委在永新开办了一所党校，共有学员 120 人，课程设置有政治、党建、苏维埃实际工作和群众工作等。茶陵、永新、攸县等县都开办了短期的"党务训练班"。边区党还利用战争间隙或短暂稳定时期，创办红军学校、党校、列宁干部学校和青少年干部学校等，以培养军队党员干部。

（三）党员队伍建设

1931 年 10 月。中共湘赣省委为了发展和纯洁党员队伍，决定"坚决地大胆地洗刷阶级异己分子和消极怠工、腐化堕落、脱离群众的分子，勇敢地发展党的组织，吸收斗争坚决的工人、雇农、贫农分子入党"。在入党的条件上比较注重成分，特别注重吸收"忠实勇敢积极的工人、雇农、贫农分子进党"，当然，对于其他革命分子和中农不一味加以拒绝，经过"慎重的严格的考察，规定更严格的条件，可以介绍入党"。同时，湘赣省委还特别强调必须按照入党手续，以公开征收党员方式进行，反对拉夫式发展。1932年上半年，省委举行了一次登记党员运动，一方面发动党的思想斗争，以改造党的组织；另一方面，借以统计党员的数量和成分，提高党员的质量，在登记中，有些地方清除了一些坏分子。在此运动中全省共发展了新党员6400余名，其中工人、雇农成分占21%。

（四）思想作风建设

为了克服党内在革命斗争中时常表现出的农民意识、盲动主义、地方主义、派别意气之争和严重的个人主义等错误倾向，增强无产阶级观念，边区党组织广泛开展了思想政治教育。一是通过召开党的活动分子会、工作会、批评会以及发指示、通告等形式，对盲动主义及地方主义错误进行了深入的分析和严厉的批判，并提出了克服的办法。二是对各级党组织加强训练和教育。一方面，通过党的支部会、小组会、民主生活会加强对上级机关的决议、通告、指示信和国内外形势的讨论和学习，各支部还利用会议和个别谈话的方式，对党员的错误和缺点提出批评和帮助；另一方面，由宣传部门及时将党的政治路线、决议、土地革命、苏维埃运动、国内外形势等材料印发出来，组织全体党员学习和讨论，联系实际进行启发教育。三是创办各种类型的党报、党刊，用浅显的理论、贴近生活的事实，对广大党员干部进行思想理论教育。

苏区党组织还采取了一系列措施来强化党的纪律，增进党的作风建设。中共湘赣省委一大通过的《组织决议草案》强调："每个党员都应该有党的组织观念，养成行动纪律化的习惯。在国内阶级战争的现在，党需要实行军事纪律，每个党员，尤其是负责党员，都要遵守苏维埃的纪律和红军的三条纪律八项注意。"[①] 湘赣省的党组织以经常召开生活会的形式，总结成绩，批评缺点，展开批评与自我批评，保证"党的布尔什维克化"。对于犯了错误的同志，强调耐心

---

① 江西省档案馆. 湘赣革命根据地史料选编（下册）[M]. 南昌：江西人民出版社，1984：239.

帮助教育，而不是"组织制裁"，但对于投敌叛变或阶级异己分子，则严厉制裁。茶陵就曾开除76名消极腐化分子。

二、湘赣革命根据地的政权建设

1931年10月，湘赣省苏维埃第一次工农兵代表大会召开，成立了湘赣省苏维埃政府，辖有14个县苏、43个区苏、425个乡苏。1932年8月，湘赣省苏维埃第二次工农兵代表大会召开，使苏维埃工作有了相当大的进步，政权机关得到了初步的改造，各部的政治工作也积极地开展起来。到1932年10月，湘赣省苏维埃政府辖有永新、莲花、茶陵、安福、吉安、萍乡、酆县、遂川、宁冈及北路的分宜中心县、新峡县、河西的上犹、崇义共有14个县苏、75个区苏、516个乡苏。为了领导和巩固政权，湘赣苏区党组织进行了以下探索。

（一）理顺党政关系

湘赣苏区对如何处理党委与政府的关系进行了有益的探索，基本上建立了党团制度、明确了党管干部的原则。

湘赣省苏维埃政府成立初期，一切大小事情都是由党委包办，甚至于苏维埃成了党委的办事处。为了纠正这种局面，1932年1月5日，省苏维埃政府召集了各县苏维埃主席及执委参加的第一次执委扩大会，对前段工作进行了详细的检查，指出要"建立代表工农劳苦群众解决一切问题的真正为他们利益而奋斗的苏维埃政府"，要"建立苏维埃的日常工作"。党对苏维埃的领导主要是政治思想上的领导，并在苏维埃政府和群众团体中普遍建立了党团，形成了党"应该经过党团的形式在苏维埃中起领导作用"，而"不能直接命令苏维埃或代替苏维埃"的执政思想。党在各级苏维埃政府中建立自己的组织，派出有经验有威望的干部担任政府中的领导工作职务。如湘赣省委常委袁德生、张启龙分别兼任湘赣省苏维埃政府的主席和副主席。党管干部的原则就是凡苏维埃政权和群众团体的领导人选，均由党组织提出名单，在群众中进行宣传，使群众接受这种意见，再经民主选举产生。政权机关和群众团体中各种职务的人选，经当地党委同意后，再由党团提出，由苏维埃政府任命。

党团制度和党管干部原则，对解决根据地以党代政、党委包办政府事务的现象有着重大作用，可以使各级党组织从繁杂的政府事务性工作中摆脱出来，有更多的时间和精力从事党的大政方针政策的制定。

（二）推进民主制度

湘赣苏维埃政权是工农民主政权，政权的组织形式采取工农兵代表大会制度。工农兵代表大会包括乡、区、县和省四级。1932 年 1 月 12 日湘赣省苏维埃政府颁布了《湘赣苏区各级苏维埃政府暂行组织法》，就各级工农兵代表大会的责权，代表的数量、比例、任期，大会执行委员会的责权、名额、任期以及大会的各种专门委员会的设置做了具体的规定，以保证工农群众的选举和被选举权，使民主权利与集中领导有机结合，既体现人民的意志，又确保政权的权威性。

（三）强调勤政廉政建设

根据临时中央政府的规定，苏区各项政府机构中的工作人员配备相当精简，乡苏维埃政府只配备 3 人，区苏维埃政府 15 人，县苏维埃政府 25 人，省苏维埃政府 90 人。而政府的工作却十分繁杂，如土地革命、"扩红"、组织春耕和经济建设等，这就要求各级干部必须具有忘我的精神，勤勉扎实工作。为加强对政府工作人员的监督力度，建立了包括司法监督、党政监督、审计监督、舆论监督、群众监督在内的监督机制，对于那些贪污腐化、人浮于事的政府工作人员，予以坚决打击和处理。在勤政廉政建设过程中，苏维埃政府严惩了一些贪污腐败分子，整肃了政府工作作风，使苏维埃政府赢得了广大人民群众的衷心拥护。

三、湘赣革命根据地的军队建设

军队是胜利之本，军队建设是湘赣革命根据地巩固和发展的重要保障。湘赣省委、湘赣省苏维埃政府高度重视发展红军、扩大红军的工作。同时，湘赣革命根据地也加强了军校教育、军工生产等方面的建设。

（一）"扩红"工作

湘赣革命根据地扩红工作的最大特点是全员"扩红"，即党政军民一体扩大红军。首先是中共湘赣省委做出扩大红军的决议，制定优待红军条例，发出"扩红"竞赛号召，决定从 1932 年 3 月 15 日至 6 月 15 日开展为期三个月的革命竞赛。湘赣省委第二次全体大会通过了扩大红军的决议，号召全党必须通过最大的努力来扩大红军，至少扩大 8000 人，完成并超过 11 月、12 月和 1 月三个月的扩大红军计划。

接着，湘赣省苏开始对省委扩大红军决议进行落实。省苏二大讨论通过的《扩大红军与健全地方武装决议案》① 指出，要切实执行优待红军条例，凡属志愿参加红军的工农分子，必须到各乡苏政府详细登记，然后才有享受红军条例的权利。在"扩红"工作中，团组织发挥了先锋作用，每个团员都负有参加红军的责任，还要发动少先队员到红军中去，运用模范队、营、团的方法去扩大红军；各级工会也积极响应，号召全省青年雇农工人积极扩红参战，鼓动领导青年群众购买革命战争短期公债，切实帮助政府执行优待红军条例；湘赣省军区大力协助；拥红会、优红会切实做好拥红优红工作。

由于宣传到位、措施得力，湘赣省"扩红"工作取得了巨大的成绩。大批工人农民加入红军。在1932年11月21日至1933年2月20日三个月的"扩红"工作中，苏区有919名工人加入红军，白区也有200人左右加入红军，不少地方组建了少共国际团。同时，加强了党在红军和地方武装中的领导，归队运动也收到实效。广大群众踊跃参加支前，提供了源源不断的人力物力支援。

（二）军校教育

湘赣红军的军校教育是在井冈山革命根据地工农革命军教导队及红军学校的基础上发展壮大起来的。1931年8月，在永新县城由红七军教导队、西路教导队、红二十军干部队组成红军教导队，也称河西教导队，培训赣西红军指挥人才，同时代赣西南地区培训地方武装游击队、赤卫队骨干，学员达400余人。11月，河西教导队改为湘赣红军学校，开设军事课、政治课，建制仿照黄埔军校模式，设军事队和教导队。12月，根据中央军委统一军队编制的命令，湘赣红军学校正式定名为中国工农红军学校第四分校。红四分校下设军事队、政治队、特科队3个专业学科，每队设队长和政委各一人。军事队主要培训红军、游击队中的班、排、连、营长及地方武装的优秀青年干部；政治队主要培训连、营一级指导员、教导员以及游击队政治工作干部；特科队专门培养训练重机枪手、迫击炮手等技术人才。红四分校训练严格，理论联系实际，学员先后到湘、赣各县与主力红军和地方武装紧密配合，实施对敌作战。红六军团突围西征前夕，红四分校又更名为随营学校，随军西征。红四分校前后开办五期，每期学

---

① 江西省档案馆. 湘赣革命根据地史料选编（上册）［M］. 南昌：江西人民出版社，1984：549.

员多则 800 名，少则 200 名，共培训学员 2500 名以上。

湘赣省军区和省苏维埃以颁发决议、文件、指示、工作大纲等形式，加强正规红军和地方武装的军事教育。内容包括：军事技能教育，专门提高战时军事技术；部队平时教育，教育不仅在驻军休息时进行，也在行军作战时进行；设立政治干事，加强政治教育。

（三）军工生产

兵工厂。湘赣省军区成立前，部分县建立了一批修械所或规模不大的兵工厂。省军区成立后，决定将永新鄱阳兵工厂、莲花修械所及红军独立师修械，合并成立湘赣省军区兵工厂。开始只有 50 多人，1932 年 12 月扩大到 150 人，后又扩大到 240 多人。1933 年上半年，省军区兵工厂分为兵工厂和炸药厂。兵工厂专门负责制造和修理枪械，弹药厂负责制造子弹、炸药及手榴弹、迫击炮弹等。红六军团突围西征时，兵工厂抽调 100 多名工人组建随军修械处，随红六军团西征。各县苏政府也创办了小型兵工厂，保障地方武装武器装备。

军服厂。湘赣省军区军服厂（也称被服厂），是吸收了井冈山革命根据地时期成立的桃寮被服厂的经验，1932 年在永新开办的。刚开始只有三四十个工人、四五台老式木架缝纫机和几台老式织布机，机制或手工缝制军衣、军被、军裤、军帽、军棉衣、绑腿、子弹袋、红袖章、旗子等。产品由军区统一分配，主要供红十七师、红十八师使用。后几次搬迁，1932 年 11 月，全厂发展到 100 多工人、10 多台缝纫机。在湘赣省永新、酃县、莲花、攸县、安福等县都办了被服厂、缝纫厂，1932 年达到 19 个，全省被服厂职工五六百人。

四、湘赣革命根据地的经济建设

湘赣革命根据地进行了农业、工业、商业等方面的经济建设。

（一）农业

实行土地革命，激发农民的生产及革命积极性。早在 1928 年 5 月，湘赣边界就开展了土地革命，以乡为单位，以原耕为基础，按人口平均分配土地。井冈山失守后，湘赣边界各县融入赣西南根据地，在 1930 年“二七”会议后，再次实行了土地分配，按人口平均分配，抽多补少。湘赣省委成立后，1932 年 1 月 9 日湘赣省苏维埃第一次代表大会上通过了《土地问题决议案》及其附件

《湘赣苏区重新彻底分配土地条例》①，至同年秋全省实行了重新分配土地。其基本政策是：依靠贫雇农，团结中农，将以前分给豪绅地主及反动分子家属、富农及其他剥削者的土地全部重新收回，所有土地打乱重新分配；贫雇中农和红军家属分好田；所有权归农民，可自由买卖。

通过重新分配土地，根据地占农村人口80%以上的贫雇中农分得了较好的田，人均两亩左右。废除了不合理的高利贷和债务，提高了农民的经济地位，解放了农村生产力。广大农民的生产积极性和革命积极性高涨，促进了粮食丰收，有力地支援了革命战争。

实施发展农业生产的措施，解放农业生产力。第一，党和政府重视农业生产，指示各级党组织指导、督促农业生产，解决生产中遇到的困难；第二，开垦荒地，兴修水利。据1933年2月统计，永新开垦荒田3250担，吉安县开垦1513担，安福开垦350担，使得苏区粮食大量增产，永新城还修建了十余处水利工程；第三，发挥妇女主体作用，为发展农业生产做出了重大的贡献；第四，组织力量帮助红军家属耕地，武装保护秋收；第五，开展革命竞赛，促进农业生产；第六，开展经济动员突击运动；第七，贮藏粮食及调剂经济价格；第八，发展农业合作经济。

由于实行了土地革命，采取了发展农业生产的有效措施，又开展了查田运动，苏区农业有了较大的发展，粮食产量连续三年获得丰收，农民生活有了改善，红军的军粮供给得到保证，为革命战争的胜利奠定了可靠的物质基础。

（二）工业

一是成立生产合作社。湘赣根据地建立后，省委、省苏政府为摆脱个体手工业的落后状况，改善人民生活，在全省各县开办了各种生产合作社。1932年4月27日召开的省职工联合会第一次工人代表大会上通过了《生产合作社简章》，规定了生产合作社的宗旨："为着发展社会生产，养成工人的集体生活，取消一切资本制度的剥削与压迫。"合作社按照产业或职业组合，实行多劳多得的分配原则。据不完全统计，到1932年10月，湘赣苏区共成立了96个生产合作社。

---

① 江西省档案馆. 湘赣革命根据地史料选编（上册）［M］. 南昌：江西人民出版社，1984：246.

二是开办民用工厂。1930年2月，永新县城开办了一座小型简陋的石印厂，次年11月，扩大成立了湘赣省石印局。石印局负责印刷省委、省苏及省军区各机关的报刊、文件、通令、通告和红军学校的列宁小学课本、画册等。1932年开始为省苏政府印制票币及公债券。赤色邮政总局成立后，石印局又承担了印刷邮票的任务。

1932年上半年，湘赣省造币厂在永新黄岗炉下村成立，有40多名工人。造币原料来源于红军及地方武装打土豪没收来的银器或湘赣省工农银行与苏区群众兑换票币的银器。10月，该厂铸造出与白区市场流通一模一样的银元。到了12月，该厂已具备月造4万现洋的能力，解决了到白区购买必需物资缺少现金的困难。

湘赣省苏政府责令各县以集股的形式创办了造纸厂、油墨厂、蜡纸厂、木材厂、铁厂、煤矿、锅炉厂、石灰厂、石膏厂等厂矿企业。全省在职工人与失业工人纷纷自动集股，组织成立了缝衣、织布、造纸、烧石灰、造油墨、制肥皂、熬硝盐等各种生产合作社。湘赣省苏还开办了一批公营企业，其中永新创办铁厂20个、樟脑厂9个、石灰厂和煤矿各4个；安福开办樟脑厂20个、石灰厂11个；吉安创办樟脑厂和石灰厂各5个；萍乡和攸县各办铁厂1个。此外，湘赣省苏还提倡保护私有企业。

三是发展军用工业。1933年年底，湘赣全省先后建立了多所兵工厂、修械厂、被服厂、石印局，而且规模不断扩大，产量不断增加，为规模战争提供了较为充裕的武器弹药。除了地方上创办军用工厂外，湘赣省军区还在永新潞江区创办了一个规模较大的兵工厂，有240多名工人。这些军用工业的开办，有力地支援了湘赣苏区及中央苏区的军事斗争。

（三）商业

增设贸易圩场，保护商业自由。湘赣苏区的重要村镇，原先未设圩场的，都陆续开办，定期逢圩，除周围群众参与物资交流外，还有商人以及从白区来的农民。

建立赤白区贸易关系。一方面组织苏区的剩余农副产品输入白区，与白区商人签订销售合同，由合作社、商人或农民将农业及手工业产品运往白区，获取现金或其他生活用品，另一方面在赤白交界处设立货物交换所，让白区商人、小贩定期在交换所自由贸易。

建立消费合作社。消费合作社是人民群众的经济组织,由管理委员会负责管理。凡入社者须认购股金,并享受一定权利。至1933年1月,全省开办了千余个消费合作社,遍及湘赣各地。

(四)税务财政

建立税收制度。1931年10月,省苏正式成立后,在各级政权中设立了财政部。在湘赣省苏一大通过了《土地问题决议案》及其附件《土地和商业累进税暂行征收条例》,宣布废除一切苛捐杂税,制定了详细的土地累进税条例和商业累进税条例。

创办湘赣省工农银行。根据地创建之初,市场流通的货币非常紊乱,于是苏区决定创办银行和造币厂。1932年2月16日,省苏批准了《湘赣省工农银行暂行简章》,行址设在永新县城,基本金为4万元银洋。工农银行的资金来源,一是省苏政府拨出的基金,二是集股,三是吸收储蓄。工农银行发行"壹元""壹角"两种面值的银元券。

设立湘赣省分库。1933年2月9日,省苏财政部颁布了《湘赣省分库组织暂行条例》和《湘赣省分库办事细则》,对分库、支库的任务、职责和组织机构做了具体的规定。

发行公债。1932年下半年,湘赣省苏政府在全省范围内发行第一期公债8万元,年利为1分,还本付息时间为1933年7月1日。11月,省苏政府公布了《发行第二期革命公债条例》,宣布发行第二期公债15万元,年利率为5厘。不久又增加20万,以粮食调剂局、对外贸易局及其他款基金所得利润为付还本息之基金。公债面额分为5角、1元、5元三种。号召群众自愿认购,反对摊派。

广泛筹款。主要方式有打土豪、从白区筹款、征收税款、发行公债和发行购谷期票等。

节省开支。省苏的财政支出主要有革命战争的战费支出、政府费用支出。湘赣苏区各级苏维埃政府工作人员一律不发薪水,乡以下工作人员自带伙食办公,县区以上工作人员只发标准很低的伙食费和很少的零用钱。1933年2月16日,省苏财政部在永新发布训令第二号《节省办法》,详细列举了节省用量、减少用途、利用废物等节省办法。

五、湘赣革命根据地的文化建设

（一）文化教育

1931 年 10 月，湘赣省委、省苏成立后，省、县、区三级苏维埃政府设立了文化部（1933 年 7 月，分为文化、教育两个部），乡苏维埃政府设立教育委员会，分别管理各级的文化教育工作。1931 年冬，各县成立识字运动总会。区成立分会，乡成立基层委员会。1932 年年底，成立消灭文盲协会。1933 年 4 月，省、县、区文化部设有普通教育科和社会教育科，设部属巡视员。普通教育科主要管理成年补习教育、青年教育（如夜校，识字运动等）及儿童教育（如列宁小学等）。社会教育主要管理俱乐部的工作，包括书报阅览所、地方报刊、革命博物馆及巡回讲演等。

（二）学校教育

湘赣省苏维埃第二次代表大会通过了《文化教育问题》，要求各县开办列宁高级小学及女子职业学校，各区开办一所至几所列宁初级小学，并由每区规定几个学校作模范学校，尽可能地开办中学一所；每乡应普遍开办工农夜校、妇女半日学校，尽可能地做到一村开办一所。工会开办工人学校及工人子弟学校等各种补助学校；各县文化部在寒暑假期内开办教师讲习所，省苏文化部开办长期师范学校，培养教师人才；开办技术人才培训班，培养技术人才；改善教师生活和待遇，养成学生的社会活动能力。① 到 1932 年 10 月，湘赣全省（除上崇苏区外）共开办 700 余所列宁初级小学、7 所列宁高级小学、6 所女子职业学校、800 余所工农学校、204 所妇女半日制学校。1933 年 1 月，少共湘赣省委给团中央的报告中说："列宁学校从村到县都普遍建立了，在冲锋季中建立了 626 个初小学校，12 个高级学校，儿童有十分之六的去学校读书，列宁室、识字运动、读书报、俱乐部、游艺场、阅报处等大多数地方建立起来了，青年及儿童识字、娱乐情绪比以前提高了，他们的文化程度也提高了"②。

---

① 江西省档案馆. 湘赣革命根据地史料选编（上册）［M］. 南昌：江西人民出版社，1984：541 - 562.

② 江西省档案馆. 湘赣革命根据地史料选编（下册）［M］. 南昌：江西人民出版社，1984：239.

（三）识字教育

厉行识字教育，铲除文盲。省县区乡都成立了识字运动委员会，与同级文化部共同组织开展识字运动。农村中以邻舍数家为一组，受乡识字运动委员会的指挥，红军赤卫队以一班为一组，少先队每小组或若干人为一小组，各机关团体、工厂合作社，以工作有联系的为一组，受同级识字运动委员会指导与帮助。

（四）职业教育

1933 年 3 月 16 日，湘赣省苏维埃文化部发布第十六号通令《关于女子职业学校暂行简章的决议》，决定成立女子职业学校，"以造就女子职业专门人才。发展苏维埃经济，使每个女子都有一种职业，达到女子的经济与职业独立"①。学校开设缝纫、纺织、染色三个专业，招收 16 岁到 25 岁，稍识字、身体强健的工农女子入学，免收学膳费。在 1933 年上半年，永新、莲花、安福等县苏维埃政府均创办了女子职业学校，各地青年妇女积极参加女子职业学校的学习。

（五）群众教育

为了提高群众觉悟，中共湘赣省委在群众中开展了许多形式多样的教育活动。主要内容包括反击敌人造谣欺骗的宣传教育、婚姻自由教育、购买公债教育、工人文化教育、反帝拥苏的宣传教育等。

（六）儿童教育

湘赣苏区省、县、区、乡、村各级均成立了儿童团组织，受共青团领导，胡耀邦、曾涤先后任湘赣省儿童局书记。湘赣省儿童团一大通过的《文化教育工作决议案》中，规定了文化教育工作的任务，包括反对封建迷信；实现贫苦儿童免费教育；各级儿童团部委员要领导儿童以乡村为单位，普遍建立游艺场、娱乐所，组织演讲组，出墙报壁报，组织宣传队刷写标语，开展各种宣传工作；各地儿童团要经常定期下操上课；要训练儿童做士兵运动及白区工作等。

（七）报刊宣传

湘赣省委成立后，组成了党报委员会，负责报刊宣传工作。1932 年 6 月 19

---

① 江西省档案馆. 湘赣革命根据地史料选编（下册）　[M]. 南昌：江西人民出版社，1984：355.

日，湘赣省委通过的《宣传鼓动工作决议》① 提出了宣传工作八大任务，如切实扩大党的政治主张，动员团员领导青年群众踊跃加入红军，等等。要求健全各级宣传机关，县委以上的宣传部必须设置干事或组织宣传委员会，经常召集宣传联席会议，检查与研究宣传工作。普遍组织新剧团、化装演讲及画报宣传，成立通俗演讲组、读书班，组织壁画队，学习写大字。

湘赣省委成立不久，就创办了党报《湘赣红旗》，接着出版各种报刊，有《列宁青年》《湘赣斗争》《红报》《红色湘赣》《湘赣红星》《革命法庭》《红孩儿报》《特别通讯》《宣传通讯》《组织通讯》《医院小报》等十几种。湘赣革命根据地还非常重视发行中央革命根据地的《斗争》《红旗》《红色中华》《红星报》等报刊。湘赣苏区的报刊宣传工作为教育团结人民，打击、瓦解敌人，发挥了重要作用。

（八）文艺工作

省委宣传部负责全省文艺工作，各群众团体都设立了分管文艺工作的机构。1932 年 1 月，在中央苏区文艺运动蓬勃发展的影响下，湘赣省委要求少先队和儿童团以村为单位建立新剧社、讲演团、通俗讲演所，进行化装讲演，出墙报壁报等。据不完全统计，1932 年年底，湘赣全省有文艺团体 60 余个，到次年 2月，发展到 71 个，湘赣省第二次党代会决定设立俱乐部管理委员会，下设晚会委员会、艺术委员会、墙报委员会等。

文艺作品内容丰富，体裁多样。湘赣根据地的文艺作品主要有拥军扩红、婚姻自由等内容。

配合军事政治形势，开展群众性文艺宣传。1930 年 5 月，中国赣西南特委在永新举行了永、莲、宁三县歌舞会演，成为推动这一地区群众文艺活动的新起点。1931 年 10 月，湘赣省委成立后，新剧团、歌舞团、讲演团经常被集中起来，担负起政治宣传的重任。1932 年 3 ~ 7 月，省委在永新县城举行"五一"大型文艺会演，仅参加活动的群众就多达两万人。此外，各级宣传部门和文艺组织编了不少群众喜闻乐见的新剧、歌舞、革命斗争故事等。

---

① 江西省档案馆. 湘赣革命根据地史料选编（上册）［M］. 南昌：江西人民出版社，1984：430.

第二章

湘赣苏区红色新闻报刊的出版和组成

第一节　报刊的出版

湘赣苏区报刊的出版经历了两个阶段，即初兴阶段（1930 年）和发展阶段（1931—1934 年）。

一、报刊出版的初兴阶段（1930 年）

大革命失败后，中共中央于 1927 年 8 月 7 日在汉口召开秘密会议，史称"八七"会议。会议确定了土地革命和武装反抗国民党反动派的总方针。党的工作重点由城市转入农村，建立苏维埃政权。在湖南、江西，一些遭到破坏的党组织逐渐恢复，并逐步建立起一批新的党组织，成为广大群众革命斗争的领导核心。中国共产党领导广大农民开展土地革命，建立农村革命根据地，进行武装斗争，这是湘赣苏区报刊初兴的前提条件。

红军的创建，井冈山革命根据地的开辟，使湖南、江西苏维埃运动日益发展。为了提高工农兵的政治觉悟，广泛开展土地革命，建立和巩固各个革命根据地，粉碎敌人的进攻，需要创办报刊，加强对广大群众的时事教育和对各项实际工作的指导。所以，湘赣苏区报刊的兴起，是苏区革命形势发展的客观要求。

在逐步发展的革命形势下，湘赣苏区为了宣传贯彻"八七"会议精神，重视运用报刊，作为指导党的建设和发动广大群众进行斗争的武器，江西省委曾指示所属的各级党组织和苏维埃政府，积极创造条件，出版刊物。1928 年，中共江西省第二次代表大会做出的《关于苏维埃区域的决议案》，强调要"经常用党和苏维埃名义出版各种传单、宣言、标语、歌曲……并创办政府机关报和党的机关报"，去"积极宣传苏维埃的内容理论及工作"，以扩大苏维埃在群众中的影响。① 1929 年 6 月《中共六届二中全会宣传工作决议案》阐述了宣传工作的重要性："宣传教育是实现党的任务的经常的基本工作，党要实行自己的一切任务，最重要的条件是要能获得广大的工农群众，在党的口号之下，形成伟大的争斗的力量。想达到这种目的，首先必要使全体党员有正确的政治认识，对于党之一切理论及策略的路线，都有充分的了解。党必须依靠全体党员坚决的争斗以求得革命的胜利，同时党又不会在群众以外，有自己的争斗的力量，不能用命令或强迫的方式使群众为党的口号争斗，只有动员自己的全体党员，以正确的策略领导群众，以宣传工作说服群众，争取广大群众到自己的政治影响之下，使自己的口号成为群众斗争的目标。所以党必须将宣传教育工作，视为党的基本工作之一。"②

1930 年 2 月，中共红四军前敌委员会和中共红五军与红六军军委、中共赣西与赣南特委负责人等，在吉安陂头举行会议，会议决定将中共赣西特委、赣南特委、湘赣边界特委合并为中共赣西南特委。赣西南特委先后创办了 5 种报刊。其中《红旗》与《赤报》为特委的机关报刊。《红旗》是党对外宣传政治主张的报纸。《赤报》是党内传达政治意图、交换斗争经验的报纸。此外，还出版了《前敌日报》《政治简报》《政治通讯》。

赣西南特委组织部和宣传部又分别出版了《党的生活》《组织通讯》《宣传通讯》。

赣西南特委下辖的赣南行委、南路行委、东路行委也创办了刊物。赣南行委主办的《东河通讯》，任务是指导赣州暴动和东河党组织的各项具体工作。南路行委主办的《通讯》，任务是指导南路党组织的各项具体工作。东路行委创办的《东路红旗》，从现存的第三期登载的文章来看，是为了转变农民意识、组织

---

① 江西省档案馆. 江西革命历史文件汇编（1927—1928）［M］. 南昌：江西省档案馆，1983：121.

② 中国社会科学院新闻研究所. 中国共产党新闻工作文件汇编（上）［M］. 北京：新华出版社，1980：41.

农民斗争，建立苏维埃政权而进行的宣传。

此外，还有由湘赣边境工农兵暴动委员会宣传部创办的《湘赣简报》。

二、报刊出版的发展阶段（1931—1934 年）

（一）中共中央发布了一系列对党报及宣传工作的指示

1931 年 1 月 12 日，中共中央第 203 号通告，决定改用党报方式加强党对实际工作的指导。通告指出："中央为更加紧更切实的对实际工作中的指导，为更加强对党报在党的领导，中央以后对于指导的方式，决定改变过去发表极长的分析政治的通告的方式，而以党报的社论为代表中央政治局在政治上的分析与策略的指导，一切重要工作的具体指示，决以政治局的决议案来指导各级党部。各级党部必须切实而普遍的发到所有支部中去讨论执行，全体同志应根据党报的分析与指导来讨论工作，且必须纠正过去依赖和等待通告的指导之习惯。"①
1931 年 1 月 27 日，中共中央政治局通过了《关于党报的决议》，指出："党报必须成为党的工作及群众工作的领导者，成为扩大党在群众中影响的有力的工具，成为群众的组织者，党报不仅要解说中国革命的理论问题策略问题，解说党目前的中心口号，同时要极可能的多收集关于实际工作的文章，特别是关于党的组织任务的文章，论文要带有指示文件的性质，要带极高限度的具体性，应当给与实际工作中的同志以具体的建议。"②

1931 年 3 月 5 日，中共中央通过《关于发展党的组织决议案》，指出：要尽量利用党报及一切公开刊物，扩大我们在群众中的共产主义宣传，要坚决消灭忽视党报组织作用的现象。同一天，中共中央还做出《关于加强党报领导作用的决议》，要求各级党组织做好党报的发行工作，特别指出"苏区通讯网建立的责任"，在目前拥护苏维埃运动中，尤其有特别重大的意义。③

1931 年 4 月 21 日，中共中央又做出了《关于宣传鼓动工作的决议》，强调

---

① 中国社会科学院新闻研究所. 中国共产党新闻工作文件汇编（上）[M]. 北京：新华出版社，1980：70.
② 中国社会科学院新闻研究所. 中国共产党新闻工作文件汇编（上）[M]. 北京：新华出版社，1980：71.
③ 中国社会科学院新闻研究所. 中国共产党新闻工作文件汇编（上）[M]. 北京：新华出版社，1980：76.

在各苏区中央分局所在地创办一种党的和苏维埃的机关报，决议对党报和苏维埃机关报的宣传内容提出了不同的要求，决议指出：党报是党的纲领、党的政策的直接宣传者，是从党的立场来记载一切消息的，而苏维埃的机关报是苏维埃政策的宣传者，从苏维埃政府的立场来登载消息。前者必须更多地登载党内消息，后者则偏重于苏维埃的消息，但是不论是党的或苏维埃的机关报，都必须加强对每一时期党的与苏维埃的中心策略与中心工作的宣传与鼓动。①

1931 年 3 月 12 日，工农红军总政治委员毛泽东，在宁都黄陂写了《普遍地举办〈时事简报〉》②的小册子，并在 3 月 14 日以中央革命军事委员会总政治部名义，发布了《普遍地举办〈时事简报〉的通令》，要求红军和当地政府普遍举办《时事简报》。

中共中央于 1931 年发布的关于办好报纸和刊物的一系列指示和红军总政治部的通令，在湘赣苏区党政军各级组织中都得到认真贯彻执行，从而加快了湘赣区报刊发展的步伐。

（二）湘赣苏区发布了一系列对党报及宣传工作的指示

1931 年 10 月，《中共湘赣边省第一次全体代表大会决议案》对湘赣苏区的宣传工作做了明确的规定："新的省委一定要出版党报，党报不只是宣传教育的责任，而要起组织上工作上的领导作用。各县区委或选出或指定一个到五个的通信员和发行员，各级党部要有系统的组织党报通信网和发行网，赤白交界的党校通信员要有计划的经常将白区的政治消息输送进来给党报发行员，就要有计划的输送党报到白区去。党报委员会须在代表大会或执委会议产生，提高党报的威信和领导作用。党报的建立，新的省委应负责定出具体的计划，而须在最短期间开始实现。"③1932 年 6 月，《湘赣全省冲锋季竞赛条约》对中共湘赣省委的机关刊物《湘赣红旗》提出了明确的要求："（一）建立《红旗》通讯员，每县担任二个经常的通讯员，每个月至少要向《红旗》投稿两次。（二）省委党报委员会与各县党报委员会经常通讯和检查下级党报。（三）《红旗》要

① 江西省文化厅革命文化史料征集办公室，福建省文化厅革命文化史料征集办公室. 中央苏区革命文化史料汇编［M］. 南昌：江西人民出版社，1994：37.

② 中央文献研究室. 毛泽东文集（第一卷）［M］. 北京：人民出版社，1993：261.

③ 江西省档案馆. 湘赣革命根据地史料选编（上册）［M］. 南昌：江西人民出版社，1984：211.

坚决做到浅显具体，投稿要特别好，同时，要散发到白区和苏区群众中去。（四）各县的《红旗》消息处须要有计划的建立发行工作，并要尽量设法发行到白色区域去。"①

1932年7月22日，中共湘赣省委做出了《关于宣传鼓动工作的决议》，指出宣传鼓动工作中出现的缺点和错误，其中包括："（一）各级党部并未把宣传鼓动工作为党工作最主要的一部，事实上宣传鼓动工作并未建立起来，比如省委宣传部发下的宣传工作报告表，简直是没有人填好送来（本来也没有什么工作可填）。（二）许多党部把宣传工作看作几张宣言传单与标语，而未深刻做了解党内外的宣传教育工作，必须是各方面的各种形式的经常的有组织的工作。（三）大家都把宣传工作与组织工作对立起来，不利用很活泼的宣传鼓动以组织群众，似乎组织是组织，宣传还宣传，而不把宣传工作与实际斗争联系起来。（四）有许多同志不了解宣传工作的群众性，或者认为负责同志不应担负宣传工作，因此不能把宣传工作建立在支部与广大群众基础上。"同时，为转变宣传鼓动工作提出了要求，其中包括："（一）宣传部或宣传科，必须真正有人负责。另外总要设法找个干事建立单独的工作，硬要时常召集所属各党书以及党团宣传负责同志开宣传会议，特别是对各革命纪念节的筹备。（二）党的宣传大纲决议硬要开识字班读书班的办法，一组组的组织起来，指定各组指导员限定读完或解释清楚，每次文件一来各区或支部应设法召集指导员会议，解释文件的内容。（三）《红旗》报就是省委对各级党部实际工作领导的材料，各级宣传组织应领导同志划分读报组，使每同志都明瞭《红旗》的内容，而实际的做《红旗》发行网和读报组，应普遍建立于贫农团工会及反帝大同盟的小组内，党员应积极领导这一工作。"②

（三）列宁的办报学说对中共中央及各苏区的影响

这时，列宁的办报学说对中共中央所做出的关于报纸工作的决议，起到了重大的影响，同时也影响着湘赣苏区的报刊实践。缺乏在农村苏维埃政权下办

---

① 江西省档案馆. 湘赣革命根据地史料选编（上册）［M］. 南昌：江西人民出版社，1984：443.

② 江西省档案馆. 湘赣革命根据地史料选编（上册）［M］. 南昌：江西人民出版社，1984：495－499.

报经验的湘赣苏区新闻工作者，为指导办报的需要，努力学习列宁的办报思想，并以苏联的党报《真理报》和政府报纸《消息报》作为借鉴。从1931年到1934年，学习和介绍列宁办报学说逐渐达到高潮。列宁撰写的《论我们报纸的性质》一文，在当时全文译介到我国。列宁在他的著作《从何着手？》中提出的"报纸不仅是集体的宣传号、鼓动者，而且是集体的组织者"①的原理，也在1931年左右被介绍过来，到1934年，列宁的这句名言，已经在湘赣苏区广泛流传。湘赣苏区报刊把让"自己成为集体的组织者"作为努力奋斗的目标。同时，不断强调报刊的组织作用，是和当时苏区积极开展各项建设事业、各种运动密不可分的。当时多数新闻工作者把党报的组织作用理解为：发动群众参加各项运动，为实现党的任务而斗争。在这种思想的指导下，苏区报刊成为党组织群众参加苏区各项建设工作，推动各种运动的有力工具。为了发挥报刊的组织作用，从1931年开始，湘赣苏区报刊广泛进行批评与表扬，以推动实际工作顺利地开展。为了克服党内忽视党报作用的倾向，1931年11月，苏区党的第一次代表大会通过《关于党的建设问题决议案》，强调指出：建立完善的党报，是党的建设工作的一个重要组成部分，党报是领导全党的斗争、组织广大群众在党的政治主张的周围的一种最重要的武器，必须在全党树立对党报的正确观念。此后，湘赣苏区开展了党报观念的教育。其结果是大大地提高了各级组织办报的积极性。为了解决办报人才缺乏的困难，苏区报刊在列宁依靠群众办报的学说指引下，广泛实行依靠全党和人民群众办报的路线，建立通讯员网和发行网络，取得很大的成绩。湘赣苏区新闻工作者自觉地把列宁办报思想运用于实践，使苏区报刊和群众的联系比前一时期大为加强。苏区报刊内容质量提高了，发行扩大了，报刊的创办也越来越多。所以，在苏区报刊从1931年到1934年迅速发展的过程中，列宁的办报思想起着重要的指导作用。

（四）发展阶段创办的报刊

1931年湘赣苏区创办的报刊有《党的生活》《团内生活》《宣传通讯》《党报》《湘赣红旗》《红军报》等6种；1932年创办的报刊有《列宁青年》《红孩儿》《团的建设》《北路青年》《红报》《铁军旬刊》《特别通讯》《医院小报》

---

① 中共中央马克思恩格斯列宁斯大林著作编译局. 列宁全集（第5卷）［M］. 北京：人民出版社，1986：8.

《革命法庭》《血战》等 10 种；1933 年创办的报刊有《反帝》《湘赣红星》《红色湘赣》《湘赣斗争》等 4 种；1934 年创办的报刊仅有《红色湘赣副刊》1 种。另有《宣传通讯》（中共湘赣省委宣传部的机关刊物）和《组织通讯》（中共湘赣省委组织部的机关刊物）。湘赣苏区报刊的发展阶段，报刊的出版事业已有了一定的规模，获得空前繁荣和发展。具体说来，体现在以下几个方面。

1. 党报党刊的创办。这一时期创办的党报党刊有：中共湘赣省委的机关刊物《湘赣红旗》《湘赣斗争》等，中共西路分委组织部的报刊《党的生活》，中共安福县委的机关刊物《党报》。

2. 苏维埃报刊的创办。这一时期创办的苏维埃报刊有：省苏维埃政府的机关报刊《红报》《红色湘赣》《红色湘赣副刊》，湘赣省苏维埃政府财政部、国民经济部的刊物《特别通讯》。

3. 红军报刊的创办。这一时期创办的红军报刊有：湘赣省军区政治部的刊物《湘赣红星》，中国工农红军学校第四分校的刊物《红军报》，中国工农红军第二军团第八军政治部的刊物《铁军旬刊》。

4. 青年儿童报刊的创办。这一时期创办的青年儿童报刊有：少共湘赣省委的机关刊物《列宁青年》，湘赣省儿童局的刊物《红孩儿》，少共湘赣省委的报刊《团的建设》，中国共产主义青年团分宜中心县委的机关刊物《北路青年》，团湘赣省委的刊物《血战》，少共赣西南特委西路分委宣传部的报刊《宣传通讯》，湘赣省反帝大同盟的机关报《反帝》。

5. 专业报刊的兴办。这一时期创办的专业报刊有：湘赣军区红色医院政治处的刊物《医院小报》，湘赣省政治保卫局的刊物《革命法庭》。

6. 捷报的印发。1931 年后，工农红军在取得某一战役的重大胜利或在某项运动获得重大成果时，常常印刷捷报，广为散发。这种宣传形式，便于迅速及时地传播胜利消息，鼓舞人心。1933 年 5 月 25 日红军配合地方武装打败湘军十五军，俘虏敌军官，缴获大批枪支弹药及电台。红军便印发了《请看湘赣苏区红军第二次伟大胜利捷报》，湘赣苏区各县、区苏维埃军事部翻印红军的捷报，以扩大宣传鼓动的影响，同时，对于本地游击队的战绩也常印发捷报。1932 年 9 月 1 日，安福县苏维埃军事部便印发了石印本的《捷报》。

7. 墙报的普遍。早在"古田会议决议案"中就规定了要在红军中出版《时事简报》，作为发动群众的宣传工具，并收到了很好的效果，但出版的频次不够高，传播不够广。1931 年毛泽东关于办《时事简报》的指示和总政治部的通令推动了红军中和地方上的墙报工作的开展。1932 年 4 月 15 日，中共苏区中央局宣传部发出了《怎样在群众中做宣传鼓动工作》的文件，对办好墙报提出了 10 条具体要求：一是在每个工场作坊中，每个红军列宁室中、每个列宁学校中，每个村庄中，党和团应领导群众办墙报。二是墙报由党团员发起，吸收群众参加。成立墙报委员会，3~5 人，设编辑主任 1 人，采访 2 人或 3 人，发行 1 人。三是墙报主要是群众自己投稿，不能由外人代办。四是内容要注重对当地群众生活的描写。五是不必用油印，一概用笔写。需要几份时可以抄写。六是墙报中要插入一些图画，图画的材料由群众自己选择。七是墙报最好 5 天或 10 天一次。要注意吸引读者踊跃投稿，欢迎读者热烈批评。八是用颜色直写，不宜横写。九是需要经费（如买纸笔墨颜色）得在群众中募捐。十是编辑主任要定期召集委员会，讨论内容和形式，力求进步。1933 年 9 月 8 日，工农红军总政治部向各军区政治部发出《关于墙报问题的指示信》，要求整顿和改进部队的墙报工作，它对墙报的性质、任务、内容、组织、领导、工作方式做出具体的规定。墙报的性质：墙报是基层单位和军事政治机关单位的"党的机关报"。墙报的任务：墙报要宣传党的主张、苏维埃政策，教育战士为实现此种主张、政策而奋斗，墙报要宣传军事学习与部队战斗生活的成绩与不足，帮助部队战斗力的巩固与提高……湘赣政治部及时翻印了这封指示信，发到各个连队，要求在连队党支部和军人大会上进行学习和讨论。1933 年，墙报已经遍及湘赣红军部队和苏区各地的基层单位。

（五）创办报刊的原则

首先，坚持有领导、有组织的出版原则。

1931 年 10 月，中共湘赣省委第一次代表大会通过《中共湘赣边省第一次全体代表大会决议案》，决议案指出："省委一定要出版党报，党报要起组织上工作上的领导作用，并对党报办报宗旨、通讯、发行及组织领导等问题做了明确的规定。党报委员会须通过代表大会或执委会议产生，提高党报的威信和领导作用。党报的建立，新的省委应负责定出具体的计划，而须在最短期间开始现。"① 1932 年 6 月，中共湘赣省委第二次执委扩大会通过的《湘赣全省冲锋季竞赛条约》，要求省委党报委员会与各县党报委员会经常通讯和检查下级党报。②

在中共湘赣省委的统一领导下，省级报刊、特委报刊、县级报刊编辑部多半成立了"编辑委员会"，编辑委员会由同级党委批准任命。创办《湘赣红旗》是中共湘赣省第一次代表大会决定的，由中共湘赣省委宣传部部长甘泗淇担任党报委员会书记，其他四人王首道、林瑞笙、张启龙、易心平都是湘赣省委主要领导。《红色湘赣》的总负责人方维夏当时的职务是湘赣省苏维埃政府教育部长。《列宁青年》由共青团湘赣省委直接领导，共青团湘赣省委多次对《列宁青年》的办刊宗旨和通讯、发行等问题做出明确规定。"《列宁青年》是湘赣省委的机关报，不仅是个集体组织者，而且是个集体宣传者。"③

其次，坚持有计划、有系统的出版原则。

1931 年 1 月，中共中央通过了《中共中央政治局关于党报的决议》，要求"各省委应根据这个决议讨论地方党报的具体计划"④。作为重要的革命苏区之一，湘赣苏区各级党、政、军机关和群众团体积极响应中共中央要求，致力于服务好苏区的政策宣传、经济建设和革命战争，做到了有计划、有系统地发展党报。由于各类报刊隶属于不同的主管部门，创刊目的和出发点有所差异，报刊担负的任务也有所不同，由此呈现出各自的特点，它们之间，既有分工，又有协作。

湘赣苏区创办的红色报刊在系统分布上是一个有机整体。这个整体系统分别由省级、特委、县级报刊系统等三方面组成。省级报刊系统主要包括中共湘赣省委、省苏维埃政府、省军区及主力部队、群众团体的省级机构出版的各类报刊。特委报刊系统包括中共特委机关、共青团特委机关出版的报刊。县级报

① 江西省档案馆. 湘赣革命根据地史料选编（上册）［M］. 南昌：江西人民出版社，1984：211.
② 江西省档案馆. 湘赣革命根据地史料选编（上册）［M］. 南昌：江西人民出版社，1984：443.
③ 江西省档案馆. 湘赣革命根据地史料选编（下册）［M］. 南昌：江西人民出版社，1984：432.
④ 中国社会科学院新闻研究所. 中国共产党新闻工作文件汇编（上）［M］. 北京：新华出版社，1980：71.

刊系统包括中共各县委、各县苏维埃政府、县赤卫军、共青团县委机关及其他群众团体县级机构主办的报刊。

湘赣苏区创办的红色报刊在内容和形式上也构成了一个完善的体系。在内容上，能紧密配合苏区当时的政治形势，为革命斗争服务。但由于各自的定位不同，又体现出各自的特色。有以传达上级精神为主的刊物如《湘赣红旗》，有有以报道新闻事件为主的刊物如《红色湘赣》，也有专业性强的刊物如《医院小报》。同时，它们之间明显地存在着互补的作用。一方面，省级报刊为县级报刊提供宣传报道内容，同时，在专栏设置、版画编排等方面，省级报刊为县级报刊提供模式，如《茶陵列宁青年》经常转载《列宁青年》的重要评论文章和红军作战胜利消息，其专栏设置、版画编排基本上一致。另一方面，县级报刊为省级报刊提供实际材料，有利于省级报刊充实内容，加强指导性。湘赣省委指示各县特别是宣传部，要负责经常把各县工作经验写稿给省委机关报《湘赣红旗》及省苏维埃政府机关报《红旗》，使党和苏维埃的领导更加符合实际。同时，县级报刊为省级报刊的发行做宣传。

最后，坚持形式多样的原则。

苏区报刊以纸质报刊为主，同时兼有画报、捷报、墙报，互为补充。报刊多为油印，少数为石印、铅印。

第二节 报刊系统的组成

湘赣苏区报刊由不同等级的若干报刊系统所组成，有中央报刊系统、省级报刊系统、特委报刊系统、中心县委报刊系统、县级报刊系统。各级系统的报刊担负不同的任务，具有不同的特点。县以下一些区、乡限于客观条件，主要是出墙报或翻印上级部门出版的报刊，在当地发行。

一、中央报刊系统

湘赣苏区的新闻事件，不仅刊登在湘赣苏区的报刊中，也刊登在中央级别的报刊中。同时，在湘赣苏区，很多重要的中央级报刊在这里发行。具体说来，湘赣苏区的中央报刊系统有四个组成部分，即中共中央和中共苏区中央局创办的报刊，中央工农民主政府创办的报刊，中央革命军事委员会及直属部队创办的报刊和群众团体的中央机构创办的报刊。

（一）中共中央和中共苏区中央局创办的报刊

中共中央在苏区出版的报刊和中共苏区中央局出版的报刊，大力介绍马列著作，在苏区广大农村传播马列主义真理。它们经常刊登中共中央及中共苏区中央局重要决议、指示、宣言等文件，阐述国内外政治形势，宣传党的路线、政策，提出当前任务。它们广泛报道国际国内新闻，发表新闻述评，宣传党的政治主张。在中共中央和中共苏区中央局创办的报刊当中，《布尔什维克》《战斗》《实话》《斗争》等影响较大。

《布尔什维克》是中国共产党于 1927 年 10 月 24 日在上海创办的中共中央理论刊物，出版至 1932 年 7 月第五卷第一期停刊，历时近五年，共出版 52 卷总计 52 期。前 16 期为周刊，以后为半月刊、月刊和不定期刊。曾用《平民》《中央半月刊》《少女怀春》《中国古史考》《新时代国语教授书》《中国文化史》《金贵银贱之研究》《虹》等名称作伪装封面。《布尔什维克》的办刊宗旨是"革命思想方面，比《向导》时期尤加十倍的必须有真

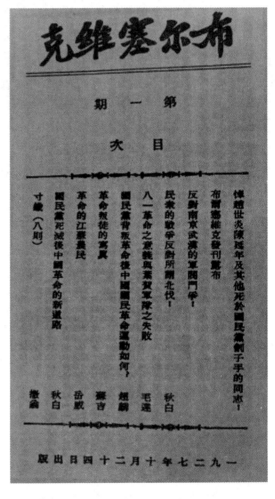

1927 年 10 月 20 日出版的《布尔塞维克》第一期，本书作者 2018 年拍摄于《红藏》系列图书《布尔塞维克》

正的无产阶级政党——布尔什维克主义的领导", 认为"只有建立这种布尔什维克的精神和布尔什维克的思想, 然后, 中国革命之中方才有墙固的健全的无产阶级政党做领导, 才能彻底的完成中国之资产阶级民权革命的任务, 亦就是真正推翻帝国主义军阀的统治, 急转直下的进于社会主义的道路"。① 本着这一办刊宗旨,《布尔什维克》及时传达了共产国际和中共中央的许多重要的决议、指示, 阐述了中国革命的性质、任务、对象和策略, 宣传党制定的实现土地革命和工农武装暴动的总方针, 发表了许多研究和探讨中国革命的理论文章, 使《布尔什维克》成为党的最重要的思想机关、政治喉舌和宣传舆论阵地。

《战斗》是中共苏区中央局的机关刊物, 由王稼祥主编, 铅印, 16 开本。第一、二、三期在 7 月间出版, 第四期延至 10 月 25 日出版。该期刊登了《中国共产党与中国共产青年团中央致全国苏维埃第一次代表大会电》和《中国共产党苏区中央局对时局宣言》, 出版第四期后因印刷困难而停刊。第四期刊登了国际新闻 12 条, 国内新闻 7 条, 还发表了一篇新闻述评, 向苏区干部和群众报道了世界

1932 年 1 月 21 日出版的《斗争》第一期, 本书作者是 2018 年拍摄于《红藏》系列图书《斗争》。

---

① 瞿秋白. 布尔什维克发刊露布 [J]. 布尔什维克, 1927, 1 (1).

资本主义国家爆发经济危机、日本帝国主义占领满洲等重大事件。

《实话》是中共苏区中央局机关刊物，1932年2月14日创刊于江西瑞金，不定期，铅印，16开本。该刊以刊登苏区中央局的文件和中央领导人的文章为主，此外，还经常转载共产国际的杂志、中共中央和地方各级报刊上的重要文章。

《斗争》于1932年2月4日创刊于江西瑞金。该刊是由苏区中央局主办的《实话》和《党的建设》两刊合并改名而成，旬刊，16开本，铅印，期发行量达27000份。张闻天为该刊负责人。1934年9月30日出版第七十三期后停刊。该刊主要登载中共中央和中共苏区中央局、少共中央等的重要决议、指示、政策和主要领导人的报告，共产国际有关的决议、总结和重要报告以及苏区党、政、军，苏区工运、青运、妇运等方面的文章。

（二）中央工农民主政府创办的报刊

中央工农民主政府创办的报刊，刊登政府法令条例、决议通告，总结和交流苏维埃政权建设的工作经验，报道各级苏维埃政府工作的成绩，批评其缺点，具有指导性。中央工农民主政府创办的报刊中，有《红色中华》《工农报》等。

1931年12月11日，《红色中华》在江西瑞金创刊，初为中央工农民主政府机关报。它的历史可以分为三个时期。

从1931年12月11日创刊起，到1933年2月4日出版第四十九期为止，是《红色中华》第一个时期。1931年12月11日，中央工农民主政府成立后决定创办机关报《红色中华》，委派中央执行委员、内务人民委员部长周以栗兼任该报主笔。周以栗不久因病离任，《红色中华》报主笔先后由项英兼理及梁柏台代理。报纸的日常编务，从创刊到1932年8月，由王观澜负责，实际是业务主编。报纸初创时，编辑有李伯钊等，整个编辑部只有三四个人。从1932年到1933年，负责过《红色中华》报日常业务工作的还有李一氓、沙可夫、任质斌以及谢然之。1933年担任《红色中华》报编委或编辑的，有韩进、贺坚、徐名正等。《红色中华》发刊词提出：要为发挥中央政府对于中国苏维埃运动的积极领导作用服务，达到建立巩固且扩大苏区、创造大规模的红军、组织大规模的革命战争、推翻帝国主义国民党的统治的目的。《红色中华》的工作是：第一，组织苏区广大工农劳苦群众积极参加苏维埃政权；第二，指导各级苏维埃实际工作；第三，揭露帝国主义、国民党军阀及一切反动派进攻革命、欺骗工农的阴谋，使工农劳苦群众懂得国际、国内形势与必要采取的斗争方法。发刊初期，《红色中华》每周铅印出版一次。4开报纸型，有时出2版至8版，一般出4版。它辟有"社论""专论""专电""要闻""中央苏区消息""苏维埃建设""苏维埃法庭""工农通讯""临时中央政府文告""来件""专载"等专栏。从1932年3月9日第十三期起，又开辟刊登批评稿的"突击队"专栏，从1933年1月7日第四十六期起，增设刊登表扬稿的"红板"专栏。

《红色中华》在第一个时期，共刊载文件、新闻和评论一共961篇。按

1931年12月11日出版的《红色中华》第一期，本书作者2018年拍摄于《红藏》系列图书《红色中华》。

体裁分类统计，有公文198篇，新闻615篇，评论148篇。公文一类主要是临时中央政府训令、指示、宣言等，也包括省苏维埃政府工作报告。新闻一类主要是国际和国内要闻、中央苏区消息，也包括临时中央政府会议决议事项的报道。评论一类主要是社论。关于苏维埃建设的评论文章，也包括国际问题专论和对各级苏维埃政府工作人员中存在的不良现象的批评稿。1932年11月21日出版的《红色中华》第三、四版中缝刊载短文，介绍该报性质和内容。短文说：《红色中华》是中央政府机关报，除登载中央一级各机关必须发表的重要文件外，兼有日报性质，登载苏区内的苏维埃建设状况，登载红军发展情形，并登载世界大事、国际革命运动形势、国内白色区域工农斗争的情况以及帝国主义国民

党卖国殃民贪污无耻的罪行。《红色中华》出版的时候，国民党反动派发动的第三次反革命"围剿"已被粉碎，正在准备更大规模的第四次"围剿"。为了巩固革命根据地，《红色中华》集中宣传了建政运动，及时介绍经验，批评错误和缺点，帮助中央政府检查基层政权的情况。它的宣传，对于革命根据地的巩固和建设起了推动作用。

从1933年2月7日出版第五十期起，到1934年10月3日出版第二四〇期为止，是《红色中华》第二个时期。它从第五十期开始，改组为中共苏区中央局、中华苏维埃共和国中央政府、中国共产青年团苏区中央局、全国总工会苏区执行局的联合机关报。这时，苏区正处于粉碎国民党反动派的第四次"围剿"与大举进攻的紧急动员之中。它的改组是为了使它真正成为苏维埃运动的指针，并加强其在战争动员中的领导作用。这时，该报每3天出版一次。除刊登中共苏区中央局的决议、通告、宣言等文件外，《红色中华》还开辟了"党的生活"专栏，及时报道吸收党员运动。它同时也刊登中央政府的训令，并且报道共青团工作和工会活动。在第四次反"围剿"的斗争中，它经常报道红军作战胜利的喜讯和苏区工农群众支援红军的活动。它成为党和政府进行战争动员的政治宣传工具，指导着党团员、广大革命群众和各级干部开展支援战争的各项实际工作。在这期间，《红色中华》帮助政府募集战争公债，又发动"节省经济"的群众运动，使苏区很快实现了节约30万元和退还政府公债80万元的目标。国民党反动派发动的第四次反革命"围剿"很快被粉碎后，《红色中华》从1933年6月17日出版第八十六期起，又重新执行中央政府机关报的职能，根据中央苏区中央局决定，在苏区深入开展"查田运动"。《红色中华》发表了毛泽东写的关于查田运动的三篇论文，即《查田运动是广大区域内的重大中心任务》《查田运动的第一步——组织上的大规模运动》《依据农村中阶级斗争的发展状态的差别去开展查田运动》。它还广泛反映了苏区查田运动的动态，介绍先进经验。到1933年9月，国民党反动派又开始了第五次反革命"围剿"。《红色中华》这时大力报道了苏区的扩大红军运动，表扬了许多做出突出成绩的基层单位，帮助党和政府使扩红运动在苏区轰轰烈烈地开展起来。它的宣传，始终紧密联系着革命战争的实际，广泛涉及苏区现实生活中的重要方面和重要的问题。协助党和中华苏维埃政府动员了广大的人民群众，为完成党和政府提出的中心任务而奋斗。但在当时，王明"左"倾机会主义路线在全党占据统治地位，特别是中共临时中央政治局于 1933 年 1 月从上海迁到江西苏区瑞金以后，"左"倾路线在苏区逐渐得到全面贯彻，《红色中华》的宣传也受到"左"的影响。它宣传了过"左"的土地政策、工商业政策和肃反政策等，提出了一些脱离实际的口号，这对开展实际工作产生了不良的影响。到 1934 年 2 月，瞿秋白来瑞金，主持中央政府教育人民委员部的繁重工作，兼任《红色中华》报社长。这时，《红色中华》报在编辑工作方面有所改进。它增加了基层单位群众活动的报道，并多次刊登表扬稿。它加强了重点报道，常常配上图画、大字标题和口号。例如从 1934 年 6 月 30 日出版的第二〇九期起，连续几期重点宣传了粮食动员工作。

从 1934 年 10 月 3 日出版第二四〇期以后，到 1935 年 1 月，是《红色中华》第三个时期。1934 年 10 月，红军主力长征后，《红色中华》改由中共中央分局、中央政府办事处领导，仍由瞿秋白负责，编委会克服重重困难，在原有五人减少到仅有瞿秋白和韩进两人的情况下，仍坚持在江西苏区出版。这时的《红色中华》宣传内容，有扩大红军、动员群众开展游击战争、揭露国民党军队侵入江西苏区后大肆抢掠烧杀的罪行等。为了保守秘密，掩护中央机关及主力红军突围长征，《红色中华》对于长征消息一字未提。它仍按原来的版式，铅印出版，按原期数继续编号。每周出版 3 期，后因环境恶化，改为每周出版 1 期。它在江西苏区坚持出版到 1935 年 1 月下旬。

《工农报》是瞿秋白倡办的。1933 年，在上海的瞿秋白十分关注苏区报刊事业，撰写了《关于〈红色中华〉的意见》一文，此文肯定了《红色中华》的显著成绩，同时，提出了六点建议。其中之一是，除《红色中华》外，还应由中央局出版一种真正通俗的就是说能普及到识字很少的工农群众中去的《工农报》。后来，瞿秋白到了江西苏区，担任中华报社长。在他的努力下，《工农报》于 1934 年创刊。4 开 4 版，铅印，旬刊，以中央通讯协会筹委会机关报名义出版。该筹委会受《红色中华》报编委会领导。《工农报》反映苏区工农群众斗争，宣传红军捷报，介绍苏维埃建设成就，报道工农群众生活状况，并适当反映白区群众斗争情形。辟有"新闻""通讯""短评""连环画""山歌""故事""笑话""小常识"等专栏，是一份很通俗又生动活泼的报纸。

（三）中央革命主事委员会及其直属部队创办的报刊

在中央革命主事委员会及其直属部队创办的报刊中，最重要的是《红星》报。

《红星》是中华苏维埃共和国中央革命军事委员会的机关报，于 1931 年 12 月 11 日创刊。中央革命军事委员会在 1931 年 11 月成立时，便设立总政治部。1932 年 1 月，改称中国工农红军总政治部。《红星》报由总政治部编辑出版。除 1933 年 3 月至 7 月是 32 开油印本以外，其余都是铅印的 4 开报纸型，一般出 4 版，少则 2 版，多则 8 版。不定期刊。1933 年 8 月上旬，恢复原来的 4 开铅印报型，重新编期号。到 1934 年 9 月 25 日出版到第六十六期。1934 年 10 月至 1935 年 8 月，在中央红军长征途中，《红星》继续出版，改为油印。每期印七八百份，发到连队。前后共出长征专号 28 期。《红星》报从创刊到终刊，大约共出版 124 期。

作为红军机关报，它的读者主要是全国各红军部队指战员，同时也在苏区各机关团体和人民群众中发行，它可零售，也可订阅。

1933 年 8 月以前的《红星》报主编不详。1933 年 8 月到 1935 年 1 月遵义会议召开时，由邓小平主编。遵义会议后由陆定一主编。

《红星》报创刊号发表的《见面话》指出，《红星》报是为了提高红军的政治素质和文化水平，使红军成为铁军而创办的。同时，该报要成为"一面大镜子""一架大无线电台"，全面反映红军的工作和生活，传播红军、苏区、全国和世界的消息；要成为"政治工作讨论会"，开展有关红军政治、文化教育和生活方面问题的讨论；要成为"红军的俱乐部"，供给读者各种富有

1931 年 12 月 11 日出版的《红星》第一期，本书作者 2018 年拍摄于《红藏》系列图书《红星》。

知识性和趣味性的材料；要成为"裁判员"，批评红军里消极怠工、官僚腐化等不良现象，揭露反革命破坏。总之，它要发挥政治思想教育、传播消息、指导

工作、批评监督、文化娱乐等多种作用。《红星》报在苏区出版的 4 年中，一直为它所担负的任务和应起的作用而努力。它及时地传达中央革命军事委员会关于苏区军事斗争和红军建设的战略部署和方针政策，指导红军的行动。对于苏区历次扩大红军运动、第四次反"围剿"战役等，《红星》报都大力进行宣传，迅速地报道了红军的战斗情况和胜利消息，尤其是红一方面军各次主要战斗及苏区开展游击战争的情况。这方面的宣传报道内容，往往要占整张报纸篇幅的三分之一。它紧紧围绕着使红军成为铁军这个中心任务，从政治、思想、军事、文化各方面，对红军建设进行宣传。它重视发表言论，经常刊登社论或署名文章，指导红军建设的各项实际工作。1934 年 6 月 1 日出版的第四十八期刊载的陈毅写的《最近时期西北线游击斗的检查》一文，1934 年 8 月 5 日出版的第五十七期刊载的《红十二团模范红五连最近工作的检阅》一文，1934 年 8 月 20 日出版的第六十期刊载的袁国平写的《高虎脑战斗的政治工作》一文，及时总结新鲜经验，都是指导红军建设的重要论文。

《红星》报从 1933 年 10 月 22 日起加出了《红星附刊》，介绍苏联红军政治工作。32 开铅印本。随报附送。

《红星》报办得丰富多彩，通俗生动，有指导性、知识性和趣味性。军战士称赞它为"战士的良友""革命战争的一只有力喇叭"。《红星》报的创办是红军报刊重大发展的一个标志。

（四）群众团体的中央机构创办的报刊

在群众团体的中央机构创办的报刊中，《青年实话》是影响较大的一份报刊。

《青年实话》是中国共产青年团苏区中央局机关报刊，于 1931 年 7 月 1 日在永丰龙岗创刊。当时环境艰苦，头两期采取可以张贴的传单式，油印出版，比较简陋。第二期出版后，因第三次反"围剿"战争开始而暂时停刊。1931 年12 月 1 日复刊。从第三期至第九期，改为 8 开单张壁报式，油印出版。每期两张，因受经济条件等方面限制，为半月刊。编辑部设在瑞金。这是它的初期。由于第三次和第四次反"围剿"战争的胜利，随着苏区的发展，《青年实话》也进入发展时期。它的发行量增至 10000 份时就改为旬刊，逢五出版。为了便于红军行军作战时携带，从 1932 年 2 月 15 日出版的第十期起，它改为 32 开铅印本，每期约 20 页，可容 6000 字左右。这时还增加了图画封面和插图。每本定价铜元 4 枚，红军战士半价。订阅全年价目为 4 角 5 分。编辑部迁往于都后，总发行所设在闽西汀州。1932 年年底，《青年实话》已出版三十二期，合编为第一卷。从 1933 年 1 月 15 日出版第二卷第一期开始，由旬刊改为周刊，版式未变，但篇幅增加到两万字左右。不久，编辑部与总发行所迁往瑞金。到 1933 年 11 月 13 日出版第三卷时，《青年实话》每期发行量已达 20000 份，在苏区各地及红军部队中建立了发行网络。到了 1934 年 5 月 20 日出版第三卷第二十四期时，第五次反"围剿"战争已进入最困难的时期。为了适应战时鼓动的需要，《青年实话》改为五日刊，逢五逢十出版，板式也改为 8 开 4 版。为方便读者装订保存，每十期附赠一彩色封面和一文艺副刊（可作封

1931 年 7 月 1 日出版的《青年实话》第一期，本书作者 2018 年拍摄于《红藏》系列图书《青年实话》。

底），每期售价铜板 2 枚，红军战士半价。从 1934 年 5 月 25 日起，由瑞金青年实话书店发行，又按已出版的总期数累计，编为第八十九期。到 1934 年 9 月 30 日为止，《青年实话》一共出版了 113 期，前后历时 3 年多。

　　《青年实话》是为了加强团的工作的指导，扩大团在青年中的影响而创办的。因此，它把宣传贯彻党、团中央及苏区中央局的决议、指示作为重要任务。它出版过《中央指示专号》，并且围绕中央指示精神和中心任务，及时发表评论，提出贯彻落实的措施，检查实际工作情况。它设立"团的建设""红军中的青年工作""青工工作""青年妇女工作""工作检查与自我批评"等专栏，刊登针对性强的指导论文。《青年实话》重视交流团的工作经验，介绍马列主义基础知识。它不仅是团内的指导者，而且是青年群众中的宣传者和组织者。它大力发动青年踊跃参加红军和加紧生产支援前线，组织青年开展拥军优属的共产主义礼拜六义务劳动，组织春耕竞赛和合作社运动，发起赤色体育会，发起青

少年识字运动。它经常报道前方红军战况，及时地把红军捷报传播到青年中去。同时，它也广泛地反映苏区各条战线上的青年斗争生活和广大青年群众的愿望与要求。此外，它开展了反对贪污腐化和官僚主义的斗争，影响很大。《青年实话》的文字尖锐生动，图文并茂，体裁多样，从内容到形式，都具有"青年化"的特点。它在苏区工农兵青年中拥有大量的读者，在青年群众中树立起了威信。

（五）"红中社"

1931 年 9 月，粉碎了国民党发动的第三次反革命"围剿"以后，苏区得到巩固与发展。同年 11 月，中华苏维埃共和国临时中央政府成立，以瑞金为中心的中央革命根据地形成。为了及时对外宣传临时中央政府的文告、宣言，经常对外介绍苏区各项事业建设成就，打破国民党的新闻封锁，苏区党和政府领导把开创人民通讯事业列入议事日程，"红中社"因而诞生。在 1931 年 11 月中华苏维埃第一次全国代表大会举行期间成立的"红中社"，向外报道大会胜利召开的消息，播发大会宣言，宣告中华苏维埃共和国的诞生，使外界第一次了解到苏区和红军的情况。大会的《致苏联共和国电》《反对日本帝国主义出兵满洲通电》在外界得到传播。

"红中社"肩负着出版报纸和开展通讯社业务的双重职能。由于缺乏物质条件和人员，"红中社"尚未组建成一个独立的通讯社。它是报、社合一的，以出版《红色中华》报为主要任务，兼作一些通讯社业务。它创建初期，没有专设的电台，而由负责军事通讯和秘密联络的机要电台，挤出时间抄收一些新闻电讯供"红中社"使用，同时也对外发些苏区消息。1933 年夏，"红中社"有了收报机，能抄收外边的电讯，但还没有发报机。向外发稿要通过军委的电台，每天用无由无线电码播出。"红中社"不仅抄收国民党的中央社发出的中文电讯，而且抄收苏联塔斯社的英文电讯稿，选编成油印小报，供中央机关负责人参阅。

1933 年，有人提出把"红中社"发展成为独立的通讯社的意见。该年 8 月 10 日，《红色中华》报为庆祝创刊一百期，特地发表了一批纪念论文。其中有一篇署名为"氓"的作者的《论目前〈红中〉的任务》一文，指出："我们真需要一个通讯社，来供给全苏区各种报纸、杂志（定期和不定期）以国外、国内和苏区的群众斗争的消息"，苏维埃的斗争"要传播到国民党统治的区域，要传播给全世界无产阶级。有系统的以文字来记载苏维埃的斗争……通讯社的工作要独立的建立起来，这个要求，并不苛刻，也并不过早"。当时，"红中社"的通讯业务工作正在发展，但是，因为反对国民党第五次"围剿"的战争日趋紧张，到1934年10月主力红军长征了，所以，建立通讯社的设想没有实现。

各苏区经常刊登"红中社"的电讯稿。例如《红色湘赣》，1933年9月8日出版的第六期就刊载了"红中社"电讯稿5条，以下是其中的一条：

> 《红军中路军两次击溃了敌人》（题）红色中华社电：本月廿三日我中路军一部分，击溃乐安向鹿冈潭港游击之敌共四营，将其全部击溃，缴获步枪约二百余枝、轻机关枪六挺，俘虏百余名，内团长、副团长各一只，敌死伤过半。又电：廿五日，我中路军之一部，在永丰之江口击溃敌游击队一连，缴获步枪数十枝。

二、省级报刊系统

湘赣省级报刊系统较为全面，既有以《湘赣红旗》和《湘赣斗争》为代表的中共湘赣省委创办的报刊，又有以《红报》和《红色湘赣》为代表的省苏维埃政府创办的报刊，同时还包括湘赣省军区及主力部队以及群众团体的报刊。

（一）湘赣省委创办的报刊

中共湘赣省委创办报刊有《湘赣红旗》《湘赣斗争》《党的生活》《党报》等，其中主要刊物是《湘赣红旗》和《湘赣斗争》。

1. 《湘赣红旗》

《湘赣红旗》创刊于1931年11月下旬，是中共湘赣省第一次代表大会决定的。这次代表大会于1931年10月8日至15日在莲花县花塘村召开，选举成立了中共湘赣省第一届省委。在10月15日大会通过的组织决议案即《中共湘赣边省第一次全体代表大会决议案》中，决定省委要创办党报，并对办报宗旨、通讯、发行及组织领导等问题做了明确的规定。决议案指出："新的省委一定要出版党报，党报不只是宣传教育的责任，而要起组织上工作上的领导作用。各县区委或选出或指定一个到五个的通信〔讯〕员和发行员，各级党部要有系统的组织党报通信〔讯〕网和发行网，赤白交界的党报通信〔讯〕员要有计划的经常将白区的政治消息输送进来给党报发行员，要有计划的输送党报到白区去。

党报委员会须在代表大会或执委会议产生，提高党报的威信和领导作用。党报的建立，新的省委应负责定出具体的计划，而须在最短期间开始实现。"① 随后成立党报委员会。党报委员会书记甘泗淇是中共湘赣省委的宣传部部长，其他四人分别为省委书记、组织部长、省苏维埃政府副主席和少共省委书记。

甘泗淇，原名姜凤威，别名姜炳坤。1903 年出生，湖南省宁乡县人。1925年加入中国共产主义青年团。1926 年加入中国共产党。1927 年赴苏联莫斯科中山大学学习。1930 年回国。土地革命战争时期，先后任中国工农红军独立一师党代表，中共湘赣省委宣传部部长，湘赣军区政治委员，湘赣省苏维埃政府财政部部长兼国民经济部部长，红十八师政治委员兼政治部主任，红六军团政治部主任、代政治委员，红二军团政治部主任，红二方面军政治部主任。他参加了长征。抗日战争时期，任八路军一二〇师政治部副主任、主任，陕甘宁晋绥联防军政治部副主任、主任，晋绥军区政治部副主任。解放战争时期，任晋绥野战军政治部主任，西北野战军政治部主任，第一野战军政治部主任。中华人民共和国成立后，任西北军区副政治委员兼政治部主任，中国人民志愿军副政治委员兼政治部主任，中国人民解放军总政治部副主任。1955 年被授予上将军衔。第一届全国人民代表大会代表，中国共产党第七次全国代表大会代表，第八届候补中央委员。

《湘赣红旗》内容丰富，群众爱看，供不应求。在《中共湘赣省委关于三个月工作竞赛条约给中央局的总报告》中写道："群众的信仰比较好，有许多群众都喜欢买《红旗》看。"②《中共湘赣省委关于宣传工作的报告》中写道："《红旗》在群众中有影响，群众看的很多，因印刷困难不能满足需要。"③

《湘赣红旗》为半月刊，每期 8 页，毛边纸石印印刷，每期印 5000 至 6000份，每份零售铜元 2 枚，批发价：100 份至 500 份为八折，500 至 1000 份为七折半，1000 份以上为七折。至 1933 年 6 月，约共出 33 期终刊。

---

① 江西省档案馆. 湘赣革命根据地史料选编（上册）［M］. 南昌：江西人民出版社出版，1984：211.

② 江西省档案馆. 湘赣革命根据地史料选编（上册）［M］. 南昌：江西人民出版社出版，1984：474.

③ 江西省档案馆. 湘赣革命根据地史料选编（上册）［M］. 南昌：江西人民出版社出版，1984：503.

2. 《湘赣斗争》

《湘赣斗争》是中共湘赣省委、中共湘赣省党团机关报，1933 年 7 月 1 日在永新创刊。由《湘赣红旗》和共青团湘赣省委机关刊物《列宁青年》两刊合并后创办。在 1933 年第一期《党报委员会的通知》中，阐述了创刊的缘由："过去，湘赣党团省委曾经出版《红旗》和《列宁青年》两种刊物，内容既不充实，缺点错误很多，又不能按期出版，更不能起党团省委机关报的领导作用。因此，党团省委决定把两种刊物合并为一种，改名为《湘赣斗争》，集中人力，改革其内容。"

《湘赣斗争》为旬刊，石印，16 开本，每期 12 页，发行量为 9000 份。此刊合并后在人力、物力、财力上有所增强，出版的内容有所扩大，起到了宣传鼓动和指导经济建设的作用。但因为受"左"倾机会主义路线的影响，报刊的宣传报道出现明显的"左"的错误，借反"罗明路线"，对一批湘赣省委干部进行攻击。1934 年 8 月，因第五次反"围剿"失败，红六军团离开湘赣苏区西征，《湘赣斗争》终刊。

（二）省苏维埃政府创办的报刊

这一时期创办的苏维埃报刊有《红报》《红色湘赣》《特别通讯》《红色湘赣副刊》。主要刊物是《红报》和《红色湘赣》。

1. 《红报》

《红报》是湘赣省苏维埃政府创办的第一份机关报。1932 年 6 月在永新创刊，三日刊，每期出 1 张，共 4 版，发行 2000 份。到 1932 年 8 月 23 日，现存第二十八期。1933 年 6 月，即以此为基础，改为《红色湘赣》报。

《红报》是为了宣传、贯彻中央和湘赣省委的路线、方针、政策，加强党对苏维埃的领导、交流各地苏维埃政府工作经验而创办的。现存的第二十八期，设有"社论""国内外要闻""苏区消息""列宁室""社会琐闻"等专栏。"社论"栏刊载了汤铭写的文章《怎样防止与救济流行的瘟疫》。"国内外要闻"栏刊载 3 条新闻，分别是《日本帝国主义来瓜分热河》《辽宁义勇军猛烈进攻日本》《湘粤闽军阀来湘送枪》。"苏区消息"栏刊登《红军新独立师快出世了》的喜讯。"列宁室"一栏报道省级各机关列宁室举办工作竞赛的消息。"社会琐闻"栏载文批评个别地方中元节那天烧纸钱等封建迷信活动。《红报》报道面较广，新闻标题醒目，版面活泼。

2. 《红色湘赣》

《红色湘赣》创刊于 1933 年 6 月，是湘赣省苏维埃政府机关报。它是在《红报》的基础上创办的，是湘赣苏区唯一的一份正规报纸，由方维夏负责。开始，每月出 3 至 4 期，以后每半个月出 1 期。第一至十四期每期 2 张 8 版，从第十五期起，每期只出 1 张 2 版。1934 年 1 月起，还出版了《红色湘赣副刊》，毛边纸石印印刷，每期一张，均为专号。1934 年 8 月，因第五次反"围剿"失败，红六军团离开湘赣苏区进行西征，《红色湘赣》被迫停刊。

方维夏，1880 年生于湖南平江县。1920 年 8 月，与毛泽东、何叔衡等在长沙组织发起俄罗斯研究会，并积极赞助毛泽东等创办文化书社，还联络李六如等筹办文化书社平江分社。1924 年 11 月，加入中国共产党。参加了北伐、南昌起义、广州起义。1928 年 6 月，赴莫斯科中山大学学习，参加了中共第六次全国代表大会。1931 年春回国，到中央苏区工作，先后任闽西红军学校政治部主任、中华苏维埃临时中央政府总务厅厅长，1933 年调任湘赣省苏维埃政府教育部长兼司法部长。其间，创办列宁初级小学 700 多所，工农夜校 800 所，并办有《红色湘赣》《湘赣斗争》等小报刊 13 种，还主编《识字课本》一册，为湘赣根据地文化教育事业的发展做出了重要贡献。1936 年 4 月 23 日，由于叛徒告密，他在桂东沙田仙背山，与夫人一同英勇牺牲。

《红色湘赣》最突出的特点，是以大量篇幅报道红军的胜利消息和苏区各项工作开展的情况，以鼓励湘赣苏区广大军民的革命斗志。1933 年 9 月 26 日的《湘赣军区政治部关于冬季三个月政治工作大纲》中指出："《红色湘赣》报现划定两版，专门登载红军中各种工作进行的经验，以供湘赣红色武装一切工作进行的参考材料。"大纲要求："各部队必须每月投稿二次（最少每半月一次）。"① 从此，《红色湘赣》大量报道了红军胜利消息。每期都有关于湘赣苏区各县贯彻执行中央、省委决议，加紧根据地建设、扩红慰劳、支前参战、查田运动、经济和文化建设以及白区工作等方面的情况，生动地反映了湘赣苏区如火如荼的革命景象和根据地军民饱满的革命热情。

《红色湘赣》经常刊登湘赣省党团组织及苏维埃政府重要文件、决议、训

---

① 江西省档案馆. 湘赣革命根据地史料选编（下册）　[M]. 南昌：江西人民出版社，1984：505.

令，同时，围绕当时的中心任务、重大事件加以重点报道。如第二次全国苏维埃代表大会和第三次湘赣省党代表大会召开前，《红色湘赣》就从第六期至第十期发表了《怎样来拥护二次全苏大会与三次省代表大会》和《湘赣省苏维埃政府为拥护全省大会告白区群众书》等社论和文章，并办有"选举运动"专栏，动员广大群众积极参加大会前的选举运动。在 1933 年 11 月 21 日至 25 日中共湘赣省第三次代表大会召开时，《红色湘赣》第十二期（1933 年 12 月 1 日出版）就用了两张八版的篇幅及时宣传会议精神，大力报道会场内外对大会召开的热烈反响，并对大会讨论通过的扩大红军、健全地方武装、加强经济建设、开展肃反工作、发展党的组织等决议案进行宣传报道。

（三）湘赣省军区及主力部队创办的报刊

这一时期有湘赣省军区政治部的刊物《湘赣红星》，中国工农红军学校第四分校的刊物《红军报》，中国工农红军第二军团第八军政治部的刊物《铁军旬刊》。其中，最有代表性的刊物是《湘赣红星》。

《湘赣红星》于 1932 年 4 月创刊，由湘赣军区政治部出版，石印，16 开本，每个月一期，每期发行 2000 到 3000 份。它是向全省红军部队、地方武装出版发行的刊物，读者对象主要是红军部队指战员，同时也有苏区各机关团体和人民群众。它的创刊，是为了提高红军的政治素质和文化水平。它办有"军事常识""军事测验""军队生活""军情通报"等栏目，及时传达中央军事委员会关于苏区军事斗争和红军建设的战略部署和方针政策，大力宣传苏区的扩红运动、反"围剿"战役等。该报每期报道红军在各战场的胜利捷报，并刊载了湘赣省军区总指挥兼政治委员蔡会文的《全军区第二次首长会议的总结》一文。1934年 8 月红军突围西征时停刊。

（四）群众团体创办的报刊

这一时期，群众团体的省级机构创办的报刊有：少共湘赣省委的机关报《列宁青年》，湘赣省儿童局的刊物《红孩儿》，少共湘赣省委的报刊《团的建设》，中国共产主义青年团分宜中心县委的机关刊物《北路青年》，团湘赣省委的刊物《血战》，少共赣西南特委西路分委宣传部的报刊《宣传通讯》，湘赣省反帝大同盟的机关报《反帝》。其中，最有代表性的刊物是《列宁青年》。

《列宁青年》是中国共产青年团湘赣苏区省委机关报刊，于 1932 年 3 月创刊。32 开本，每期 30 页左右。石印，有时为油印。它有时改为 8 开两版油印小报型。创刊初为半月刊，从第二十四期以后改为每 20 天出一期，但都因印刷上的各种困难，往往不能按期出版。承印该刊的单位是湘赣省赤色石印局。1932年 8 月 10 日，湘赣《列宁青年》总发行所在永新成立，并在各县设立分发行所。每期售价铜元 3 片（枚），红军战士减为铜元 2 片（枚），从 1933 年 6 月 20日开始，期数另起。同年 7 月 1 日，与《湘赣红旗》合并，改名为《湘赣斗争》。1934 年复刊，期数另起。至 1934 年 5 月 25 日，在出版了第十二期之后，因经费不足，急待解决通讯员网及发行网方面的问题而宣告停刊。

少共湘赣省委对如何办好《列宁青年》十分重视，多次在文件中对《列宁青年》办刊的宗旨和刊物的通讯、发行等问题做出明确规定。1932 年 6 月 19日，少共湘赣省委常委会通过的《宣传鼓动工作决议》指出："《列宁青年》是湘赣省委的机关报，不仅是个集体组织者，而且是个集体宣传者。"①

这个刊物面向全省工农青年、团的干部和红军中的青年战士，他的内容广泛，体裁多样。辟有"评论""消息""通讯""自我批评""轻骑队""儿童生活""少队""诗歌""识字猜谜""有奖游戏"等专栏，刊登各种图画，常有单独的画页，有时占去两三页，也有插图、刊头画、组字画等。《列宁青年》紧紧围绕着革命战争这个中心，大力宣传省委提出的各项主要工作，报道工农青年群众、少先队、儿童团的活动。在动员青少年参战、推销革命公债以及生产建设等方面，它的宣传报道所占的篇幅尤多。当时，共青团省委领导人和许多干部为它撰稿。1932 年出版的《列宁青年》，就刊有冯文彬、胡耀邦写的评论和诗歌。

二、特委报刊系统

湘赣特委报刊系统的报刊一共有 13 种，主要包括中共特委机关、共青团特委机关等出版的刊物。中共赣西南特委刊物，有党刊《政治通讯》、机关刊物《红旗》、组织部刊物《党的生活》和《组织通讯》、宣传部刊物《赤报》等；中共赣西南特委各行委刊物，具有代表性的是赣南总行委刊物《东河通讯》、东

---

① 江西省档案馆. 湘赣革命根据地史料选编（下册） ［M］. 南昌：江西人民出版社，1984：432.

路行委刊物《东路红旗》和南路行委刊物《通讯》等。此外，还有共青团特委机关的刊物，如共青团赣西南特委西南分委宣传部的《宣传通讯》。

三、县级报刊系统

县级报刊系统由中共各县委主办的报刊、各县苏维埃政府主办的报刊、县赤卫军主办的报刊、共青团县委机关及其他群众团体县级机构主办的报刊组成。如1931年由中共安福县委机关创办的刊物《党报》，1932年5月由共青团分宜中心创办的刊物《北路青年》，均具有一定的影响力。

在县级报刊系统，《茶陵实话》和《茶陵列宁青年》影响较大。

（一）《茶陵实话》

1932年4月24日出版的《茶陵实话》第三期，本书作者2013年拍摄于茶陵县档案馆。

1932年1月创刊，是中共茶陵县委机关报。1931年10月15日，茶陵县第二次工农兵代表大会在严塘湾里召开。大会根据省苏维埃会议精神，确定了新的斗争策略，制定了今后的工作方针。确定县委主办刊物《茶陵实话》《茶陵红报》，作为向党员进行思想教育的阵地。《茶陵实话》因处革命战争环境，未能定期出刊。报纸形式为4开4版，采用油印。《茶陵实话》以"向党员进行思想教育"为主旨，对党的工作中存在的问题进行一针见血的批评，如第三期刊登的潘祖浩的《肃清目前党内几点不正确的倾向》、曾毅之的《切实执行新的工作方式的建立》、段苏权的《建立党与团的正确关系》等文章就比较有代表性。从现在仅存的一期《茶陵红报》看，其旨在对广大干部和群众普及政治常识。

（二）《茶陵列宁青年》

1932 年 5 月 13 日创刊，是共青团（少共）茶陵县委团报。少共茶陵县委重视对团员青年及少年进行政治训练和文化知识的灌输，1932 年还开办团训班（列宁青年学校），1932 年 5 月 11 日，共青团茶陵县委发出通知，公布第二十九次常委会上做出的出版团报——《茶陵列宁青年》的决议，由段苏权、曾毅之、谢青山、刘运生、谭石精五人组成团报委员会，并以段苏权为书记，指定邓永耀、龙舒林、陈宜圣、朱岳恩、朱瑞胜及各区委书记为"经常通讯员"。

段苏权（1916—1993 年），湖南省茶陵县尧水高径人。1926 年参加农民运动，1930 年加入中国共产主义青年团，同年加入中国共产党。1932 年参加中国工农红军。土地革命战争时期，先后担任共青团茶陵县委书记、茶陵县委组织部部长、县委书记、共青团湘赣省委宣传部部长、湘赣军区政治部宣传部部长、红六军团政治部宣传部部长等职务。之后，他随红军参加西征，参与领导创建黔东革命根据地，参加了湘赣苏区反"围剿"。抗日战争时期，任中共中央军委总政治部（八路军总政治部）宣传部教育科科长，1940 年 5 月任晋察冀军区平北军分区政治部主任，中共平北地委书记兼平北军分区政委，领导、建立、巩固和发展平北抗日根据地的斗争，坚持开展艰苦的敌后反"扫荡"作战。1946 年 1 月被中共中央特别授予少将军衔。他参加过根据国共两党停战协定成立的北平军事调停处执行部三人小组，任热河军区司令员。解放战争时期，任冀热察军区司令员，东北野战军第八纵队司令员，率部队参加辽沈战役，1949 年 4 月调任东北军区副参谋长。中华人民共和国成立后，先后担任东北军区空军司令员、中国人民志愿军空军第二军军长、华北军区空军司令员、中国人民解放军高等军事学院副教育长兼战略教研室主任、中国人民解放军福州军区副司令员、中国人民解放军军政大学副校长、中国人民解放军军事学院政委等职。1955 年 9 月被再次授予少将军衔。在抗美援朝战争期间协助指挥中朝空军作战，获朝鲜民主主义人民共和国一级国旗勋章。参加过援老（挝）抗美，担任过中华人民共和国密使——中共中央驻老挝桑怒工作组组长。被选为第四、五届全国人大代表，第六、七届全国人大常委会委员，人大法律委员会委员。1988 年 7 月被授予一级红星功勋荣誉章。1993 年 9 月 28 日去世。

曾毅之（1906—1934 年），醴陵沈潭乡人。1924 年加入中国共产党。1926

年受党的派遣，回乡从事农民运动，并当选为醴陵县南二区八乡农民协会委员。1927 年"马日事变"后，曾任中共醴陵县南三区区委委员、区委书记等职务，1930 年 10 月，奉中共湘东特委指示，重建中共攸县县委，并任县委书记。1931 年 6 月，调任中共茶陵县委书记，卓有成效地领导全县党组织建设、苏区政权建设和扩红等各项工作。1932 年 6 月，任湘赣红军新编独立第一师政委。1933 年 6 月，因一贯抵制"左"倾肃反政策，在湘赣苏区肃反扩大化运动中，被诬为"AB 团"遭逮捕。1934 年 8 月，被错杀于永新县牛田。中华人民共和国成立后，被追认为革命烈士。

　　由于政治、经济的原因，《茶陵列宁青年》常常不能按期出版。该报为 16 开，4 版或 2 版，采用油印。《茶陵列宁青年》指导团的工作，向广大青少年宣传革命理论，报道好人好事，交流工作经验。据创刊号上《〈茶陵列宁青年〉的任务》一文宣告，它的任务是："执行团的领导方式的转变，传达国际①和四中全会及省委的正确路线，接受党的政治领导和执行党的中心工作，发动团内的两条路线的斗争，帮助执行新的工作方式的转变，收集团内外的斗争和实际工作的经验，很具体、很浅显地给下级团部工作指示，成为团的工作及青年群众工作的领导者，成为扩大团在青年群众中影响的有力宣传者和青年群众的组织者。"②

---

① 国际：指共产国际。四中全会：指 1931 年 1 月在上海召开的中共第六届中央委员会第四次全体会议。在这次会议上，王明控制了中央的领导权，开始贯彻执行以王明为代表的"左"倾机会主义路线。
② 胡昭镕. 湖南革命出版史（新民主主义革命时期）［M］. 长沙：湖南人民出版社，1997：108.

第三章

湘赣苏区红色新闻报道的指导思想

新闻报道的指导思想是指新闻报道的目的以及实行这一目的的方法，是从事新闻活动的依据。它是编辑部依据党和政府在一定时期内有关的宣传方针、政策、策略而规定的新闻报道所要达到的目的，以及要达到目的的方式方法。新闻报道的指导思想是具有战略性、纲领性、引领性的东西，是新闻报道的目标、方向、思路及重点和着力点的高度概括和集中体现，是从事新闻活动所必须遵循的总原则、总方略、总要求。只有遵循了新闻报道的指导思想，新闻工作才能有所遵循、有所依据，才能按照正确思想的指引，向着正确的方向，沿着正确的道路，朝着正确的目标前进。

湘赣苏区新闻报道的指导思想来自这一时期中国共产党的新闻报道思想，是编辑部依据湘赣苏区党委和苏维埃政府在这一时期内的宣传方针、政策、策略而规定的新闻报道所要达到的目的，以及要达到目的的方式方法。

第一节　新闻报道思想形成的基础

新闻报道思想的形成是一个长期积累、不断充实的过程，它既有对中外新闻报道思想的吸收与借鉴、对中国共产党早期新闻思想的继承和发扬，又有革命苏区革命事业发展的现实需求，更有党对宣传工作的高度重视。

一、对中外新闻报道思想的吸收与借鉴

第一，吸收和借鉴我国资产阶级的办报经验。

学习资产阶级政治家、思想家和报刊活动家的办报实践和办报思想，从中吸取经验和营养，是我党早期办报活动的共同特征。毛泽东曾说过，他是梁启超作品的忠实读者，非常爱读梁启超的政论文章，据说《新民丛报》上的一些梁启超的一些文章他都能背诵。毛泽东还尊称孙中山先生为"革命的先行者"，说中国共产党人是其事业的继承者，他通过孙中山创办的《民报》等办刊了解其革命主张。

梁启超是资产阶级改良派的办报大师和著名政论家，也是资产阶级新闻思想的奠基人和集大成者。他先后参加过《中外纪闻》《强学报》《时务报》《湘学报》《湘报》《清议报》和《新民丛报》等十几种报刊的创办、主编及编辑出版工作，这些报刊成为他宣扬维新变法和宣传其政治主张的工具。他在《论报馆有益于国家》《清议报第一百册祝辞并论报馆之责任及本馆之经历》《舆论之母与舆论之仆》《敬告我同业诸君》等专论文章中提出了许多重要的办报思想。在《清议报第一百册祝辞并论报馆之责任及本馆之经历》一文中，他把报纸比作"耳目喉舌"，说它是"国家之耳目也，喉舌也，人群之镜也，文坛之王也，将来之灯也，现在之粮也"。他认为报刊具有建舆论、启民智、兴民权、合民力、陶民德的社会功能。舆论是社会成员中多数人的意见，这种多数人的看法和意见是一种无形的力量，当舆论形成时，上可对政府形成制约，下可对民众造成影响。作为制造和宣传舆论的机关，报纸可以有意识地弘扬正气、鞭笞邪恶，从而达到监督政府、争取社会上大多数人的同情和支持的目的。开民智的首选在于兴建学校、创办报纸。报纸主要通过宣传使民众的素质提高，从而进行文明开化。通过"开民智"，提高了国民素质之后，就要"兴民权"，民众可以通过在报纸上发表文章来表达自己的见解，在此基础上对政府的所作所为进行监督、从而实现自己参与政治的权利。在政治不稳定时期，通过报刊集合民众的力量，进而扩展势力，作为革命的基础。他还认为，"合民力"其实就是一定的阶级把报刊作为其实现政治目标的武器和工具。如果想对政治进行改良，使国家强盛起来，第一要务就是增强国民素质。数千年来，中国之所以萎靡不振，就是因为民智不开，国民缺乏公德意识。治疗这种"民疾"的不二良方就是报纸宣传。显而易见，梁启超所提出的报刊的这些社会功能政治色彩非常强烈。"建舆论"是为通过舆论，为维新派的活动造势，而"启民智"和"兴民权"的目的也都是为维新派的活动造势所服务，再加上其"合民力"的手段，构成了维新派政治活动的基本框架。梁启超没有提到报刊的经济功能和娱乐功能，这和当时的政治形势是分不开的。因为当时社会政治问题的解决迫在眉睫，报纸的中心自然就指向了政治这一方向。

孙中山不仅是卓越的资产阶级革命家，同时也是优秀的新闻工作者、报刊活动家和宣传家。在长期的革命斗争中，以报刊为阵地传播政治思想，宣传政治主张，在长期的办报活动和新闻实践中，形成了一套完整、系统的新闻思想。他的新闻体系中影响最大的是党报理论，他首先把"党的喉舌"看作办报的主要目的，他指出："政治之发动，足以导其机；学术之进境，足以救其偏；风俗之颓败，足以匡其失；即社会之改革，人心之纠正，亦惟记者是赖。"① "宣传不仅是民主革命的重要武器，而且也是政治革命须臾不可离弃的重要武器；党报既是'革命宣传机关'，又是'党务军务之进行机关'，即党报的作用，一为大力宣传'党义'，二为积极投入到攻奸、批判政敌的斗争中去"。② 他提出，为了革命宣传的需要，必须创办机关报，而机关报必须把宣传革命政党确立的民族、民主、民生的纲领和主张作为首要任务。他亲自指导创办《中国日报》《民报》等革命报刊，并使之成为资产阶级革命派同封建统治者和资产阶级改良派斗争的武器。他在为《民报》写的发刊词中写道："抑非常革新之学说，其理想灌溉于人心而化为常识，则其去实际也近。吾于《民报》之出世觇之。"他希望《民报》能成为同盟会的"喉舌"，担负起"先知先觉之天职"，发挥好"舆论之母"的作用。③ 孙中山领导的《民报》同改良派报纸《新民丛报》的政治大论战，显示了革命派报纸的斗争锐气，在中国近代报刊史上留下了报刊争论的典型范例。他的办报思想也成为中国近代新闻思想中的重要内容。

资产阶级代表人物的办报思想与办报实践对中国共产党人早期思想的形成都产生了一定的影响，特别是关于报刊性质、功能、任务、作用等方面的论述，更成为中国共产党人认识新闻事业性质和功能的重要依据。他们关于新闻真实、新闻价值、新闻理论、新闻文风等一些新闻工作基本问题的论述，也为中国共产党人所认同，这从毛泽东等人的新闻实践和相关论述中即可看出。他们都把

① 徐培汀，裘正义. 中国新闻传播学说史［M］. 重庆：重庆出版社，1994：193.
② 张育仁. 自由的历险——中国自由主义新闻思想史［M］. 昆明：云南人民出版社，2002：167
③ 胡太春. 中国近代新闻思想史［M］. 太原：山西人民出版社，1987：158.

报纸视为进行政治宣传、启迪民众思想、影响社会舆论的工具。

第二，学习和继承世界无产阶级新闻事业的办报经验。

中国共产党的新闻事业是世界无产阶级新闻事业的重要组成部分，中国共产党的新闻思想也是整个无产阶级新闻思想的重要组成部分。可以说，中国共产党人的办报传统、办报经验和办报思想是同学习和继承世界无产阶级新闻事业的办报传统、办报经验和办报思想密不可分的。中国共产党人一开始就是从学习运用俄国布尔什维克报刊以及列宁的办报经验和办报思想来指导自己的新闻实践的。

无产阶级新闻事业的办报传统是由马克思和恩格斯首先开创的，他们在1848 年欧洲革命中创办的《新莱茵报》，是世界上第一张马克思主义指导下的无产阶级党报，列宁称之为"革命无产阶级最好的机关报"①。在这期间，他们积累了许多无产阶级的办报经验，也开创了许多无产阶级的办报传统，形成了许多无产阶级的新闻思想。这些办报经验、办报传统和新闻思想成为世界无产阶级新闻事业的宝贵财富。无论是列宁领导的俄国布尔什维克报刊还是中国共产党人创办的革命报刊，都学习和借鉴了这些经验和思想、继承和发扬了这些传统和作风。

中国的马克思主义首先是从俄国传入的，正如毛泽东所说，是十月革命一声炮响，给中国送来了马克思主义。"走俄国人的路"，这是当时中国共产主义者经过认真思索后所得出的结论。所以，中国人学习马克思主义主要是通过学习俄国、学习布尔什维克党、学习列宁的思想而实现的。从报刊活动和新闻工作的角度看也是这样。中国共产党人主要也是通过学习俄国布尔什维克党的办报经验、办报传统，学习列宁的办报实践和新闻思想来接受世界无产阶级的办报经验和办报传统，来接受马克思主义的新闻思想的。列宁是马克思与恩格斯的办报经验、办报传统和办报思想的忠实继承者，他在办《火星报》时就明确地把马克思主义作为《火星报》的办报方针。他指出："我们不打算把我们的机关报变成形形色色的观点的简单堆砌。相反地，我们将本着严正的明确的方针

---

① 中共中央马克思恩格斯列宁斯大林著作编译局. 列宁全集（第 21 卷）［M］. 北京：人民出版社，1990：60.

办报。一言以蔽之，这个方针就是马克思主义。"① 列宁一生中创办和主编的报刊有 30 余种，其办报方针和办报传统主要是学习和继承马克思、恩格斯办《新莱茵报》的经验和传统，同时他又根据俄国国情和党情的特点，根据俄国自身斗争实践和新闻工作的实际需要，提出新的思想原则和办报要求，从而形成了自己独特的办报思想。

二、对中国共产党早期新闻思想的继承和发扬

中国共产党早期新闻思想，我们可以从新闻宣传的性质、新闻宣传的作用、新闻宣传的任务、新闻报道的方法等方面来考察。

中国共产党认为新闻宣传工作是党的事业的重要组成部分，必须置于党的统一领导之下，这是无产阶级新闻思想的鲜明党性。

在《中国共产党的第一个决议》第二部分"宣传"中规定："一切书籍、日报、标语和传单的出版工作，均应受中央执行委员会或临时中央执行委员会的监督。""每个地方组织均有权出版地方通报、日报、周刊、传单和通告。不论中央的或地方出版的一切出版物，其出版工作均应受党员的领导。""任何出版物，无论是中央的或地方的，都不得刊登违背党的原则、政策和决议的文章。"② 中共二大决定正式加入共产国际，承认《加入共产国际的条件》，包括其中有关新闻宣传的党性原则。以马克思主义新闻思想的党性原则为指导，中共中央创办了自己的机关报刊、通讯社和各种无产阶级报刊，以及党主持的统一战线报刊，先后成立了中央教育宣传委员会、中央机关报编辑委员会、中央报纸编辑委员会，从组织上思想上加强党对新闻宣传工作的统一领导。

新闻宣传的性质。中国共产党强调报刊的阶级性质，指出在阶级社会中不同阶级的报刊总为不同的阶级利益服务。陈独秀最早用阶级观点分析指出："资本家制造报馆，报馆制造舆论"③ 是世界各民主共和国报纸的普遍现象。他认为，这些报纸受资本家支配，从来不肯帮多数贫民说话，只有社会主义的报纸

---

① 中共中央马克思恩格斯列宁斯大林著作编译局. 列宁全集（第 4 卷）[M]. 北京：人民出版社，1984：316.

② 中央档案馆. 中国共产党第一次代表大会档案资料（增订本）[M]. 北京：人民出版社，1984.

③ 陈独秀. 独秀文存 [M]. 合肥：安徽人民出版社，1987：375.

才能反映民众的声音。改组后的《新青年》载文提出："谈到报纸，我们先要问，这报是有产阶级的呢？还是劳动者的呢？"指出北洋军阀统治下的中国现实是"现在的政府、军队、报纸、学校……都是旧社会中统治者阶级的武器"，进行社会主义革命就必须"先要推倒了现在的政府、军队、报纸、学校……再另行建筑劳动者的政府、军队、报纸、学校"，才能保证多数民众享有真正的自由和幸福。①《向导》周报宣告："《向导》是中国共产党的政治机关报"，也是"中国民众的喉舌"。《新青年》季刊宣称：它是"中国无产阶级革命的罗针"，是"无产阶级的思想机关"。同时，革命报刊还进一步揭露了资产阶级报刊的阶级实质。《工人周刊》指出，资产阶级的报刊和他们的法律一样，是对付工人阶级的工具，《向导》和《中国工人》都明确指出资产阶级的报纸是"资产阶级的御用品"，是"拥护他们阶级利益与压迫劳动阶级的巧妙工具"。

新闻宣传的作用。中国共产党认为，新闻宣传属于社会上层建筑意识形态领域，它可以反作用于社会经济基础，是与实际的社会主义运动"相辅而行的手段"。中国共产党始终遵行列宁关于党报不仅是集体的宣传员和集体的鼓动员，而且是集体的组织者的重要新闻思想，重视发挥党报在党内，特别是对广大工农民众的思想理论和政治教育、宣传鼓动作用。以《向导》的出版为例，这份中共第一张政治机关报的创办，是中国共产党走上政治舞台的重要标志。它针对资产阶级《时事新报》所谓打倒帝国主义和打倒军阀的宣传是"打起两块招牌"，不会为民众接受的现实，宣称："本报是有组织的活动的表征。本报并不像别的报纸一样，只是发空议论。本报所发表的主张，是有数千同志依着进行的。"② 蔡和森批评党内一些人漠视机关报的观点，强调指出，《向导》"用共产党的政治观念"，在党内、在工人群众中，"打破了同志们的地方观念，改变了非党观念"，在思想界，"亦产生了很大影响"；"《向导》是统一我党的思想工具"和"组织工具"。③ 列宁说："没有政治机关报，在现代欧洲便不能有配称为政治运动的运动。"④《向导》作为中共的政治机关报，在大革命运动中

① 新凯. 再论共产主义与基尔特社会主义 [J]. 新青年，1922，9（6）.
② 郑保卫. 中国共产党新闻思想史 [M]. 福州：福建人民出版社，2005：26.
③ 郑保卫. 中国共产党新闻思想史 [M]. 福州：福建人民出版社，2005：28.
④ 中共中央马克思恩格斯列宁斯大林著作编译局. 列宁全集（第5卷）[M]. 北京：人民出版社，1986：7.

充分发挥了舆论的指导作用。

新闻宣传的任务。中国共产党认为，新闻宣传的根本任务在于为革命、为民众利益服务。恽代英多次论述革命党最重要的工作在于："宣传一切民众，使知为自己利益奋斗；组织一切民众，使能为自己利益奋斗。"① 他说革命报刊是党"团结民众的手段"，通过新闻宣传，目的是使"一切被压迫的人们都联合起来"，"一同改造世界"。他把革命报刊比作用光明去照耀黑暗中的民众。他说："我们恨不能化身千万到一切黑暗地方中间去，设法使全中国都革命化！"我们"急切盼望全中国无论什么黑暗地方的群众都能接受革命的宣传"。他呼唤青年读者时常接受并传播《中国青年》的宣传，使之深入一切黑暗地方的群众中去，"为更大的光明奋斗！"② 瞿秋白提出《新青年》季刊的职责是"要与中国劳动平民以智识的武器"，"助受压迫被剥削的平民实际运动之进行"。③ 毛泽东说，创办《政治周报》，"是为了革命……为了要使中华民族得到解放，为了实现人民的统治，为了使人民得到经济上的幸福"④。中国共产党新闻宣传的又一个重要任务是反击敌对新闻宣传。认为在用枪炮武力对付敌人的同时，还应开展笔战和舌战，把新闻宣传看作一条重要战线。毛泽东说，《政治周报》的责任，便是"向反革命宣传反攻，以打破反革命宣传"。从中国共产党早期新闻宣传的实践和论述看，新闻宣传的具体任务主要是正确宣传和贯彻党的反帝反军阀的民主革命纲领和策略，反映社会和民众的实际需要，报道评论国内外时事真相，廓清反动势力的欺骗宣传，传播马克思主义基本理论知识和先进文化思想，批评各种错误思想主张。

新闻报道的方法。中国共产党早期报刊活动家为实现革命报刊的基本任务，在实践中创造了行之有效、独具特色的宣传报道方法，形成了坚持真理、求真务实、旗帜鲜明的战斗风格。

第一，主张以事实为新闻宣传的基础，真实地报道评论事实。陈独秀说，怎样才能使民众了解革命是为了谋求大众的利益呢？"这决不是什么空口宣传主义可以收效的。民众所认识的是事实，所感觉的是切身问题……离开事实的主

① 恽代英. 恽代英文集（下）[M]. 北京：人民出版社，1984：764.
② 恽代英. 恽代英文集（下）[M]. 北京：人民出版社，1984：741 – 744.
③ 瞿秋白.《新青年》之新宣言 [J]. 新青年，1923，1（1）.
④ 毛泽东.《政治周报》发刊理由 [J]. 政治周报，1925，（1）.

义，不会真能使他们相信；反之，不兑现支票式的宣传，会使他们发生反感。"① 他接受事实是思想之母的唯物观点，以历史或现实的时事为依据，从不空谈主义。李大钊提出，"新闻事业，是一种活的社会事业"，"新闻是现在新的、活的、社会状况的写真"。② 他论述说，无论是政党或团体的机关报，还是营业性报纸，尽管各有一定的主义与见解，但是报纸普通而重要的主旨，"乃在尽力把日日发生的事实，迅速的而且精确的报告出来，使读报纸的人们，得些娱乐、教益与知识"；相反，如果不能正确鉴别传播日日新发生的事实，则难以使读者了解人事发展，社会进化的真相。③ 这一论述道出了新闻的普遍规规律。

第二，重视舆论导向，坚持马克思主义的指导思想。列宁论及《火星报》的办报方针："我们不打算把我们的机关报变成形形色色的观点的简单堆砌。相反地，我们将本着严正的明确方针办报。一言以蔽之，这个方针就是马克思主义。"④ 蔡和森早在组建中共意见中就遵行这一方针，提出凡游移不定的论说和与马克思主义矛盾的东西，党的出版物皆不登载。《新青年》季刊宣布办刊的重要一条是：传播马克思列宁主义，用以研究、解决中国现实的政治经济问题。本着这一观点，该刊和《前锋》《向导》刊发了陈独秀、瞿秋白、蔡和森、李大钊等中共领导人、政论家撰写的大量政论、时评，用马克思列宁主义周密分析论述什么是中国革命、怎样做中国革命、中国革命的经验与教训何在、中国革命的发展前途是什么，为党制定革命策略提供依据，为革命读者指出努力方向。后来汇集出版《中国革命问题论文集》两辑，对中国革命问题做了有益的探索。

第三，面向工农大众读者群体，做民众喉舌，重视读者工作。中国共产党新闻宣传遵行共产国际提出的"全世界无产者和被压迫民族联合起来"呼号的总方向，突破近代报刊长期以来主要以政府官员、知识分子或城市商人为读者对象的狭小局面，面向工农大众，扩大读者群体。中国共产党报刊重视读者工作，借以加强党与群众的密切联系，唤起工农大众团结奋斗。《共产党》月刊接

---

① 陈独秀. 陈独秀文章选编（下）[M]. 北京：生活·读书·新知三联书店，1984：345.
② 郑保卫. 中国共产党新闻思想史 [M]. 福州：福建人民出版社，2005：29.
③ 郑保卫. 中国共产党新闻思想史 [M]. 福州：福建人民出版社，2005：30.
④ 中共中央马克思恩格斯列宁斯大林著作编译局. 列宁全集（第4卷）[M]. 北京：人民出版社，1984：315.

连发表《告中国的农民》《告劳兵农》等通俗文章，指出："工农是社会的创造者，但生活在被压榨的穷苦中，没有机会读书识字，我们可以做你们的顾问。"呼唤工农"学习俄罗斯劳农兄弟的榜样，认定共产主义的目标"，团结起来，一致反抗"官僚、军阀、资本家"的压迫。编撰人员坚定表示："我们现在四方奔走，我们进牢狱，受官府和资本家的压迫，我们依旧冒了险到你们中间来宣传"，"我们就是你们，我们是一伙儿。我们大声疾呼，就是代你们大声疾呼……劳农们，起来啊！你们听见我们的喊声?"①《向导》《中国青年》等党团报刊重视读者来信，开展读者调查，普遍设有《读者之声》《通信》《读者论坛》《本报与读者》等栏目，努力了解和适应读者的要求。

三、湘赣苏区革命事业发展的现实需求

在苏维埃初创时期，湘赣苏区的革命事业面临着严峻的政治斗争形势、严峻的军事形势、落后的社会经济、紧张的财政状况。

大革命失败后，共产党被迫以武力来对抗国民党的"清共"行动，毛泽东在《中华苏维埃共和国中央执行委员会与人民委员会对第二次全国苏维埃代表大会的报告》中指出：共产党"必须用全部力量去动员民众、组织民众、与武装民众，必须一时不停地去进攻他的敌人，去粉碎敌人对于他的'围剿'"②。这就是当时的政治斗争形势。

同时，根据地始终面临着严峻的军事斗争形势。1927 年国共合作失败后，众多共产党人和革命群众被反动派残害，以毛泽东为代表的中国共产党人在城市难立足的情况下，转战农村。经过多年征战，到 1930 年红军发展到 10 万人，枪约 6 万支。中国共产党领导的红色政权逐渐巩固与发展，极大地威胁着国民党的统治，因而国民党在结束中原大战后，立即调动军队对苏区展开大规模的围攻，想方设法"扼杀"革命政权。从 1930 年开始，蒋介石就不断对苏区实施军事打击，前三次"围剿"战争，国民党所派军队更是从 10 万增至 30 万。1932 年 12 月，蒋介石调集 40 多万兵力，分左、中、右三路，开始向苏区发起第四次"围剿"。苏区面对敌人猖狂的军事"围剿"，为解决敌我军队数量悬殊

---

① 　郑保卫. 中国共产党新闻思想史［M］. 福州：福建人民出版社，2005：33.
② 　苏维埃中国（第二集）［M］. 北京：中国现代史资料编辑委员会，1957：253.

问题，不得不进行扩红运动，增加军队数量。

苏区虽然自然条件优越，但是长期处于封建统治的封闭、半封闭状态，新旧军阀、帝国主义势力及封建地主已将这片土地蹂躏得满目疮痍，经济发展迟缓。大革命前，赣南、闽西地区的土地高度集中，例如兴国的剥削阶级"人数不到6%，他们的土地却占80%"①。广大无地少地的农民，为了维持生计，不得不向地主富农租地、借钱借谷，地主富农对贫苦农民的剥削也相当残酷，形形色色的地租是地主剥削农民的主要方式，除此之外，尤为普遍的还有高利贷剥削、名目繁多的税捐剥削。土地革命前的苏区广大农民群众就是生活在这样水深火热的境况下，农村生产力被严重束缚，战争也使得苏区的农田一大部分被荒废，农业生产遭到了一定破坏，这片原本富饶的土地也变得贫瘠不堪，毫无生机。土地革命战争爆发后，苏区的农民分到了土地，摆脱了封建土地关系的桎梏，生产力得到了一定程度上的解放，但在恢复生产方面还存在一系列问题，如劳动力问题、耕牛问题、水利问题等，这些农业生产的必要条件的缺失问题困扰着刚刚翻身的广大农民。

苏区的社会生产力低下，工业甚为落后。19世纪末20世纪初，外国资本主义的侵蚀和外国商品的输入，一方面使得苏区原先的小农经济遭到破坏，不少传统手工业破产；另一方面又促使这一地区的商品经济开始发展，工矿业得到初步发展，资本主义生产关系慢慢开始萌芽。各地的工厂、手工作坊规模很小且设备落后，而雇佣工人和手工业工人更是在帝国主义、封建主义、官僚资本主义三座大山的沉重压迫和剥削下的生活痛苦不堪。苏区建立初期，许多日用的工业制品如煤油、火柴及食盐等都依靠外地输入，而战争环境下为战争提供给养的一些军工厂的需求则更为急迫，这样的工业现状摆在了苏区政府领导的面前。

中央苏区的商业状况同样令人堪忧，土地革命爆发后，苏区长期被反动派封锁，水陆交通被阻断，运输艰难，境内的一切农产品无法输出到外地售卖，同时外地的工商品也被禁止与苏区通商，这就造成了苏区的农产品过剩而工业品匮乏的社会问题。"凡属农村暴动胜利，建立了政权的地方，谷价、油价，以及一切农产品，都大大减价，工业品则渐次提高起来，甚至比以前涨了一倍，

---

① 毛泽东. 毛泽东农村调查文集［M］. 北京：人民出版社，1930：10.

农产品则低了一倍。"① 这就产生了苏区的农产品价格低下而油盐布匹等价格飞涨的"剪刀差"现象。反动派的经济封锁对刚刚建立的红色政权的生存也造成了极大的威胁,一方面红军的日用品得不到保障,会在一定程度上影响士气,另一方面也给一些军需工厂如兵工厂、被服厂等原材料的供应造成了极大的困难。为了解决这一系列的问题,中央苏区必须通过自力更生动员区域内的各方力量来求得人民的生活保障和红色政权的维系。

在苏维埃初创时期,财政收入主要是靠打土豪筹款和战争缴获,即取之于敌。这样不但可以快速获取战争经费,解决红军的给养问题,还达到了推翻地主豪绅反动统治的政治目的。但是,时间久了,根据地附近的土豪就越来越少,战利品的获得也不是经常和大量的。随后,苏维埃政府迅速创建了人民的税收,作为财政收入的稳定性来源,以便奠定苏维埃财政来源的稳固基础,财政收入在取之于敌的同时,也取之于民。虽然财政收入的渠道变多了,但是财政工作也变得烦琐杂乱,各级政府财政乱行开支。同时,苏区战事激烈,经济处于困境,红军部队和苏区人民的生活消费,单单依靠土地税、工商税、向土豪罚款等方面的财政收入已经远远不能负担苏区政府的开支,加之"左"倾领导的经济政策,如打击私营工商业、取消主力红军筹款等的推行,使得苏区财政收入主要依靠税收和经济发展。而苏区范围有限,经济建设刚刚起步,这必然带来苏区财政困难。

政治、军事、经济上的严峻挑战,要求中国共产党必须进行全体动员,利用一切可以利用的力量,直面挑战,巩固红色政权,捍卫土地革命的成果。在这样的背景下,新闻媒体成了社会动员的武器和革命斗争的工具。这一时期,我党新闻报道的指导思想必须服务于苏区革命事业发展的现实需求,湘赣苏区新闻报道的指导思想必须服务于湘赣苏区政治斗争的需求、军事斗争的需求、经济发展的需求以及根据地人民的现实需求。

在《红旗日报》创刊之际,刊登了题为《我们的任务》的发刊词,文章指出:《红旗日报》的出版,"乃是整个中国革命发展所产生的迫切需要。正因为全国革命形势的紧张,阶级斗争的尖锐,一切革命斗争中的策略问题,都需要

---

① 江西省档案馆,中共江西省委党校党史研究室. 中央革命根据地史料选编(下册)[M]. 南昌:江西人民出版社,1982:558.

更敏捷的迅速的给与正确的回答，同时，革命所要求于中国共产党的任务也更加严重。本报出版的任务，不仅是要登载每日的全国的政治事变，传达各地的革命活动，并且要根据马克思列宁主义的原则，发布中国共产党对革命中各个问题的观点与主张"①。

《红色中华》1931年12月11日的发刊词明确指出了它的任务："要发挥中央政府对于中国苏维埃运动的积极领导作用，达到建立巩固而广大的苏维埃根据地，创造大规模的红军，组织大规模的革命战争，以推翻帝国主义国民党的统治，使革命在一省或几省首先胜利，以达到全国的胜利。"

在《红色中华》创刊百期之际，博古撰文《愿〈红色中华〉成为集体的宣传者和组织者》，文章总结了百期《红色中华》的成绩和贡献，并对未来的《红色中华》寄予厚望。作者分析："虽然，'红中'还只有百期的历史，但是它在文化上、政治上、经济动员，战争动员上的功勋，我们大家都知道与记得的。经济战线上的退还八十万公债节省三十万的胜利号召，扩大红军的经验与光荣例子的传播，瞬息万变的国际及国内的政治状祝报告与分析；在各个战线上为着党的总路线而坚决斗争，严格的自我批评，揭露我们工作中的弱点错误，藉以帮助党和苏维埃的工作人员去克服它，以及无情的打击一切官僚腐化及潜入苏维埃机关的敌对阶级的奸细等等，这一切，都是不可磨灭的成绩。《红色中华》是苏区千百万群众的喉舌，是我们一切群众的集体宣传者与组织者。"作者希望："'红中'更提高它的集体宣传者与组织者的作用，'红中'更大的成为在国内战争中鼓励前进的喇叭，经济战线上的哨兵，保卫党的总路线而斗争的卫士与为着独立自由的苏维埃中华而奋斗的战士。"②

从以上《红旗日报》的发刊词、《红色中华》的发刊词以及其百期纪念文章，不难看出，苏区报刊的出版，最主要的目的是为革命斗争、争取革命胜利服务，而新闻报道的指导思想也服务于这一目的。

四、党对宣传工作的高度重视

大革命失败后，中国共产党人从血的教训中，不仅认识到了武装斗争的重

---

① 向忠发. 我们的任务［N］. 红旗日报，1938－08－10.
② 博古. 愿《红色中华》成为集体的宣传者和组织者［N］. 红色中华，1933－08－10.

要性，而且还把新闻宣传看成是无产阶级革命事业中与武装斗争同样重要的武器，提出了"共产党要是左手拿传单右手拿枪弹才可以打倒敌人"①的著名口号。正因为有了思想认识的提高，苏区的新闻宣传工作才能蓬勃发展，并能为苏区的政治斗争、经济斗争、军事斗争保驾护航。

第一，发布宣传工作的通告、通知，制定宣传工作决议。

1927年8月21日，也就是"八七"会议之后的14天，中共中央就发出了第四号通告——《关于宣传鼓动工作》，指出从党的第五次全国代表大会以后，尤其是武汉政变后，"到处只见反革命派攻击和污蔑本党的宣传和鼓动，而不看见本党的答复，更加谈不上党的主义和政策的宣传和鼓动了。这当然是本党很重大的损失之一"②。因此通告规定了宣传鼓动的工作大纲，并要求各级党部切实依照严密执行。通告还具体规定了对内刊物和对外刊物的宣传任务和印刷发行的做法。

1928年6月30日中共中央发出的第五十五号通告指出："我们必须明了，在反帝宣传中应有我党主张的独立宣传工作，尤其在目前小资产阶级一方面痛恨国民党、反对卖国，同时又找不到一条正确出路的时候，更需有我党主张的独立宣传。"③与党的独立武装相适应的"独立宣传"，是党的新闻事业赖以发展的重要条件。党的新闻事业是与国民党分道扬镳之后独立的新闻事业，与党的整个事业共生共荣。

1929年6月，在六届二中全会上制定了《宣传工作决议案》，全文达1.5万字，明确了党的宣传工作的任务、内容、方法和组织等，是我党新闻宣传史上第一个理论思想性与实践操作性并重的文件。决议案指出："宣传教育是实现党的任务的经常的基本工作。党要实现自己的一切任务，最重要的条件是能获得广大的工农群众，在党的口号之下，形成伟大的争斗的力量。想达到这种目的，首先必须使全体党员有正确的政治认识，对于党之一切理论及策略的路线，都有充分的了解。党必须依靠全体党员坚决的争斗以求得革命的胜利，同时党又

---

① 方汉奇. 中国新闻事业史（第二卷）[M]. 北京：中国人民大学出版社，1996：289.

② 中国社会科学院新闻所. 中国共产党新闻工作文件汇编（下）[M]. 北京：新华出版社，1980：35.

③ 中国社会科学院新闻所. 中国共产党新闻工作文件汇编（下）[M]. 北京：新华出版社，1980：39.

不会在群众以外，有自己的争斗的力量，不能用命令或强迫的方式使群众为党的口号争斗，只有动员自己的全体党员，以正确的策略领导群众，以宣传工作说服群众，征取广大群众到自己的政治影响之下，使自己的口号成为群众争斗的目标。所以党必须将宣传教育工作，视为党的基本工作之一。"①

1932 年 7 月 20 日，中共湘赣省委制定了《关于宣传鼓动工作的决议》，②总结了宣传鼓动工作存在的问题，指出各级党部没有把宣传鼓动工作作为党的工作中最重要的一部分，不了解宣传工作的内涵、方式和方法。要求我们把宣传工作实实在在地抓起来，联系实际，联系群众，深入开展宣传工作。

第二，强化党报的作用，加强对党报的领导。

1931 年 1 月 21 日，中共中央发出的第二〇三号通知——《改用党报方式加强党对实际工作的指导》指出："中央为更加紧更切实的对实际工作中的指导，为更加强对党报在党的领导，中央以后对于指导的方式，决定改变过去发表极长的分析政治的通告的方式，而以党报的社论为代表中央政治局在政治上的分析与策略的指导，一切重要工作的具体指示，决以政治局的决议案来指导各级党部。各级党部必须切实而普遍的发到所有支部中去讨论执行，全体同志应根据党报的分析与指导来讨论工作，且必须纠正过去依赖和等待通告的指导之习惯。"③ 1932 年 7 月 20 日，中共湘赣省委制定了《关于宣传鼓动工作的决议》，决议指出："【红旗】报就是省委对各级党部实际工作领导的材料，各级宣传组织应领导同志划分读报组，使每同志都明瞭【红旗】的内容，而实际的做【红旗】发行网和读报组，应普遍建立于贫农团工会及反帝大同盟的小组内，党员应积极领导这一工作。"④

1931 年 3 月 5 日，中共中央发布了《关于加强党报领导作用的决议》，决议指出："各级党部负责同志，必须经常的负责给党报担任文章，发表他对于各种

---

① 中国社会科学院新闻所. 中国共产党新闻工作文件汇编（上）［M］. 北京：新华出版社，1980：41.

② 江西省档案馆. 湘赣革命根据地史料选编（上册）［M］. 南昌：江西人民出版社，1984：495 – 499.

③ 中共苏区中央组织部. 改用党报方式加强党对实际工作的指导［J］. 党的建设，1931（5）.

④ 江西省档案馆. 湘赣革命根据地史料选编（上册）［M］. 南昌：江西人民出版社，1984：495 – 499.

问题的意见，他在实际工作中所遇到困难与所得到的经验。各级党部负责同志必须彻底了解，给党报担任做文章，实是他的实际工作中的有机一部分，与最重要政治任务之一。"① 1931 年 3 月 8 日，中共江苏省委发布了《关于党报的决议》，决议指出："为充实中央机关报的内容，使中央机关报能反映全党的意识，成为全党思想上工作上的领导者，省委必须发动全省同志尤其是负工作责任的同志，多注意党报的工作，积极向党报投稿。"②

在中共湘赣省第一次代表大会上通过的《中共湘赣边省第一次全体代表大会决议案》中，决定省委要创办党报《湘赣红旗》，并对办报宗旨、通讯、发行及组织领导等问题做了明确的规定。决议案指出："新的省委一定要出版党报，党报不只是宣传教育的责任，而要起组织上工作上的领导作用。各县区委或选出或指定一个到五个的通信［讯］员和发行员，各级党部要有系统的组织党报通信［讯］网和发行网，赤白交界的党报通信［讯］员要有计划的经常将白区的政治消息输送进来给党报发行员，要有计划的输送党报到白区去。党报委员会须在代表大会或执委会议产生，提高党报的威信和领导作用。党报的建立，新的省委应负责定出具体的计划，而须在最短期间开始实现。"③

苏区的很多领导同志，都是出色的理论家和宣传家，他们当中的许多人还是党报主编。例如，瞿秋白担任过《布尔塞维克》《红色中华》等报的主编；张闻天担任过《红旗日报》《斗争》《解放》周刊的主编；邓小平担任过《红星》报的主编；陆定一担任过《红星》《中国青年》《青年实话》的主编；《湘赣红旗》党报委员会书记甘泗淇是中共湘赣省委的宣传部部长，其他四人分别为省委书记、组织部长、省苏维埃政府副主席和少共省委书记。《红色湘赣》的负责人方维夏时任湘赣省苏维埃政府教育部长兼司法部长。他们在报刊上发表了大量的文章，尤其是新闻评论非常突出。另外，一大批中央党政军领导及各方面的负责人，都积极为党报党刊撰写稿件，如毛泽东、周恩来、王稼祥、博

---

① 中国社会科学院新闻所. 中国共产党新闻工作文件汇编（上）［M］. 北京：新华出版社，1980：76.

② 中国社会科学院新闻所. 中国共产党新闻工作文件汇编（上）［M］. 北京：新华出版社，1980：78.

③ 江西省档案馆. 湘赣革命根据地史料选编（上册）［M］. 南昌：江西人民出版社，1984：211.

古、朱德、罗迈、陈毅、李富春等。党政军领导人直接参与和主持新闻宣传工作，不仅提高了党报党刊的宣传水平，而且提高了党报的权威性和影响力。

1929 年 12 月 25 日，中共中央发布第七十二号通知——《中共党报通讯员条例》，条例规定"1. 各省至少必有一个中央党报通信员，由省委指定当地同志充任。若有离省距离太远的重要产业区域，或武装斗争区域，则省委必须负责在那里同样建立中央党报通信员。2. 省委的责任，不仅在于指定通信员的责任人，而更必须负责督促通信员的工作，并加以工作上的指导。3. 中央党报通信员每半年作一总的政治形势与群众斗争的通信，每月作一次经常的通信，在发生重要事变及严重斗争的时候，必须随时做通信。4. 通信员不仅报告政治形势与群众斗争的事实，并必需尽量的搜集当地各种政治策略问题的观点、争论等，以供给中央党报的参考。5. 通信员之通信，最好经过当地省委或宣传部的审查。最好能加以修改，若时间不足可加以附评。但无论如何，此项通信必须立刻发出，不得迟误。6. 省委一定要注意通信员的人选，不得以不能负责的同志敷衍，到期没有通信，责任由省委负担。"① 1930 年 5 月 10 日，中共中央党报委员会对这一条例进行了修改，发布了《中共党报通讯员条例》，同时发表了《国际工人通讯运动的任务与工人通讯员之国际关系》的文章。②

1931 年 3 月 5 日，中共中央发布了《关于建立全国发行工作决议案》，决议案要求："1. 在全国各种重要中心区域建立完成发行路线，使中央各种出版物能按期依照计划中规定的数目送达各处，各处出版物能按期送交中央及彼此互相交换。2. 建立对苏区发行工作，供给以党的和非党的各种重要书籍刊物。3. 建立巡视制度，经由中央巡视员或出版部自派的巡视员调查某一省区的发行工作，纠正其错误，并指示其发行工作的布置方针。"③ 同时，决议案还要求建立整个发行网。

1931 年 10 月，中共湘赣省委第一次代表大会研究了报刊发行工作的具体问

---

① 中国社会科学院新闻所. 中国共产党新闻工作文件汇编（上）［M］. 北京：新华出版社，1980：62 - 63.

② 中国社会科学院新闻所. 中国共产党新闻工作文件汇编（上）［M］. 北京：新华出版社，1980：64 - 69.

③ 中国社会科学院新闻所. 中国共产党新闻工作文件汇编（上）［M］. 北京：新华出版社，1980：74 - 75.

题，并通过了有关组织决议案，要求"各县区委或选出或指定一个到五个通信员和发行员，各级党部要有系统的组织党报通信网与发行网"①。同时，湘赣省苏维埃政府加大了工作力度，对各机关购置《红色湘赣》的费用，从机关经费中开支。② 少共湘赣省委也高度重视报刊发行工作，对如何办好机关刊物《列宁青年》及其发行提出了具体要求，强调"把发行工作完全建立起来"③。省委第二次执行会议通过的 1932 年 6 月《全省冲锋季竞赛条约》中，又把建立省报的发行网列为竞赛的内容之一，"各县的《红旗》消息处须要有计划的建立发行工作"④。

党报的确发挥了巨大的组织领导作用，列宁关于"报纸不仅是集体的宣传员和集体的鼓动员，而且是集体的组织者"⑤ 的思想，在红色革命根据地的新闻事业中得到了真正的贯彻落实。这是党的红色新闻事业在革命根据地得以兴旺的重要原因。

第二节　新闻报道思想的主要内容

苏区新闻报道思想是我党集体智慧的结晶，是对党的新闻工作的继承和发展，是当时新闻实践的总结。新闻报道的针对性思想、群众性思想、倾向性思想是新闻作者、新闻机构对于客观事实的态度在新闻中的反映，是新闻作者、新闻机构的立场、观点、方法、兴趣的体现。

一、新闻报道的针对性思想

新闻报道的针对性思想，就是苏区媒体的新闻报道要服务于革命斗争的实

---

① 江西省档案馆. 湘赣革命根据地史料选编（上册）［M］. 南昌：江西人民出版社，1984：211.
② 程沄. 江西苏区新闻史［M］. 南昌：江西人民出版社，1994：63.
③ 江西省档案馆. 湘赣革命根据地史料选编（下册）［M］. 南昌：江西人民出版社，1984：217.
④ 江西省档案馆. 湘赣革命根据地史料选编（上册）［M］. 南昌：江西人民出版社，1984：443.
⑤ 中共中央宣传局. 马克思主义新闻工作文献选读［M］. 北京：人民出版社，1990：35.

际需求，要围绕党的中心工作展开报道。在革命苏区，党的中心工作是什么呢？是巩固和扩大根据地。围绕党的中心工作，媒体要做好政治动员、经济动员、军事动员等方面的报道。

（一）针对政治的媒体动员

在苏区，媒体的政治动员工作主要是围绕分田与查田运动、"肃反"运动等几个方面来报道的。

中国共产党自国共分家之后即开始将革命重心由城市逐渐转入农村，并运用阶级斗争、土地分配的手段来开展革命。刘士奇曾经指出："平分的理由是：（一）平分能够争取广大的农民群众。（二）平分比较快，暴动开始时即可分田……目前'争取群众''发动斗争是第一位'，发动生产是第二位。"① 很明显，苏区的土地分配更多的是基于一种政治上的意义，是开展社会动员的"一种手段而非一种目的"。1930年6月赣西南特委西路行委工作会议后，"以生产量为标准分田"：抽肥补瘦，抽多补少。② 此时实行了新租田制，无劳动力的把田租给有劳动力的人耕种。这样既使无劳动力者的生活得到保障，又提高了耕种者的生产积极性。1930年10月按湘赣省苏维埃政府的规定，根据《中华苏维埃共和国土地法》，重新分配土地，采取"地主不分田""富农分坏田"的做法。没收了过去分给地主家属、富农、商人、和尚、尼姑、道士等的土地，地主不分田，富农、商人、和尚、尼姑、道士分坏田，并且没收和平分了地主的房屋、衣物、家具和家禽家畜。重新分田的步骤是：首先发动群众，划分阶级，然后斗争恶霸地主，重新分配土地。到1932年上半年基本结束。实际上，这即是我们常说的"打土豪""分田地"，它们也是当时共产党政治动员的主要手段。为配合苏区的分田运动工作，同一时期的报刊对此予以大量的报道。《湘赣红旗》第三期刊登甘泗淇（时任湘赣省委宣传部部长）《布尔雪微克的年关结账》一文，对当年的分田运动进行总结。文章指出："以前湘赣省苏区内有许多田地、房屋，还留在豪绅、地主家属、流氓手里，富农也得了很多便宜，但今年年底结账，已经完完全全归给贫苦工农了，富农也不过是些山田，这一分配，'赚

---

① 江西省档案馆. 湘赣革命根据地史料选编（上册）［M］. 南昌：江西人民出版社，1984：132.

② 江西永新县志办公室. 永新苏区志［M］. 海口：南海出版公司，1990：171.

钱'的是工人和农民。豪绅地主家属没田分、没屋住、没衣穿、苏区里面不养这些寄生虫，便要弄得他们饿死、冻死。"① 《湘赣红旗》第三期刊登王首道（时任湘赣省委书记）《今年的年关斗争》一文，对分田运动的严峻形势进行分析，文章指出：国民党为了维持豪绅地主阶级的统治，"向苏区用尽种种残酷的手段，实行屠杀焚烧抢劫，用尽欺骗的手段，收买富农、流氓、AB 团等组织、守望队、挨户团，企图收回他们的土地和恢复他们收租收债的剥削，这样看来，广大劳苦群众对豪绅地主的仇恨，日益加深。要求抗租抗债保障土地革命及苏维埃政权胜利，日益迫切起来"②。

所谓查田运动，是指苏区在土地分配之后所进行的一次群众性运动，其目的在于清查漏划的地主、富农，并按照当时的土地法来没收和分配他们的土地、财产。在"左"的政策指导下，1931 年 11 月，中华苏维埃颁布的《中华苏维埃共和国土地法令》，要求各根据地对照这个土地法令，"如不合本法令原则的，则必须重新分配"，而且苏区迫于外部压力所做出的扩红政策、筹款政策也需要在一场轰轰烈烈的查田运动中实现。但是当时的农民不予支持。正如刘观澜在《叶坪乡的查田运动》一文中所说："扩红，嘴唇磨破了也没有人去；支前，叫来了这个，跑了那个。一句话，分田没分好。给逃跑的地主还留着田，有些过去收租、放债、雇工，摆架子不干活，又吃好穿好的人，如今钻进我们的组织，摇身一变也成'贫苦工农'了，给贫苦农民分的少，还把坏田、中田当好田、上田分给他们。许多人公开不说，背地里有意见。"③ 对于筹款，也明确了目标："在查田运动中必须发动广大群众坚决向豪绅地主进攻，应协同财政部、裁判部坚决从地主罚款富农捐款来筹足大批的战费，保证红军在战争中的充裕给养，来更有力的争取决战的全部胜利。"④ 可见，查田是出于政治动员的目的开展的，其真实的目的在于革命斗争的需求。为配合苏区的查田运动工作，同一时期的报刊对此予以大量的报道。《红色湘赣》1933 年 12 月 1 日刊出《地主富农在查田运动中的阴谋》一文，报道了地主富农为维护自身利益，阻碍查田运

---

① 甘泗淇. 布尔雪微克的年关结账［N］. 湘赣红旗, 1931 – 12 – 30.

② 王首道. 今年的年关斗争［N］. 湘赣红旗, 1931 – 12 – 30.

③ 中国人民解放军战士出版社. 星火燎原［M］. 1979：249.

④ 江西省档案馆, 中共江西省委党校党史教研室. 中央革命根据地史料选编（下册）［M］. 南昌：江西人民出版社, 1982：545.

动的事件；1933 年 9 月 8 日刊出《萍乡查田斗争激烈》一文，报道了萍乡查田运动中复杂的阶级斗争；1933 年 11 月 4 日刊出《查田运动中的检举工作》一文，检举查田运动中的包庇行为，批评查田运动中出现的问题；1933 年 9 月 18 日刊出《迅速完成查田运动的社论》一文，对查田运动进行指导；1933 年 9 月 8 日刊出《永新象形区查田胜利》一文，报道了象形区查田运动取得的成绩；1933 年 9 月 18 日刊出《查田运动》一文，对茶陵、新峡两县的查田成绩进行报道；1933 年 11 月 13 日刊出《查田胜利声不断传来》的系列新闻，报道了北路、吉安、莲花、永新、遂太、茶陵、安福等地查田运动取得的成绩；1933 年 12 月 23 日刊出《九县查田运动大会后各县雪片飞来的捷报》的系列新闻，报道了莲花、茶陵、永新等县查田运动的情况。

1931 年年初，中共中央六届四中全会在上海举行。在这次会议上，由于共产国际代表的全力支持，以王明为代表的"左"倾机会主义开始统治了党中央。1931 年 3 月，为处理"富田事变"问题，以王明为首的党中央专门做出了《中央政治局关于富田事变的决议》。决议强调指出"反对革命势力在苏区内还是一个严重的力量"。"他们更侵入我们的党、团、红军、苏维埃与工会中，进行他们的破坏工作，以援助南京政府向革命进攻"。"各苏区的'改组派'、'取消派'……都必然是江西'AB 团'的第二"，"这些反革命的组织，对于我们苏维埃运动，是一个很大的危险，绝对不应忽视这种危险"。同年 9 月 20 日，中央又做出《关于同苏区的反革命团体斗争的决议》，更加强调"苏区的党部与苏维埃对于这些反革命团体，必须作坚决的斗争"，并要"有计划的与有组织的进行"。在湘赣苏区，1930 年 12 月的富田事变，更使湘赣边的肃反斗争掉进了扩大化、简单化的深渊。"左"倾肃反领导人错误认为湘赣"东西南北中各路行委大部，以至全部负责人是'AB'团，县区委以至于支部都充塞了许多'AB'团，这些分子十分之九是地主富农出身，很少真正贫苦工农，所以赣西南的党大部分为'AB'团篡夺了，这样就使'AB'团打入省机关，打入苏维埃，打入武装组织，打入群众团体"[①]。在这种错误思想指导下，湘赣省的肃反斗争不仅在党政军各级领导机关与军队中全面展开，其触角还伸向教育、医务，甚至

---

① 江西省档案馆，中共江西省委党校党史研究室. 中央革命根据地史料选编（上册）[M]. 南昌：江西人民出版社，1982：459.

儿童团组织，造成了无数个冤假错案。1932年上半年，在周恩来的努力下，湘赣苏区肃反扩大化的错误才得到抑制。《湘赣斗争》作为湘赣省委的机关报，由于受"左"倾路线和肃反政策的影响，出现大量的肃反运动的报道，对一批湘赣省委干部进行攻击。例如，第一期（1933年7月1日）刊登的《中共湘赣省委关于红五月工作总结决议》一文，对于兆龙、龙文同志所谓的"罗明路线"进行批评；《为党的进攻路线而斗争》一文对于兆龙、王首道同志所谓的机会主义路线进行批评；《开展国内反于兆龙为首的湘赣罗明路线的斗争》《永新城市党员大会关于反湘赣罗明路线的决议》等文还对甘泗淇、张启龙等同志提出了批评。肃反扩大化原因很多，客观上，当时革命根据地处于反革命势力包围中，敌人确实不断派密探、奸细打入革命阵营内部，给革命造成很大损失，革命队伍内不得不时时处于高度警惕中，难免有时就扩大了敌情的严重性。主观上，也是最主要的，首先是中共中央的"左"倾路线和错误肃反政策的影响。其次，省委和肃反领导机关在思想上存在主观主义，在认识上混淆了两类不同性质的矛盾，加上逼供信的审讯办法，这就不可避免地导致严重恶果。肃反扩大化伤害了许多优秀干部和进步人士，教训是极为深刻的。

（二）针对经济的媒体动员

苏区的经济动员主要包括经济建设、筹款、创办合作社等，媒体的经济动员工作正是围绕这些展开。

苏区在农业生产方面，积极组织春耕、秋收队，调剂农村劳动力，帮助红军家属及红军公田搞好生产，对缺少耕牛、农具的农民组织耕牛农具合作社同时动员群众开垦荒地，扩大耕地面积，动员群众兴修水利，为农业丰收创造了有利条件。苏区大力提倡发展工业，特别是军供企业的发展，比如兵工厂、制弹厂、被服厂；同时发展民用工业，如硝盐厂、煤矿、石灰厂、樟脑厂、铁厂等。为粉碎敌人的经济封锁，活跃根据地的经济，支援革命战争，改善人民生活，党和政府用了很大的精力发展商业。一方面组织消费合作社，减少中间盘剥；一方面建立粮食调剂机构，普遍建立谷仓和备荒仓，掌握粮食价格，负责粮食收购、保管和调剂。为了沟通城乡物资交流，调剂余缺，互通有无，活跃苏区经济，在重要圩镇，开辟红色市场。农民通过市场交易，卖出农产品和手工业产品，买回生产、生活必需品，既调剂余缺，又避免中间剥削，对打破敌人的经济封锁也有重要作用。在金融上，成立工农银行，明确银行统一货币制度、防止现金外溢等任务。同时规定信用合作社以便利工农群众经济周转、实行低利借贷、抵制高利贷剥削为宗旨。创办合作社也是一种发展经济的途径。所谓合作社，是人们以经营企业的方式谋求共同经济、社会、教育效益的一种组织。合作社主要类型包括生产合作社、消费合作社、供销合作社、信贷合作社以及住房或服务合作社等。合作社是土地革命时期根据地经济发展的一个重要模式，是根据地经济建设不可缺少的重要因素，它在根据地内部经济建设中发挥了重要的作用。

为了发展苏区经济及充裕战争的费用，各苏区还采取了发行公债的办法。1932 年 6 月 23 日，临时中央政府发布了中华苏维埃共和国临时中央政府执行委员会训令（执字第十三号）——《为发行革命战争短期公债券事》，决定"向全苏区工农群众募集革命战争短期公债六十万元，专为充裕革命战争的用费。除以十万元由湘赣、湘鄂赣两省推行外，在江西与福建（中央苏区）发行者共五十万元，分五期发行，每期十万元"①。但是，由于多数群众用公债券来抵土地税，使得这一筹款目标并未完全实现，因此，同年 10 月，临时中央政府发布了中华苏维埃共和国临时中央政府执行委员会第 17 号训令——发行第二期革命战争公债一百二十万元。② 面对残酷的反"围剿"战争，临时中央政府于 1933 年 7 月再次决定："发行经济公债三百万元，利息六厘，偿还期五年。用途：一百万供给粮食调剂局与对外贸易局；一百万供给革命战争经费。"中央苏区的这一做法，迅速得到了其他苏区的效仿。1932 年 12 月，经临时中央政府批准，湘赣省苏决定发行 8 万元革命短期公债，③ 不久又发行了第二期公债 15 万元。1933 年 10 月，湘赣省苏通过《湘赣省苏维埃财政部增发二十万二期革命公债发行工作大纲》，再次决定发行经济建设公债 20 万元。④ 实际上，在反"围剿"战争的后期，发行公债逐渐成了各苏区筹款的应急之举。

---

① 中华苏维埃共和国临时中央政府执行委员会训令（执字第十三号）——为发行革命战争短期公债券事［N］. 红色中华，1932 – 06 – 23.
② 中国社会科学院经济研究所中国现代经济史组. 革命根据地经济史料选编（上）［M］. 南昌：江西人民出版社 1986：441.
③ 江西省档案馆. 湘赣革命根据地史料选编（下册） ［M］. 南昌：江西人民出版社，1984：155.
④ 江西省档案馆. 湘赣革命根据地史料选编（下册） ［M］. 南昌：江西人民出版社，1984：534.

　　我们仅以《红色中华》为例，来考察当时的红色新闻报刊对经济动员工作的报道。

　　《红色中华》登载中央文件引领春耕运动。1932 年 2 月 10 日《红色中华》发布了中央执行委员会指示："整个苏区，提前进行春耕。"同年 3 月，《红色中华》发布了人民委员会第九次常会指示："对耕牛粮食问题再做决议案在苏区准自由流通并敦促各地对于耕牛统计报告。"1933 年 1 月 7 日，该报刊登中央执行委员会第 18 号训令——《为提前春耕集中力量粉碎敌人大举进攻事》，训令指出，中央苏区第四次反"围剿"到了十分紧张的关头，大多数军民在奋力拼搏，此时他们就要进入春耕季节，届时全谷物收割要完成。为确保广大工农群众安全耕种，迅速完成春耕任务，努力增加粮食产量，确保红军的供给和改善工农群众的日常生活，确保胜利，苏区决定全区提早春耕。同时，还刊登了许多相关的决议及文章，如 1932 年 3 月 16 日刊登的《人民委员会对于春耕之耕牛粮食问题的决议》、1933 年 2 月 6 日刊登的博古的《为着布尔塞维克的春耕而斗争》。《红色中华》的实时报道鼓舞群众斗志。在春耕运动期间，有许多的春耕模范和优秀同志，《红色中华》一一进行了表扬和报道。1933 年 3 月 30 日刊登的《在田野里——春耕运动的实际材料》描绘了在春耕运动中的耕田队、犁牛站、播种日期、种子改良、肥料等一系列经验和措施，值得苏区广大人民借鉴和学习。当天的系列报道《春耕运动中的红军突击队》报道了红军各单位纷纷组织春耕突击队以及红军战士踊跃参加、积极春耕的事迹。

　　《红色中华》对公债发行也进行了积极的宣传和报道。一是及时发布中央关于公债发行的相关文件。临时中央决定发行二期公债之后，1932 年 11 月 1 日，《红色中华》就在头两版刊载了训令——《为发行第二期革命战争公债》和《发行第二期公债条例》的全部内容，让苏区人民了解公债发行的相关政策。二是以发表社论的形式进行动员。当天，《红色中华》发表社论《以宣传鼓动、革命竞赛来推销公债》①，号召"地方政府与地方政府，革命团体与革命团体"，进行"革命竞赛"，"看谁能推销的多，看谁能推销的快"。并号召人们以最大的努力去完成公债的发行任务，尤其是后方的同志，"宁肯少吃一顿饭，宁肯少穿一件衣服，要衣袋里不剩一个铜板，购买第二次革命战争公债"。三是发表系

---

① 以宣传鼓动、革命竞赛来推销公债［N］. 红色中华，1932 – 11 – 1.

列文章对公债发行进行全程动员和实时报道。如 1932 年 11 月 14 日发表的《第二期公债的胜利动员，各处推销超过原数，债票印刷提前完工》、1932 年 11 月 28 日发表的《革命竞赛，推销公债》《福建军区推销公债》，以及 1933 年 2 月 19 日发表的《建宁城市工人热烈购买公债》① 等。这些动员号召和报道，营造了浓厚的认购氛围，有力地推动了公债的顺利发行。在公债动员过程中，《红色中华》还主动设置了"购买公债"这一议题，采取多种方式，开展全方位多维度的推广，成为当下的舆论焦点。

（三）针对军事的媒体动员

苏区的军事动员主要是"扩大"运动，媒体的军事动员正是围绕这一工作展开的。

为粉碎国民党军对中央苏区的军事"围剿"，中央苏区开展了以"扩红"为主要内容的军事动员，力争保持一支相当数量的军队来巩固和捍卫革命根据地。中央苏区前后有计划、有系统地组织了三次大规模的扩大红军运动，"扩红"工作，是苏维埃政府最基本的和最经常的工作任务之一，时称"扩红"运动。第一次"扩红"运动的时间为 1932 年 1 月至 1933 年 2 月，历时一年。1931 年 12 月 25 日，中共苏区中央局做出《扩大红军决议案》，要求 1932 年 1 月，在三个月内扩大红军 1.5 万人。4 月 2 日将 5 月定为"扩大红军突击月"，又提出扩大红军 7000 名。后又 7 月和 10 月两次开展扩红突击运动，"掀起竞赛热潮"，② 1933 年年初，新的"扩红春季冲锋季"计划开始实施。这次历时一年的扩红运动，全中央苏区共扩大红军 8.76 万人。第二次"扩红"运动的时间为 1933 年 5 月至 1933 年 8 月，历时四个月。1933 年 2 月 8 日，苏区中央局做出《关于在粉碎敌人四次"围剿"的决战前面党的紧急任务决议》，强调"最大限度的扩大与巩固主力红军，在全中国各苏区创造一百万铁的红军来同帝国主义国民党军队作战"。决议称这是一项"紧急任务"，在这任务的总目标下，"赣闽两省一二月份扩大红军的数量必须于二月廿日完成，从二月廿日起到三月廿

---

① 建宁城市工人热烈购买公债 ［N］. 红色中华, 1933 - 2 - 19.

② 唐国平. 论中央苏区"扩红"运动中的宣传工作 ［N］. 求索, 2010 (3).

日止，赣闽两省必须输送一万新战士到前方（赣七千，闽三千）"①。1933 年 5 月"扩大红军冲锋月"期间，兴国模范师、瑞金模范师、于都模范师等均先后整师整团加入红军，使江西苏区全省仅 5 月份一个月，就扩大红军约 2.5 万余人。这次历时 4 个月的扩红运动，中央苏区共扩大红军约 5 万人。第三次"扩红"运动的时间为 1933 年 9 月到 1934 年 9 月，历时一年。由于博古、李德的错误指挥，中央苏区红军在第五次反"围剿"斗争期间，不断遭受重大损失，"扩红"尤为紧迫。因此，据《红星》报报道，中央苏区从 1933 年 8 月至 1934 年 7 月 15 日止，一年内共扩红 112105 人。1934 年 9 月，中央苏区在红军野战军突围转移前夕，又突击"扩红"18204 名。

红军的兵源主要是人民。要巩固革命根据地，壮大人民武装，其途径是通过建立和扩大地方革命武装，然后将地方武装升编为红军。因而往往从地方招募革命青年和青壮年加入红军，使部队得以扩充。为了打破国民党的军事"围剿"，苏区在推动地方武装建设的同时，进行"扩红"。随着各方面建设的开展，苏区群众保卫政权、支持革命战争的热情得到了大大的激发。根据临时中央政府的要求，各级苏维埃一方面加强对本辖区内现有的户口、地方武装之数量的调查，另一方面，又强调将一切工农阶级的青壮年男女全部武装起来，使"苏区壮丁一律加入赤卫军，青年一律加入少先队"。通过对地方武装的建设，苏区几乎成为一个"全民皆兵"的区域，这不仅有力地配合了主力红军的作战，而且对保卫苏区、巩固政权也起到了巨大的作用。在苏区的军事建设中，赤卫军、少先队主要是作为前线红军的后备军而存在的。他们的存在，往往可以为红军提供一个稳定的兵源补充，即形成了一个工人、农民——赤卫军、少先队——补充团（师）——红军的梯队式发展结构。这一结构，一方面保证了红军的"人民军队"性质，另一方面，也使红军的兵源得到了稳定的补充。据 1934 年 2 月对红一方面军的统计，"红军战士的来历，在苏区已得到土地革命利益的占 68.6%，从白区工农群众斗争中来的占 14.8%，俘虏来的占 9.6%，兵变兵暴来的占 6.7%，其他占 0.3%"②。这一性质，不仅是红军能得到苏区群众完全支持

①　中央档案馆. 中共中央文件选集（第九册）［M］. 北京：中共中央党校出版社，1991：65.

②　贺昌. 红军全国政治工作会议［J］. 斗争，1934（46）.

的重要原因，同时也是进行"人民战争"的精髓所在。

为了推动"扩红"运动的顺利发展，"红军的宣传工作的任务，就是扩大政治影响争取广大群众。由这个宣传任务之实现，才可达到组织群众，武装群众，建立政权，消灭反动势力，促进革命高潮等红军的总任务。所以红军的宣传工作，是红军第一个重大工作"①。苏区媒体积极行动起来，不断开展对人民群众的宣传鼓动工作，动员广大苏区的青壮年男子踊跃参加红军，收到了积极的效果，为扩红运动的顺利开展做出了重要贡献。

我们仅以《红色中华》为例，来考察当时的红色新闻报刊对"扩红"运动的报道。

第一，阐述"扩红"运动的目的与意义，形成正确的舆论导向。《红色中华》先后发表了《猛烈扩大红军反对对于扩大红军的消极》②《武装上前线》③《红军的胜利，是党的路线的胜利》④《要在 9 月 27 日以前动员 3 万新战士武装上前线》⑤ 等一大批由苏区党和政府负责人亲自撰写的重要社论和论文，向群众阐明为什么要当红军、扩大红军有什么意义等问题，使广大群众认识自身的责任和使命，将思想和认识统一到中央决策上来，踊跃参加红军，积极支前。例如，《猛烈扩大红军反对对于扩大红军的消极》一文，就阐述了扩大红军是粉碎国民党反革命"围剿"、取得战争胜利的需要。文章指出："目前，革命战争已进到与反革命决死斗的时候，因此，敌人在屡次围攻中，遭受我英勇红军在各线上将其进攻的白军各个击破和消灭，使国民党军阀愈加集聚大的兵力死守中心城市，和采用几师以上的大兵团行动，以企图避免各个击破和消灭。这一革命战争的剧烈形势，在主客观上都需要我们以最强大的红军力量，来担负这一当前的战斗任务，所以扩大红军就成为我们迅速完成当前战斗任务的最中心条件了。"《要在九月二十七日之前动员三万名新战士武装上前线》一文，阐述

---

① 中共龙岩地委党史资料征集研究委员会，龙岩地区行政公署文物管理委员会. 闽西革命史文献资料（第二辑）［M］. 龙岩：中共龙岩地委党史资料征集领导小组编辑出版，1982：360.

② 项英. 猛烈扩大红军反对对于扩大红军的消极［N］. 红色中华，1932 - 09 - 13.

③ 张闻天. 武装上前线［N］. 红色中华，1934 - 04 - 10.

④ 谢觉哉. 红军的胜利，是党的路线的胜利［N］. 红色中华，1934 - 08 - 20.

⑤ 罗迈. 要在 9 月 27 日以前动员 3 万新战士武装上前线［N］. 红色中华，1934 - 09 - 14.

了扩大红军是巩固土地革命成果的需要，文章指出："我们要为保卫我们的家乡，保卫我们的妻子儿女，保卫我们的土地财产，把我们宝贵的血，流在前线上去！我们不惜最后一口气，最后一滴血，最后一个人，来保卫我们的苏区！"要"阻止敌人占领我们的兴国、石城、会昌，汀州，胜利的保卫我们中央苏区，消灭更多的敌人在苏区门内……发展民族革命战争，开始与帝国主义直接作战，这是我们彻底粉碎敌人五次'围剿'的基本方针"。

　　第二，积极宣传"扩红"政策，增强苏区群众的情感认同。为了推动"扩红"运动的顺利发展，苏区党和政府在"扩红"运动的各个阶段制定了一系列的与"扩红"紧密相关的政策，《红色中华》积极行动起来进行宣传，这些"扩红"政策在苏区家喻户晓、深入人心，得到广泛的贯彻和落实。1932年2月1日，中华苏维埃共和国颁布了执行优待红军条例的19项实施办法，《红色中华》于1932年2月3日和10日分两期连续以"临时中央政府训令"的名义对这19条办法进行了详尽的宣传报道。通过宣传解释这些措施和规定，使红军战士及家属得到苏维埃共和国的各种优待，对于动员和鼓励群众踊跃加入红军起了促进作用。1932年7月14日，《红色中华》刊登中华苏维埃共和国中央执行委员会《关于战争动员与后方工作》的训令，向苏区广大军民宣传苏区党和政府"扩红"的政策。为了配合这些政策的宣传，《红色中华》还积极报道各地优待红军家属、帮助红军家属解决困难的情况。1933年11月20刊登的《实际解决红军家属困难》一文，报道了共青团福建省委发动团员帮助缺少劳动力的红军家属收割豆子的事例。《红色中华》不仅积极宣传各地优待红军家属的先进事迹，还对优待红军家属不力的现象进行点名批评。1934年5月21日刊登的《把破坏优待红军条例的份子送到法庭去》一文，则点名批评会昌、于都、瑞金等县的一些区和乡苏维埃政府对优待红军家属工作怠工、忽视红军家属春耕的现象，并且以极其严厉的语气批评了这些做法。1934年1月30日刊登的《严厉处罚对优待红军家属消极怠工的份子》，对兆征县两个乡的耕田队进行了批评，"兆征县红邓区罗坊，东关营二个乡，帮助红军家属做劳动，是最坏的例子。该二乡的耕田队派至红军家属做劳动，每天要吃三餐饭，早上要到九点钟才去，去了后便吃早饭，开始工作还要等一等，而且派去的耕田队是老的小的，工作也是坏的，同时红军家属有什么困难，乡苏亦不想办法解决"。

　　其三，塑造红军的良好形象。"打仗不全是靠武器。如果光靠武器，我们那时是什么武器呀？敌人有洋枪洋炮，我们没有。我们打仗主要靠勇敢，靠士气。"在战争中，一次或数次失利甚至失败总是难免的。但是翻开《红色中华》，扑面而来的却是红军取得一个又一个胜利的消息，在塑造红军百战百胜形象方面，《红色中华》可谓匠心独运，功不可没。其主要的策略有：一是注重正面报道，引导舆论。在国民党军强大军力的进攻面前，进入1933年以后，到1934年5月之前，当时由于王明"左"倾路线实行的"分兵把口""全线抵御""六路分兵"的"拼消耗"的战术，加之博古、李德的错误领导，中央苏区接连出现几次重大战役失利，但在《红色中华》报纸上，关于红军作战失利的报道非常少见，几乎所有的新闻报道和社论都是局部战场胜利的消息。如1932年4月13日的《红军攻下龙岩城》、1932年8月4日的《鄂豫皖红军第七次大胜利》、1933年2月4日的《红四方面军大胜利》、1933年2月71日《红十二军攻克光泽》、1933年2月10日的《红四方面军占领巴中后又南江》、1933年2月13日的《鄂东南红军大胜》……从这些报道的标题不难看出，"胜利"是这些报道所传递的最重要的信息，《红色中华》报道的一个基调就是强调红军作战的战无不胜。二是宣传战果鼓舞士气。每逢红军作战取得重大胜利，《红色中华》就进行重点宣传，形成热潮。1933年2月底，工农红军活捉了敌师长两名，全部消灭了敌两个师（五十二与五十九师），夺获了步枪万余支，《红色中华》迅速予以大篇幅持续进行报道。如在1933年4月20日刊登的《从火线上来——三个月来胜利的总结》一文中，对国民党战败的事实进行报道，文章说："白军五十二师五十九师被覆灭后，蒋介石闻讯给陈诚的手谕其中写道：'惟此次挫伤惨凄异常，实有此以来唯一之隐痛！'陈诚则于手谕之后写道：'诚虽不敏独生为益！'罗卓英则更在其给白军第十一师萧乾函中写道：'昨今两时英视负伤回来之官兵，每忍泪不敢外流者，恐伤部下之心，堕落下之气耳！'"《红色中华》还发表社论，对这一胜利进行赞扬，认为"这真是我红军空前的光荣伟大的胜利，这是剧烈向前开展着的中国苏维埃革命运动的胜利，也就是全国工农劳苦群众为求得解放而斗争的胜利。这一红军光荣的胜利给了日本帝国主义进攻热河、华北及世界帝国主义积极实行瓜分中国与镇压中国革命以最有力的答复与抗议，并且给了帝国主义及其清道夫国民党对苏维埃与红军的四次'围剿'与大举进攻以致命的打击"。文章最后号召："我们热烈的庆祝这次红军伟大胜利的时候，更要努力完成目前我们的战斗任务……胜利是属于我们的，但胜利是要用我们的血和力去争取的!"①

二、新闻报道的倾向性思想

新闻倾向性的产生,要从新国报道活动的过程中加以考察,新闻是新近发生的事实的报道,是新闻作者和新闻机构对新近发生的事实能动的反映。现实生活中新近发生的事实太多,新闻作者、新闻机构不可能也无必要都做报道。社会对新闻的需求,各式各样,千差万别,由于主客观条件的限制,新闻作者、新闻机构不可能一概满足,于是要进行选择。先用新闻价值选择,再用宣传价值选择。确定对新近发生的事实报道不报道以及怎么报道。在选择事实、制作稿件、报道新闻的过程中,持有不同阶级立场的新闻作者和新闻机构,会自觉不自觉地表现出其倾向性。新闻倾向性,正是新闻作者、新闻机构对于客观事实的态度在新闻中的反映。

在阶级社会里,新闻倾向性的重要表现为阶级性。所谓新闻的阶级性,是指新闻、新闻媒体站在某个阶级、党派以及由阶级、党派掌控的国家、政府的立场上说话,反映他们的观点,维护他们的利益。新闻的本源是新闻事实,不同的阶级对于同一个新闻事件,可能会有不同的报道需要和报道侧重面,不免使新闻报道带上阶级的印记。这意味着新闻在其产生过程中由于有人的主观能动性的参与,可能会产生正面效应,也可能产生负面效应。如果传播主体坚持新闻传播的事实原则,全面、客观、公正地反映事实,那么这种效应就是正面的;反之,传播主体出于其自身利益的需要以及认识能力的局限,片面、主观、扭曲地反映新闻事实,那么这种效应就是负面的。

我们可以从新闻的本质属性来解释新闻报道的阶级性。新闻的本质属性包括真实性、意识形态属性。新闻的意识形态属性,是新闻机构在新闻活动中表现出来的政治倾向、价值立场,即反映一定政治集团的意志,维护某种政治理论、社会集团所代表的利益。新闻的意识形态属性,是新闻的重要本质属性。一国的主流意识形态总是以各种形式代表或反映占统治地位的思想。马克思、恩格斯在《德意志意识形态》一文中指出:"统治阶级的思想在每一时代都是占统治地位的思想。这就是说,一个阶级是社会上占统治地位的物质力量,同时

---

① 沙可夫. 在积极进攻的路线下红军空前的大胜利 [N]. 红色中华, 1933 – 08 – 16.

也是社会上占统治地位的精神力量。支配着物质生产资料的阶级，同时也支配着精神生产资料，因此，那些没有精神生产资料的人的思想，一般地是隶属于这个阶级的。占统治地位的思想不过是占统治地位的物质关系在观念上的表现，不过是以思想的形式表现出来的占统治地位的物质关系。"① 毛泽东在《同新闻出版界代表的谈话》中指出："在阶级消灭之前，不管通讯社或报纸的新闻，都有阶级性。"② 毛泽东还认为，新闻的形式并没有阶级性，正同话剧的形式也并没有阶级性一样，汉奸也可以演话剧。但是，问题在于内容，表现什么思想、什么主题、什么倾向，赞成什么、反对什么，这就有阶级性了。报纸同政治关系密切，甚至有些形式，有些编排，就表现记者、编辑的倾向，就有阶级性、党派性了。这些论述阐明了阶级性是阶级社会里新闻事业的一个重要属性，是新闻活动的一项显著特点。掌握新闻工具的人，总是自觉不自觉地从一定阶级的立场出发，挑选事实，制作稿件，加以报道，同时体现观点，宣传思想，为一定的阶级服务。

（一）苏区新闻报道具有倾向性思想的必要性

苏区新闻报道具有倾向性思想的必要性源自共产党动员民众的必要，源自国民党报刊对共产党及其领导的革命事业的恶毒攻击。我们仅以当时湖南的《大公报》③《湖南国民日报》④《湖南全民日报》⑤《长沙市民日报》⑥《湖南清

---

① 纪怀民，陆贵山. 马克思主义文艺论著选讲［M］. 北京：中国人民大学出版社，1983：79－80.

② 中央文献研究室和新华社. 毛泽东新闻工作文选［M］. 北京：新华出版社，1983：191.

③ 湖南《大公报》创刊于1915年。早期的湖南《大公报》表现出明显的进步倾向。在反对袁世凯称帝、在五四运动和驱张运动中，起到积极的舆论导向作用，对湖南影响较大。土地革命时期，《大公报》变成国民党的喉舌，当蒋介石"围剿"红军时，它在每个关键时刻都发表评论，为国民党出谋划策。

④ 《湖南国民日报》创刊于1928年，为湖南省政府机关报，由《湖南民报》与《南岳日报》合并而成。《湖南国民日报》在何健时期是反共的报纸。

⑤ 《湖南全民日报》创刊于1928年，由锡矿山锑商投资，属民营报纸。创立之初，有反蒋倾向。在土地革命战争期间，倾向反共，刊登了很多反共新闻。

⑥ 《长沙市民日报》创刊于1930年，为长沙市商会的机关报。在土地革命战争初期，反共甚力，不断发表反动文章。

乡公报》① 等几大报纸为例进行分析。

第一，污蔑共产党的革命行动，混淆视听。

对共产党领导的中央苏区及各湘赣革命根据地的战斗，国民党的报刊认为是"匪徒"的"猖獗"，大肆进行污蔑。

湖南《大公报》1930 年 2 月 28 日刊登新闻《风声紧急中之茶陵》，报道称"彭德怀逼近茶乡，门旅长布防进剿"。报道说："茶陵偏居湘边，接近赣境，山高林深，易藏匪类。马日前受共党李芬，暴徒尹任等之蹂躏。马日后，共匪陷城三天，又焚高陇（即谭畏公村里）一次。其余零星烧杀，不计其数。疮痕满目，惨不忍睹。"这种污蔑性的文章在《大公报》里比比皆是，如 1930 年 7 月 8 日刊登的《共匪横行》《朱毛彭袁等匪乘虚窜扰》等。《湖南清乡公报》1928 年 10 月 1 日刊登新闻《各县清乡要闻》，报道称："本旬有宁匪数十人，枪二十余支，黑夜窜入茶属之二十一都，当经清乡队第一队第一排向严塘前进，第二排向毛陇袭其后方，而该匪等由禾上庄遁至西江抢劫张万材家，杀其岳母，复回宁冈。又九日莲匪二十余人，枪十余支，在五台岭放枪，并至茶属之墨庄后山，经该地农民聚逐回赣属之梅花。"

以上新闻，无论是湖南《大公报》，还是《湖南清乡公报》，都有一个共同的特点，即污蔑共产党的革命行动，以混淆视听，欺骗群众。他们污蔑共产党人是"匪"，污蔑共产党的革命行动是"掳掠""抢掠"，污蔑革命军队的战略转移、灵活作战为"逃窜"，还用了许多诸如"蹂躏""惶恐""披猖""民不聊生""惨不忍睹""大肆猖獗"等极富贬义色彩的词汇，可谓极尽污蔑诽谤之能事。

第二，赞许国民党的"剿共"行动，沆瀣一气。

谭思聪率领的部队曾遭到国民党官兵的围剿，湖南《大公报》对此进行报道，对国民党的剿共行动予以赞赏。1930 年 2 月 19 日刊登《痛剿赤卫队情形》一文称国民党部队"分三路出发进剿，破获共产党机关"。报道说："属县茶乡一带，毗连赣西，向为茶陵赤卫团首领谭思聪等盘踞其间。焚烧杀掳，人民苦不聊生。县长于阳（七日）亲赴该乡，指挥团队围剿，期收一劳永逸之效……

---

① 《湖南清乡公报》是国民党为达到"铲共"目的，清乡期间，在加强军事"清剿"的同时，加强政治宣传，出版的反共宣传刊物。

激战一小时许，匪势不支，溃退深岭而去。是后毙匪八名，伤十余名，夺获快枪二枝，子弹数十排，棉被十余幅，茶陵赤卫团第一大队方印长戳各一，并在大湖室下坪，破获共产党机关一处，搜出该党各登记表及会议录数件，另文赍呈。我方伤班长谭振武、正兵陈星田二名，余均无恙。惟因深山积雪数尺，又值大雨不止，未能穷追歼灭。"这一类报道还有如 1930 年 2 月 6 日刊登的《湘东巨匪陈美连在茶陵落网》、1930 年 9 月 28 日刊登的《茶攸共匪溃安仁莲花》、1931 年 5 月 10 日刊登的《清剿湖口赤匪》、1935 年 11 月刊登的《破获匪伪医院》等。刘鸿陵是茶陵县腰陂竹陂村人，1926 年投身农民运动，1929 年建立竹陂赤卫队，1930 年任三区苏维埃政府主席，同年 7 月任县模范师师长。1931 年在长沙英勇就义。在为他开追悼会的当日，其妻也被捕。《湖南国民日报》无比庆幸，1931 年 5 月 19 日刊登《已决赤匪伪师长　刘鸿陵妻又擒获》一文予以报道，报道说："赤匪师长刘鸿陵，经钟光仁旅捕获解省处决，已志报端。昨闻张团长空逸日前在茶东剿匪，据报赤匪在竹陂地方集合开会，追悼刘匪鸿陵，张团长立即督队驰往包围，斩获甚众。刘妻王氏，当被活捉，转解旅部讯办云。"

以上新闻，无论是湖南《大公报》，还是《湖南国民日报》，都有一个共同的特点，即赞许国民党的剿共行动，为国民党的反共行动大唱赞歌。

第三，宣传国民党的"剿共"法令，助纣为虐。

《湖南国民日报》1929 年 1 月 29 日刊登刊登《湘省划六县为剿区匪城》一文，报道说："两省剿匪何代总指挥，函请湘赣两省指定剿匪区域，以利进行。昨省务会议决定：划定桂东、资兴、汝城、茶陵、酃县、永兴六县为剿匪区域。所有六县团警与地方官史，均归何代总指挥监督、指挥、奖惩云。"

《湖南国民日报》1933 年 5 月 16 日刊登《刘军长颁发封锁匪区办法》，内容如下："第二十八军刘军长建绪，为彻底肃清湘赣鄂边区匪共，务使早日聚歼计，特规定封锁匪区办法。通令毗连匪区各县县长暨保安团、义勇队一体遵照，严切执行。爰录其办法四项如次：（一）封锁匪区路线，及盘查哨卡位置，均责由各县府择定。（二）惩罚。甲、严禁常用物品输入匪区，违者枪决。乙、私自纵放者枪决。丙、查获隐匿不报，报不符实者拘禁。丁、藉端敲诈者拘禁。（三）奖赏。甲、查获物品，除将查获人记功外，并按货价二分之一提赏，余则充当地方办理公益。乙、查获枪弹，除记功绩奖外，并以货价提赏。（四）严禁土豪解款赴匪区赎人，违者没收款项，并以拘禁。"《湖南清乡公报》1928 年 8

月 2 日刊登《湖南全省清乡督办署通令》① 一文，通缉"共匪"谭兆雄、谭李生等。

第四，为国民党的"剿共"舆论造势，为虎作伥。

首先来看看湖南《大公报》。为了配合国民党对苏区的"围剿"，用大量的篇幅刊登国民党中宣部颁发的《为铲除共匪告农人书》②（1930 年 10 月 3 日和4 日）和《为铲除共匪告青年书》（1930 年 10 月 13 日和 15 日）。在《为铲除共匪告青年书》中有这样恶毒的语言："近数月来，我同胞遭受共匪之荼毒。可谓极矣。""行则有掳掠之忧，居则遭焚杀之祸。灾害深于水火，苦痛甚于倒悬。""须知中国共产党匪。本意脱离其祖国，其一切策略，无非欲求中国之速亡。"这样恶意中伤、颠倒是非的语言，湖南《大公报》居然全文刊登在显赫的位置。不仅如此，1930 年 10 月 16 日湖南《大公报》还刊登诸如《人民不应该畏共》③的社论，说什么"共匪的目的，是造成恐怖"，"它的手段，是杀人放火，人民畏它的原因，也是畏它的杀人放火"，极尽诬蔑之能事，以便在舆论上为国民党的"剿共"造势。

再来看看《湖南国民日报》。1933 年 5 月 5 日刊登汪精卫的《抗日剿共并重》④ 一文，抛出"抗日剿共是一件事"的谬论。说什么"日本单独侵略中国，为祸固烈，然若共匪得意，蔓延长江，势必至于各国共管，为祸尤烈"，其言论荒谬至极。1933 年 5 月 16 日刊登新闻《蒋委员长发陈师特恤万元》⑤，消息称"蒋委员长发陈师特恤万元"，并希望慰问负伤员兵，勉励努力围剿共匪。报道说："陈光中师，鱼（六）日在江西莲花县属之界化陇地方，将伪八军李天柱等匪部击溃，毙匪三千余。我亦伤副旅长、团长各一人，营长二人，并阵亡营长三人，伤亡连排长以下士兵共七八百名。为入赣剿匪之大胜利……并颁给特恤洋一万元，促即趁时围歼该匪……"这些新闻报道无疑是为国民党"剿共"服务的。

再来看看湖南《全民日报》。湖南《全民日报》1934 年 7 月 7 日刊登《赣

---

① 湖南全省清乡督办署通令［N］. 湖南清乡公报，1928 - 8 - 2.
② 为铲除共匪告农人书［N］. 大公报，1930 - 10 - 3；1930 - 10 - 4.
③ 人民不应该畏共［N］. 大公报，1930 - 10 - 16.
④ 抗日剿共并重［N］. 湖南国民日报，1933 - 5 - 5.
⑤ 蒋委员长发陈师特恤万元［N］. 湖南国民日报，1933 - 5 - 16.

粤剿匪军［总］动员》①一文，要求"粤军向会昌推进实行总攻击，闽军克宁化赶筑至南丰公路"。报道援引广州五日电，说："赣省粤军现已开始动员，准备向匪共实行总攻击，粤军现向会昌推进。"援引南昌六日电，说："国军进歼成丰边境残匪，收复介池埠及刘家村等处，匪丧之甚众，已无战斗力。"援引福州六日电，说："第十纵队围宁化，叶匪建［剑］英等望风逃溃，南丰至宁化公路五日赶竣。"

国民党新闻报刊对共产党及其革命事业的污蔑、诋毁，必然会影响人们对苏区的评价，尤其在苏区，这种污蔑和诋毁，会直接动摇人们对革命的信念，动摇共产党在百姓心中的地位。对此，苏区报刊就应肩负起党的喉舌的使命，做好宣传和动员工作，而新闻报道具有倾向性思想也就成为必然。

（二）新闻报道倾向性的表现形式

新闻报道的倾向性有其特殊表现形式，主要通过选择新闻事实和评价事实来实现。报道新闻必然会有选择，选择就是倾向和意见，其中包括阶级倾向和政治观点。报道新闻必然会有评价，它旗帜鲜明地表明自己的立场和观点。

1. 选择新闻事实

新闻的本源是新闻事实，新闻报道坚持用事实说话，因为事实本身具有强大的说服力。毛泽东1925年亲笔撰写的《政治周报》发刊词说："我们反攻敌人的方法，并不多用辩论，只是忠实地报告我们革命工作的事实。敌人说：'广东共产。'我们说：'请看事实。'敌人说：'广东内讧。'我们说：'请看事实。'敌人说：'广州政府勾联俄国丧权辱国。'我们说：'请看事实。'敌人说：'广州政府治下水深火热，民不聊生。'我们说：'请看事实。'《政治周报》的体裁，十分之九是实际事实之叙述，只有十分之一是对于反革命派宣传的辩论。"②毛泽东在此所讲的"十分之九是实际事实之叙述"，指的当然是新闻报道，可见，新闻报道的作用和威力尽在事实中。

选择新闻事实就是记者把思想观点藏在精心选择的某些事实里，让受众通过事实自己领悟其中的道理。苏区媒体选择新闻事实的依据主要是其宣传价值。

第一，选择能传达党和苏维埃政府的指示精神的新闻事实。

---

① 赣粤剿匪军［总］动员［N］. 湖南全民日报，1934 - 7 - 7.
② 毛泽东.《政治周报》发刊理由［J］. 政治周报，1925（1）.

与国民党新闻报刊宣传国民党的"剿共"法令针锋相对，苏区报刊对能传达党和苏维埃政府的指示精神的新闻事实予以重点报道。

阅读中央革命根据地的历史和湘赣革命根据地的历史，不难发现，历次苏区党和苏维埃政府的会议新闻，都出现在同期的各种报刊上，而且占据着重要的版面和大量的篇幅，如《空前的九省查田运动大会》①；同时还有相应的特刊和评论，或阐述会议的意义，或阐释会议的决议，如《怎样来拥护二次全苏大会与三次省苏代表大会?》②。这一选择的目的非常明显，因为会议内容主要是对目前的工作给予指示，而党的决议也是通过会议形成的。

查阅中央革命根据地的史料及湘赣革命根据地的史料，并与同期的苏区报刊进行比照，不难发现，党和苏维埃政府关于革命根据地党的建设、政权建设、军队建设、经济建设、文化建设的各种决议、通告、训令、指示、法律都会出现在同期的各种报刊上，如《红旗周报》1931年第一期刊登的就是苏维埃第一次全国代表大会的各项决议草案，内容有《中国苏维埃第一次全国代表大会的法令草案》《苏维埃第一次全国代表大会劳动法草案》《苏维埃第一次全国代表大会土地法草案》《苏维埃第一次全国代表大会关于红军问题决议案草案》《苏维埃第一次全国代表大会经济政策草案》等；同时，各种对敌斗争的宣言及政治口号也会出现在同期的各种报刊上。这一选择的目的也非常明显，就是要让苏区群众了解党的路线、方针、政策，了解革命的目的和意义，了解党和政府的工作方式和方法。

第二，选择能反映苏区工作成绩的新闻事实。

苏区从无到有，从小到大，遍布南方的多个省市的县和乡村，从星火到燎原之势。在开创苏区伟大事业的过程当中，我们党和苏区人民付出了无数的心血、汗水和生命，换来了苏维埃的蓬勃发展，取得的成绩举世瞩目。纵观苏区革命史，在取得的各项工作成绩中，最突出的是土地革命取得的成就、经济建设取得的成就、军事斗争取得的成就，因此，苏区报刊报道最多的是与此相关的查田运动的成绩，节约运动的成绩，购买公债的成绩以及红军和地方武装在

---

① 空前的九省查田运动大会［N］.红色湘赣，1933 – 10 – 19.

② 谭余保.怎样来拥护二次全苏大会与三次省苏代表大会?［N］.红色湘赣，1933 – 09 – 08.

各战场、各区域取得的胜利。

选择能反映苏区工作成绩的新闻事实进行报道，是对我党革命路线的肯定，是对苏区民众革命信念的肯定。

查田运动是革命根据地对敌斗争的需要。为了充分发动群众，分清阶级阵线，清查出漏划的地主、富农，深入解决土地问题，彻底打倒封建势力，进一步提高广大群众的觉悟和革命积极性，巩固革命政权，开展查田运动是十分必要的。同时，革命根据地在分配土地以后，为了支援革命战争和改善群众生活，也需要抓经济建设，发展根据地的生产，这也要求开展查田运动，深入土地斗争，以充分调动广大农民群众的生产积极性。苏区新闻报刊对报道查田运动取得成绩的报道非常多，如《红色湘赣》1933 年 9 月 8 日刊登的《永新象形区查田胜利》、1933 年 9 月 18 日刊登的《查田运动》、1933 年 11 月 13 日刊登的《查田胜利声不断传来》、1933 年 12 月 1 日刊登的《无产阶级积极领导查田斗争》、1933 年 12 月 23 日刊登的《九县查田运动大会后各县雪片飞来的捷报》等。在这些新闻里，都有类似的记载：查出地主多少家，没收了他们的全部土地财产；查出了富农多少家，没收了他们的好田，补给坏田。这正是当时渴望土地的农民所需要的，他们也正是因为土地回到了自己手中，才有了革命的积极性。查田运动虽然受到"左"倾政策的影响，但在解决土地问题、提高农民积极性方面是取得了成功的。这一成功，是对党的正确路线的佐证。

公债发行与苏区紧张的财政状况、战争局势密切相关。从 1930 年开始，蒋介石对苏区进行全面"围剿"，面对国民党军队的疯狂进攻，为了号召苏区工农群众，迅速武装起来，粉碎敌人的大肆进攻，除了扩大红军之外，在经济上也要开发财源、厉行节约，为战争做好准备，这是公债发行的根本原因。轰轰烈烈的购买公债运动出现在苏区的各大媒体上，媒体对购买公债的先进典型进行热情洋溢的宣传报道。开辟"红版"专栏、"红區"专栏、"捷报"专栏、"经济建设"专栏进行报道，仅《红色湘赣》1933 年第九期开辟的"经济建设"①专栏，就刊登了《回答加发廿万公债的请求》《省苏机关工作人员推销公债》《军区直属机关无线电队推销建设公债》《省保卫分局热烈购买公债》《几个钟头推销公债五百六十元》《中央苏区经济建设的浪潮高涨》等 9 篇文章进行报

---

① 见《红色湘赣》1933 年 10 月 19 日刊。

道。购买公债是苏区人民对革命战争的大力支持，也是苏区人民对革命理想的坚定信念。

第三，选择能鼓舞军民士气的新闻事实。

报道红军和地方武装在各战场、各区域取得胜利是最鼓舞人心的。在战争中，一次或数次失利甚至失败总是难免的。但是翻开苏区新闻报刊，扑面而来的却是红军及地方武装一个又一个胜利的消息，从《震动全川的红四方面军伟大胜利》（《红色中华》，1933－10－27）、《红军消灭李思慕部三团》（《红色湘赣》，1933－09－08）《中央红军击溃毛炳文部》（《红色湘赣》，1933－09－18）、《中央红军击溃白逆第三师》（《红色湘赣》，1933－10－05）、《红军东方军又击溃十九路军一团》（《红色湘赣，1933－10－05）、《各方红军到处获得伟大胜利 国民党军阀百战百败》（《红色湘赣》，1933－11－13）等新闻中，人们可以看到红军在各个战场所向披靡，无往不胜；从《中央苏区冲破敌人三次"围剿"的捷报》（《湘赣红旗》，1931－12－30）《在粉碎敌人五次"围剿"决战的开始 湘赣红军已获得了初步伟大胜利》（《红色湘赣》，1933－11－13）等新闻中，人们可以看到红军反"围剿"取得的伟大胜利；从《茶陵坑口区游击队截敌胜利》（《红色湘赣》，1933－09－08）《宁冈独立营击溃保卫匪团》（《红色湘赣，1933－09－08）、《万太地方武装不断进攻万安县城》（《红色湘赣》，1933－09－18）《新泉地方武装击溃团匪的胜利》（《红色湘赣》，1933－09－08）《北路地方武装胜利》（《红色湘赣，1933－09－08）等新闻中，人们可以看到各地方武装的英勇战斗。这些新闻都能极大地鼓舞人们的斗志。

报道国民党的白色恐怖能化悲痛为力量，激起民众的斗志。《王逆东源蹂躏宁冈的惨状》（《红色湘赣》，1933－11－04.）一文，揭露王东源在宁冈蹂躏工农群众的罪恶。《国民党在绝望进攻中的土匪兽行》（《红色湘赣》，1933－09－18.报道说，国民党军阀历次进攻苏区红军，遭受残酷失败后，总是厉行最野蛮的烧尽、杀尽、抢尽的兽行政策，最近，国民党在赣东北苏区，又厉行了这种白色恐怖。他们见人就杀，见屋就烧，而且拔尽了田里的禾苗。这些新闻报道，能加深民众对国民党的仇恨，也能坚定他们跟共产党走的决心。

2. 评价新闻事实

评价新闻事实，顾名思义就是对新闻事实展开评论，或阐述自己对一些重大问题的看法，表明自己的立场，或宣传本党的政治纲领、理论原则，其倾向性非常明显。根据评论在文章中所占的分量及比例，又有几种不同的情况。

一种是以发表意见为主的新闻体裁，这种体裁被称之为新闻评论。评价新闻事实主要是新闻评论。新闻评论的倾向性是新闻评论区别于学术论文的重要标志。新闻评论往往针对当前现实生活中发生的政治事件、政治问题和思想问题发表评论，因此，必然具有鲜明的倾向性。美国新闻学者约斯特在他的《新闻学原理》一书中说："新闻是报纸的身体，它表示报纸的形状和形式，而社论版则是报纸的灵魂，要是没有了灵魂，身体就等于一具失去活力的躯壳。"既然社论版是灵魂，是头脑，就不可能不带有政治倾向性。

如果说在新闻评论中新闻事实不是其报道的重点，只是评论的由头，它是要借新闻事实来展开评论的话，另一种情况就是对新闻事实要做较为全面、详细的介绍，在此基础上，对新闻事实本身进行分析、解剖，表明自己对这一事情的看法，如消息、通讯等众多新闻体裁中都存在这种情况。在这种情况下，议论一般是画龙点睛的，它往往和抒情相结合。

第一，对政治形势的评论。

在苏区，当时最大的、最重要的政治就是国民党的"围剿"与苏区人民的反"围剿"。毛泽东的《新的形势与新的任务》① 一文，就对当时根据地的斗争形势进行了深刻的分析。当时，第四次反"围剿"已经取得胜利，但第五次反"围剿"却接踵而至。毛泽东在文中分析了第四次反"围剿"取得胜利的原因：依靠党的正确的进攻路线和苏维埃的积极领导，依靠工农红军和群众的英勇战斗与热烈拥护，依靠白区工农群众的日常斗争和反帝反国民党群众运动的空前猛烈开展。分析了国民党失败的原因：国民党对日本的不抵抗政策激起了全国民众的抗议，失去民心；国民经济的崩溃，激起全国工人的罢工及农民的暴动，使国民党的财政陷于破产。博古的《为粉碎敌人的五次"围剿"与争取独立自由的苏维埃中国而斗争》② 一文，对当时根据地的斗争形势也进行了深刻的分析。他总结了第四次反"围剿"取得胜利的原因：一是红军的英勇善战以及三次反"围剿"的经验；二是苏区劳苦群众对战争的积极支持；三是党的布尔什

---

① 毛泽东. 新的形势与新的任务 [N]. 红色中华，1933 – 07 – 29.
② 博古. 为粉碎敌人的五次"围剿"与争取独立自由的苏维埃中国而斗争 [N]. 红色中华，1933 – 08 – 04.

维克的正确领导。这与毛泽东的分析是完全一致的。

在中国，当时最大的、最重要的政治是日本帝国主义侵略中国与国民党的不抵抗政策。1931 年"九一八"事变之后，日本占领东三省，继而，《华北停战协议》签订，华北危机、平津危机。道一的《国民党的所谓"对日宣战"》①一文，揭露了日本帝国主义罪行以及国民党与之相互勾结的罪行。文章分析了当前的局势：日本占领东三省之后，现在更加积极地进攻上海、天津、南京，国民党的新政府竟毫无抵抗地退到洛阳去了，这完全证明国民党各派军阀都是积极勾结帝国主义进行瓜分中国，自愿将整个中国的劳苦群众送给帝国主义做奴隶，任帝国主义的压迫屠杀宰割。文章揭露了国民党所谓"对日宣战"的欺骗手段：利用"对日宣战"的名义来扩张各派的武装势力，募集"救国基金"，加紧剥削劳苦群众。

面对当时动荡的国际形势，首道发表了《最近政治事变的发展和我们的中心工作》②一文进行分析。文章指出，目前国际形势的主要特点是世界各地革命运动的不断高涨，欧洲、美洲、亚洲共产党的政治影响不断扩大，直接威胁着帝国主义及其殖民地的反动统治；另一方面，帝国主义加紧对外扩张，镇压工农运动，挑衅苏联，同时，为争夺领土和霸主权，又钩心斗角。对国际形势的分析非常中肯。

第二，对思想问题的评论。

对思想问题的评论就是对某些倾向性的思想、观念进行分析，指出其利弊。在新政权已经建立的苏区，由于传统旧思想的影响，在广大干部和群众中仍然存在着旧的思想、旧的观念。在苏区，由于战争的残酷、环境的艰苦，在某些干部和群众中，也会产生一些消极的思想和情绪。通过对思想问题的展开评论，有利于分辨是非，提高觉悟。

在苏区的云集区，曾经出现了这样一种现象：很多村子轮流上演"南无慈悲大士"的戏以保佑平安，那一天全村的人都吃斋敬佛。同时，还发生了这样一件事：一名列宁小学的教员，跪在"勒封英显大老爷"神位面前大叩其首，

① 道一. 国民党的所谓"对日宣战" [N]. 湘赣红旗, 1932 – 03 – 04.
② 首道. 最近政治事变的发展和我们的中心工作 [N]. 湘赣红旗, 1932 – 03 – 04.

虔诚祷告。为此，浣白撰写了《开展反封建迷信斗争！》① 一文，分析封建迷信思想是剥削阶级麻醉工农劳苦群众的工具，其目的就是要人们相信命运，不要反抗阶级剥削，永远臣服于统治者。

"斗争斗争加紧国内斗争，批评批评开展自我批评"，这是在本地团员中间高喊的一句口号，那么，在实际行动中执行得如何呢？曾成发表了《一团和气要得吗？》② 一文，主要是针对团内同志之间存在的一团和气的思想作风问题展开评论。文章指出了这样一种现象：发现同志有错误，不批评、不斗争，生怕得罪人，面子上过不去。文章分析这样思想导致的结果：团内的工作没有办法正常开展。

潘祖浩发表的《肃清目前党内几点不正确倾向》③ 一文，就是针对茶陵党内出现的一些不正确的思想倾向而展开评论并进行批评的。面对敌人一次次进攻与围剿，部分同志产生了悲观动摇的思想，他们出现躲避斗争的行为，做缩头乌龟，他们觉得革命太苦，想回家种田等，作者认为这种行为是严重错误的，不是真正共产党人所为，其根源在于对革命没有坚定的信念。

第三，对具体新闻事件的评论。

对具体新闻事件的评论可以是新闻评论类的文章，这种情况一般是对已经发生的新闻事实表明立场，拥护和反对，或论述新闻事实的性质，或分析新闻事实的意义，还可以是报道新闻事实后简短的议论，起卒章显志的作用。

黄坚发表的《拥护全省青工二次代表大会》④ 一文，写在湘赣省苏青工二次代表大会闭幕之际，文章对这次会议给予高度评价，称这次会议的决议案将能武装本省的青年群众，领导千百万劳苦工农群众参加日益扩大的民族解放革命战争，反对帝国主义武装，求得中国劳苦青年的自由和解放。

1933 年 9 月 18 日，《约色湘赣》刊登《国民党在绝望进攻中的土匪兽行》一文，揭露了国民党军阀在进攻苏区遭受失败后对苏区的烧尽、杀尽、抢尽的罪行，在对新闻事实报道结束后，作者进行了这样的评论：这证明帝国主义国民党在绝望的进攻中，企图根本消灭苏区，应该受到全国民众的铁锤痛击，只

---

① 浣白. 开展反封建迷信斗争！［N］. 湘赣红旗，1934 – 01 – 10.
② 曾成. 一团和气要得吗？［J］. 列宁青年，1932（13）.
③ 潘祖浩. 肃清目前党内几点不正确倾向［N］. 茶陵实话，1932 – 04 – 24.
④ 黄坚. 拥护全省青工二次代表大会［J］. 列宁青年，1932（13）.

有推翻国民党,才能消减这种土匪的兽行。这里的评论,虽然文字不多,但目的明了,既揭露了国民党的企图,又要唤醒民众。

无论是政治事件或政治问题,还是思想问题或社会问题,只要展开了评论,就会毫无异议地带有倾向性,苏区媒体正是利用了这种倾向性,达到鼓动群众、教育群众、服务革命斗争的目的。

三、新闻报道的群众性思想

新闻报道的群众性思想,就是指新闻活动要密切地和广大人民群众相联系,依靠群众,树立群众办报的思想意识;新闻报道要成为人民群众的耳目喉舌,反映人民群众的需求和意见,宣传人民群众的先进事迹,充实他们的知识,扩大他们的眼界;新闻报道的形式要充分考虑工农群众的阅读习惯和水平,力争形式活泼多样,语言通俗晓畅;新闻报道的群众性思想,还包括通过各种途径,提高群众的阅读能力。落实新闻报道的群众性思想,最终能达到启发群众觉悟的目的,引导他们在党的领导下,求得自身的解放。

群众观点是马克思主义的基本观点,群众性思想是马克思主义的群众观点,新闻报道的群众性思想是无产阶级报刊的优良传统。早在 1842 年,马克思就在《〈莱比锡总汇报〉的查封》一文中指出,报刊"生活在人民当中,它真诚地和人民共患难、共甘苦、齐爱憎"[1] 列宁和斯大林以极大的热情组织领导工人、农民参加党报工作。1901 年,列宁提出"报纸不仅是集体的宣传员和集体的鼓动者,而且是集体的组织者"[2] 的论点,就含有全党办报群众办报的意思,《真理报》有人数众多的工人通讯员和农民通讯员,《真理报》经常刊载他们的稿件和来信。斯大林 1924 年在《论工人通讯员》一文中指出:"工人参加办报的意义首先在于使报纸这样一个锐利的阶级斗争武器能够从奴役人民的武器变为解放人民的武器。只有工人通讯员和农村通讯员才能实现这个伟大的转变。只有作为有组织的力量,工人通讯员和农村通讯员才能在报刊发展的进程中起无产阶级舆论的表达者和传播者的作用,起苏维埃社会缺点的揭发者的作用,起改

---

① 中国社会科学院新闻研究所. 马克思恩格斯论新闻 [M]. 北京:新华出版社,1985:104.

② 中共中央马克思恩格斯列宁斯大林著作编译局. 列宁全集(第 5 卷)[M]. 北京:人民出版社,1986:8.

进我们建设的不知疲倦的战士的作用。"①

在土地革命战争时期，争取广大工农群众、团结广大工农群众、服务广大工农群众已成为我党新闻宣传的主要思想。大革命时期，党对新闻宣传工作强调得最多的是党报党刊宣传党的方针、政策和决定，而进入土地革命战争时期后，除了继续贯彻这一方针外，强调得更多的是新闻报道如何争取广大工农群众并团结到党的旗帜之下。

1928年6月召开的中国共产党第六次全国代表大会，根据大革命失败后敌强我弱、革命处于低潮的形势，提出当前"党的总路线是争取群众"，认为只有争取广大人民群众的支持、拥护和参与，武装斗争和土地革命才能够取得成功。与此同时，党在宣传工作上的指导思想也发生了变化。党的六大的《宣传工作决议案》指出："现时党的工作重心必须移至夺取广大工农兵群众之政治训育。此种任务需要党的宣传工作之根本变动而增加对于广大群众工作的注意。"1929年6月召开的六届二中全会，对这一思想路线又做了进一步强化，提出"党要实现自己的一切任务，最重要的条件是要能获得广大的工农群众，在党的口号之下，形成伟大的争斗的力量"，而要达到这一目标，不能用强迫命令的方式，"只有动员自己的全体党员，以正确的策略领导群众，以宣传工作说服群众"。②因此土地革命战争时期，党在新闻宣传领域形成的一条重要的思想路线，就是党报必须成为"争取广大群众的重要工具"，成为群众工作的领导者和组织者。这一思想路线贯穿于土地革命战争的始终。这一时期，党中央发布的有关宣传工作的通告、条例和决议案，都强调了党报与争取群众的关系。1931年1月，《中共中央政治局关于党报的决议》指出："以后党报必须成为党的工作及群众工作的领导者，成为扩大党在群众中影响的有力的工具，成为群众的组织者。"③

在苏区，新闻报道的群众性思想主要体现在以下几个方面。

---

① 中共中央马克思恩格斯列宁斯大林著作编译局. 斯大林全集（第6卷）[M]. 北京：人民出版社，1956：228.

② 中国社会科学院新闻所. 中国共产党新闻工作文件汇编（上）[M]. 北京：新华出版社，1980：41.

③ 中国社会科学院新闻所. 中国共产党新闻工作文件汇编（上）[M]. 北京：新华出版社，1980：71.

（一）新闻报道要依靠工农通讯员队伍

1929 年 12 月和 1930 年 5 月，中共中央党报委员会分别颁发了两个《党报通讯员条例》，正式以"条例"的形式规定了通讯员的工作，这是对通讯员队伍建设高度的重视。

第一，把训练工农通讯员看成是组织党报的重要条件。

党的六大《宣传工作决议案》指出："工农通讯员对于改善一般政治报纸与党报有极大的作用。中央宣传委员会与一切地方党部对于此等通讯员的组织、选择与领导，应加以最大的注意。"六届二中全会又强调："为要求使党报能达到极通俗而适合于工农群众的需要，并且能迅速反映各方面工农群众的生活与意识，训练工农通讯员是组织党报重要条件之一。"① 1931 年 1 月 27 日通过的《中共中央政治局关于党报的决议》要求，"建立中央党报的通讯网，指定各地同志负责通讯，写文章，督促发行，及建立工农通讯员及读报班"②。瞿秋白认为，党报党刊要走群众路线，坚持群众办报的方针，"要建立广大的工农兵通讯运动"，"要发展工人报纸和劳动民众的报纸的'普罗新闻运动'"，要"组织自己的访员、自己的通讯员"③。

第二，对通讯员的职责有明确规定。

《党报通讯员条例》明确规定："中共各省党部委员会必须负责在本省之担负党务工作同志中，至少设立中央党报通讯员一人。若在本省有其他重要产业工人区，或苏维埃区，则在其他各区中，同样必须设立通讯员至少一人。"④ 六届二中全会的文件规定："党必须责成每个支部选定至少一个工农通信员，使与党报发生直接的联系，负供给新闻材料的责任而受党报的指导。"湘赣省委规定每县必须有通讯员从事投稿工作，按照中共湘赣省委第一次代表大会决定确定

① 中国社会科学院新闻所. 中国共产党新闻工作文件汇编（上）［M］. 北京：新华出版社，1980：53.

② 中国社会科学院新闻所. 中国共产党新闻工作文件汇编（上）［M］. 北京：新华出版社，1980：71.

③ 瞿秋白. 瞿秋白选集［M］. 北京：人民出版社，1985：484.

④ 中国社会科学院新闻所. 中国共产党新闻工作文件汇编（上）［M］. 北京：新华出版社，1980：64.

的"各县区委或选出或指定一个到五个的通信员"①。

第三，对通讯员队伍进行训练和指导。

中央规定，对担负党务工作的通讯员，各省委必须负责督促其工作，并加以工作上的指导。"各省通讯员寄给中央党报委员会的稿件，最好先经各该地党部审查"，"通讯员到期没有通讯，责任由省委负担"。② 可见，对各省委指定的通讯员，在管理上是非常严格的。而对于工农通讯员，则主要是建立网络，加强培训和指导。"党报委员会对于工农通讯员，要协同党部定期召集会议，每区有三个以上的通讯员，便应分区召集通讯员会议，检阅指导他们的工作。但支部仍须经常注意通讯员的指导与帮助，支部同志应当经过通讯员，切实参加党报的工作，务要使党报更能适合支部工作的需要，对于本工厂与其周围群众能发生更大的作用。"③ 李一氓认为："现在经过党和政府去指派来的通讯员是不会有好大作用的，《红中》应建立自己能够指挥和训练的通讯员，及自己整个的通讯网。从农村中、从工厂中和作坊中，从街道上，再可从各种机关中，渐次地寻觅着自己的通讯员，要他们经常有稿子寄来，同时做发行工作。"④

各种党报党刊按照中央的指示精神，在培养通讯员工作方面积累了成功的经验，取得了突出的成绩。《红色中华》报社成立了通讯部，制订了开展工农通讯员队伍工作的计划，规定了帮助和培养通讯员的办法。报社向通讯员发了聘书，定期给他们发报道提示，并出版了《工农通讯员》，该报的通讯员队伍迅速扩大，形成了一个庞大的通讯网，这些工农兵通讯员及时地给报社供稿，《红色中华》则利用这些稿子，"加以编纂而使得自己的通讯栏更加丰富起来"。当时，《红色中华》的通讯员达400多人，《红星》报的通讯员达500余人。《红星》报上还辟有《通讯员》专栏，《红色中华》《红旗周报》等报刊发表过一些帮助指导通讯员提高业务水平的文章。

---

① 江西省档案选编组. 湘赣革命根据地史料选编（上册）［M］. 南昌：江西人民出版社，1984：211.

② 中国社会科学院新闻所. 中国共产党新闻工作文件汇编（上）［M］. 北京：新华出版社，1980：63-64.

③ 中国社会科学院新闻所. 中国共产党新闻工作文件汇编（上）［M］. 北京：新华出版社，1980：53.

④ 李一氓. 论目前"红中"的任务［N］. 红色中华，1933-08-10.

（二）新闻报道的内容要与工农群众的实际生活相联系

1930 年 5 月《红旗》上发表的《党员对于党报的责任》一文提出："党报的内容，要更能够反映工农群众的要求，要更能够代表广大劳苦群众的呼声，要更能指给劳苦群众以斗争的出路。"① 苏区新闻报刊的内容要紧密联系工农群众的实际生活，反映工农群众的愿望和需求，反映工农群众的实际斗争生活。

第一，反映苏区群众强烈的革命诉求。

土地革命战争时期，面对帝国主义入侵的加深，国民政府的妥协，民族危机不断加深。国内，由于军阀之间的矛盾激化，苛捐杂税种类繁多以及频频发生的自然灾害等原因发生了战争型和灾害型社会危机。天灾人祸使得民众生活在水深火热之中，面对国民党政府无力的救助，广大贫苦大众不得不"卖奶子"（卖吃奶的儿子）以还债生活。② 广大民众怨声四起，对政府的怨恨与日俱增，反抗意识越来越强。在共产党的宣传下，他们对于自己贫困的原因有了新的理解，对于自身的出路有了新的认识，正因为如此，他们有了更强烈的革命诉求。

媒体怎样反映他们的革命诉求、动员他们起来革命呢？张闻天列举了大量生动的实例论述了新闻报道如何从群众的切身问题入手，进而达到群众不仅了解自身贫困的原因，而且会产生参加革命的愿望的目的。他说：面对部分失业的木船工人，我们要"从他们的失业问题讲起，说明他们失业的原因，怎样才能根本解决他们失业的问题，把加入红军与打破帝国主义国民党的'围剿'同根本解决他们的失业问题密切的联系起来，那木船工人就会了解我们所说的，就会自动的积极的报名加入红军"③。

苏区开展土地革命，在很大程度上是对苏区群众革命诉求的反映，打土豪、分田地，形象具体地阐释了土地革命的深刻内涵，土地革命提高了苏区群众的社会地位，满足了他们对政治权利的需求。苏区报刊对轰轰烈烈的查田运动予以了热情洋溢的报道：大量刊登中央及湘赣省委对查田运动工作的指示精神，报道查田运动中复杂的阶级斗争及经验教训，肯定查田运动工作取得的成绩。

---

① 中国社会科学院新闻所. 中国共产党新闻工作文件汇编（下）[M]. 北京：新华出版社，1980：131.
② 余伯流. 中央苏区经济史 [M]. 南昌：江西人民出版社，1995：12.
③ 张闻天选集编辑组. 张闻天文集（第三卷）[M]. 北京：中共党史出版社，1995：153.

第二，反映工农群众的实际斗争生活。

新闻宣传要真正达到争取群众的目的，必须与群众的实际生活相联系。中共中央指出："离开了实际斗争生活，决不会有正确的宣传文字。"① "为要使广大的文化比较落后的工农群众接受党的宣传，党必须要充分利用工农群众实际生活中的每个问题，特别是经济问题，鼓动他们为直接的要求而斗争，同时并且使群众从实际经济生活与斗争的中间，认识党的政治宣传口号。"②

在苏区，广大工农群众的实际斗争生活主要是：积极开展经济建设，主动购买公债，为巩固和发展苏区提供充足的物质储备；积极响应"扩红"号召，踊跃参军，为粉碎敌人的军事"围剿"、保护根据地进行英勇的斗争。

经年不绝的战争，不仅需要源源不断的人力的加入，而且还需保证有充足的经费的支撑。针对这种状况，苏区开展了轰轰烈烈的节省经济和发行公债运动，而且这两个运动一直持续地展开，没有停歇。苏区的报刊积极跟进，奋力推动，在苏区掀起了节省与捐资的热潮。由于工农群众的积极参与和支持，成效是非常明显的。《红色中华》1933年9月30日刊载的《最后的努力！最后的胜利！》一文报道，根据中央财政部对"《红色中华》号召的退还二期公债八十万、节省与捐助三十万这一运动的总结"，从1933年4月1日至9月30日，退还公债、节省与捐助的总数超过了85万。除此之外，苏区的广大群众还以直接向前线红军提供各类所需物品的形式，支援前线。《红色中华》1933年4月14日刊登《借谷的响应》一文报道：上杭县才溪、官庄、旧苏三区劳苦群众，纷纷踊跃地借谷给红军，并且很快就收集了一百多石谷子。其中还特别提到才溪区的劳动妇女，要求不收票据便将谷子借给红军，以这种方式借出的谷子共有四十余石。

由于当时特殊的形势，扩充红军队伍是苏区的一项常规性工作。广大工农群众响应党的号召，积极行动。从媒体的报道，我们可以看到：有少共国际团开赴前线，有赤少队参加红军，有积极分子、工农群众加入红军，有子代父、妻劝夫参加红军。同时，群众还踊跃地交送红军公粮，做军鞋，经常组织歌舞

---

① 中国社会科学院新闻所. 中国共产党新闻工作文件汇编（上）［M］. 北京：新华出版社，1980：43.

② 中国社会科学院新闻所. 中国共产党新闻工作文件汇编（上）［M］. 北京：新华出版社，1980：48.

队、洗衣队和补衣队等到红军部队里进行慰问。红军住到哪里，哪里的群众就同亲人一样地给红军让房子、借家具，帮助摊铺，烧茶送饭。由于工农群众模范少年队踊跃加入红军，红军队伍迅速壮大。《红色湘赣》1933 年 9 月 18 日第七期刊登的新闻报道《全省模范省先队总检阅》说，为了响应努力扩大 100 万红军的号召，全省模范少年队于"九三"国际青年节举行了武装总检阅。参加检阅的有永新、茶陵、安福 3 县的模范少年队，经过 5 天时间检阅完毕。对于参加红军，模范少年队员们表现出了极大的热忱。

第三，满足他们获取新闻信息和知识的需求。

苏区报刊为广大工农群众提供了丰富的信息，能满足他们获取新闻信息和知识的需求。苏区的报刊，报道的内容涉及社会生活的方方面面，大到国际形势、国内形势，小到工农群众的生活。《红色中华》《红色湘赣》等综合性的报刊就是其中的代表。有对国际国内形势展开分析与评论，诸如，日本对中国东北三省的占领，继之平津危机以及华北危机，帝国主义之间为瓜分中国的相互勾结与斗争，国民党的妥协及与帝国主义的狼狈为奸，国民党对国内民主的剥削与欺骗，民不聊生的百姓现状；苏联社会主义国家的经济建设成就斐然，世界各国人民的反敌斗争风起云涌，我国各地工农群众的反日反蒋斗争此起彼伏等。有对与群众生活密切相关联的事实的报道，诸如，某村村民帮助红军家属及无劳动能力的群众春耕，某厂工人用省吃俭用的一元钱购买国债，某区妇女在自家院子里晒制干菜准备送给红军等。正如毛泽东所说："《时事简报》的新闻，特别是本地的和近地的新闻，一定要是与群众生活紧密地关联着的。如牛瘟、禾死、米荒、盐缺、靖卫队、赤卫队、AB 团造谣、共产党开会等等，都是与群众密切相关联的。"① 这些既是新闻信息，也包含了很多知识。同时，很多报刊为提高工农群众的知识水平开辟专栏，准备了丰富的内容。对于苏区的工农群众来说，当时的报刊就是他们获取信息、学习知识的百科全书。

（三）新闻报道的形式要考虑工农群众的阅读习惯和水平

苏区的报刊，由于与工农群众的实际生活紧密联系，能反映群众的愿望和需求，能丰富他们的知识、提高他们的觉悟，所以受到群众的喜爱。但是，苏区报刊的读者，大多是工农群众和战士，就是干部也大多来自农村，为了联系

---

① 中央文献研究室. 毛泽东文集（第一卷）[M]. 北京：人民出版社，1993：254.

群众，联系实际，发挥宣传鼓动的作用，必须要考虑工农群众的阅读习惯和水平。

第一，用工农群众容易接受的形式。

1928年7月党的六大宣传工作决议案提出："在残酷恐怖阻碍口头宣传与鼓动的条件下，各种形式的刊物宣传（报纸、传单、小册子、宣言等等），便获得极重大的意义了。""此外，应当极大设法在工厂，企业与乡村内组织墙报和画报……粉笔队亦是我们宣传利器之一。"1929年6月，六届二中全会对各种宣传形式又做了精辟的论述。特别是对报纸刊物提出了许多新的主张。例如："党报须注意用图画及照片介绍国际与国内政治及工农斗争情形。""日报要用群众自己的态度，从叙述新闻中宣传［党］的主张……在不能办日报的地方，亦应当尽可能的办新闻式的定期刊物，尤其是在没有地方报纸之处，地方党部更应注意于办理此项刊物，因为这与日报差不多有同样的作用。"①

画报、时事简报、工厂小报等都是老百姓喜闻乐见的形式。画报以图画为主，文字为辅，直观、形象，容易理解，对于不识字和识字少的群众来说，是非常理想的宣传形式，因此，深受苏区老百姓喜爱。在城市，深受工人欢迎的主要是工厂小报，中央要求："工厂小报的形式要力求简单而群众化，内容应着重本工厂的新闻，以及与本工厂有关系的其他政治的或地方的新闻，从这些新闻材料中加入我们的宣传作用。工厂小报一定要是支部同志自己负编辑的责任，而且要可能的引进非党群众参加这一工作。工厂小报要是定期发刊的，或每日发刊一次。这样的工厂小报……是很容易举办的事，而举办这种工厂小报，可以确立党在群众中的影响，帮助群众在党的周围组织起来，所以工厂小报实际有很重要的组织群众的作用。"② 在红色革命根据地，时事简报也是一种老百姓喜欢的形式。毛泽东在《普遍地举办〈时事简报〉》一文中，多次提到兴趣与效果的关系，认为读者的兴趣是办报效果的前提。这也充分说明了报刊的形式要易于工农群众所接受。

第二，用工农群众容易接受的语言。

---

① 中国社会科学院新闻所. 中国共产党新闻工作文件汇编（上）［M］. 北京：新华出版社，1980：54 – 55.

② 中国社会科学院新闻所. 中国共产党新闻工作文件汇编（上）［M］. 北京：新华出版社，1980：52.

"一切的宣传必须普遍深入，通俗简明，改正过去一些高谈阔论，使人烦厌的宣传"。① 毛泽东在谈到怎么办时事简报的时候曾经说过："地方的《时事简报》要完全用本地的土话。从别处报纸抄下来的那些文字不通俗的新闻，要把原文完全改变。"② 瞿秋白在《谈谈工厂小报和群众报纸》一文中，从多方面具体阐述了"脸向着群众"的大众新闻观。他认为，新闻大众化，第一是用什么话来写，"是用群众日常口头上讲的普通话来写的呢，还是用知识分子的新式'白话'——不成其为白话的白话来写呢？"他坚决地主张："一定要用口头读出来普通工人可以懂得的话来写。"③ 他针对当时的出版物及一些革命报刊脱离群众的现象，提出了尖锐的批评："不久以前，有一种报纸，准备给群众看的，而且是每天出版的'号外'。可是这个报上，居然会发现'某某借途灭虢'的标题。这种《左传》典故，现在连年轻的一辈知识分子都不懂得的了，但是出现在群众报纸上——这不客气的说，实在是对于革命的一种罪恶。"④ 为了纠正这一弊端，瞿秋白指出："必须用真正的白话，而且是浅近的白话，每一次用到新名词一定要顺便的解释；句法要简明、明了、短俏，代名词要确切、清楚，如果不能够，那么，宁可多用几次名词；缩短语越少用越好。"只有这样，"方才能够有力量去通俗的解释和传播正确的行动口号"⑤。

1932 年，在中共湘赣省委关于《中共湘赣省委关于宣传鼓动工作的决议》中，明确要求："宣传工作要通俗艺术化纠正高谈阔论的大块文章，应当实行适合工农心理的口头宣传，文字要通俗，废除那半知半解的'新名词'与文言文句，施用带地方性的'白话语'惟浅短文字。"对于湘赣苏区的报刊来说，它的宣传鼓动通俗化，有其重要意义。报刊宣传通俗化的标准，是要使不识字的战士和农民听人家读报，基本上能听懂；刚脱盲的战士和农民看报，基本上能看懂。

（四）新闻报刊的发行和阅读要考虑工农群众的现状

在当时交通不便、邮路不畅通的情况下，怎样让报刊能及时到达群众手中？

---

① 中国社会科学院新闻所. 中国共产党新闻工作文件汇编（上）［M］. 北京：新华出版社，1980：84.

② 中央文献研究室. 毛泽东文集（第一卷）［M］. 北京：人民出版社，1993：261.

③ 瞿秋白. 瞿秋白选集［M］. 北京：人民出版社，1985：482.

④ 瞿秋白. 瞿秋白选集［M］. 北京：人民出版社，1985：485－486.

⑤ 瞿秋白. 瞿秋白选集［M］. 北京：人民出版社，1985：483.

在当时中国的工农大众识字率很低的条件下，怎样让更多的群众了解党的政策，了解国际国内的政治形势，了解苏区人民的政治斗争、经济斗争及军事斗争？组织报刊的发行、指导群众读报就成为我党的一项不可忽视的工作。

第一，新闻报刊的发行。

1931年3月5日，中共中央通过了《中共中央关于建立全国发行工作决议案》，要求各省委及一切地方党部立即成立发行部或设立发行员，并明确了各级发行部门或发行员的职责。① 1932年4月，中央出版局总发行部正式成立，各地也陆续成立了发行部或设立了发行员，一个从上至下的报刊发行网逐步建设起来，报刊的顺畅发行得到有力保障。在湘赣苏区，1931年10月，中共湘赣省委第一次代表大会研究了报刊发行工作的具体问题，并通过了有关组织决议案，要求"各县区委或选出或指定一个到五个通信员和发行员，各级党部要有系统的组织党报通信网与发行网"②。同时，湘赣省苏维埃政府加大了工作力度，对各机关购置《红色湘赣》的费用，从机关经费中开支。③ 少共湘赣省委也高度重视报刊发行工作，对如何办好机关刊物《列宁青年》及其发行提出了具体要求，强调"把发行工作完全建立起来"④。

苏区新闻报刊的发行途径较多，针对群众居住分散的特点，设立销售代办处，它可以由社会团体来代理，也可以由个人来代理。社会团体的推销代办处，是固定发行点，由机关团体和个人兼营；个人推销代办没有固定的地方，由当地老百姓根据实际情况到当地各处叫卖。同时，还有竞赛发行和通讯员发行的途径。通过组织各地举行发行竞赛的办法，来增大发行量；要求通讯员不仅投稿，还要组织发行。这些措施，都能保证报刊到达工农群众的手中。

第二，新闻报刊的阅读。

1932年7月16日，临时中央政府内务人民委员部发布了第三号命令，广泛

---

① 中国社会科学院新闻所. 中国共产党新闻工作文件汇编（下）［M］. 北京：新华出版社，1980：75.

② 江西省档案选编. 湘赣革命根据地史料选编（上册）［M］. 南昌：江西人民出版社，1984：211.

③ 程沄. 江西苏区新闻史［M］. 南昌：江西人民出版社，1994：63.

④ 江西省档案选编. 湘赣革命根据地史料选编（上册）［M］. 南昌：江西人民出版社，1984：216.

发动群众参与读报，以此营造群众性的读报用报氛围。

苏区红色报刊阅读的措施主要采用了以下的方式：

设立读报组开展报刊阅读工作。在湘赣苏区，湘赣省委1932年7月20日下发《中共湘赣省委关于宣传鼓动工作的决议》，要求各级党的宣传组织领导同志划分读报组，使每个同志都阅读、讨论党报的内容。读报组必须广泛地建立在贫农团、工会和反帝大同盟的小组之内。① 1932年6月19日，少共湘赣省委宣传部印发《宣传鼓动工作决议》，建议少队、童团的反帝青年部建立读报组，读《湘赣红旗》及《列宁青年》。对读报组的工作还提出了具体方法步骤，第一步是将报纸用他们熟悉的语言讲给他们听；第二步是教他们识字；第三步教他们自己去看，并且要领导他们讨论、了解内容、提高他们的阶级觉悟。② 1932年6月，永新县在通衢大道中心点，就建立了工农图书馆和书报阅览处，以此来提高广大苏区群众的文化水平和政治水平，加强群众对革命的认识。③

此外，一些报刊就读报用报问题刊登了新闻报道和评论文章，宣传读报用报的重要性，交流读报用报的工作经验，向群众提供读报用报的方法。有些地方积极探索新模式，建议成立读报室管理委员会，经管购报读报事项，并拿出合适的房子做读报室。在有些县，出台了指导群众读报的办法，加强对群众读报的指导工作。在部队，要求游击队员也要结合实际情况，进行多种形式见缝插针的读报活动。同时，一些报刊刊登文章，交流读报用报的工作经验，指导群众读报用报的方法。在有些县，出台了指导群众读报的办法，加强对群众读报的指导工作。在部队，要求游击队员也要结合实际情况，进行多种形式见缝插针的读报活动。

借助列宁室促进报刊阅读工作。列宁室是苏区军民文化教育的窗口，对于列宁室的主要任务、工作内容、组织形式，上级都有明确的规定。在部队连级单位，设立列宁室，成立读报、讲演和识字小组，由部队指导员指导士兵的读

① 江西省档案选编. 湘赣革命根据地史料选编（上册）［M］. 南昌：江西人民出版社，1984：497.

② 江西省档案选编. 湘赣革命根据地史料选编（上册）［M］. 南昌：江西人民出版社，1984：432.

③ 中央教育科学研究所. 老解放区教育资料（一）［M］. 北京：教育科学出版社，1981：146.

报工作。1933 年，湘赣省制定"文化教育建设决议草案"，号召在全省范围内建立列宁室，列宁室要备有书报。① 茶陵县委要求各机关、团体、学校、兵营等，建立列宁室，列宁室内陈列有革命书籍和报刊，供群众学习。攸县"列宁室"的读书读报学习制度，是用毛笔书写在墙壁上的。

通过夜校等载体促进报刊阅读工作。夜校又称为工农补习学校，是为了让所有工农群众都有机会读书，专门为从事生产劳动或工作而无法在白天正常参加学习的工农群众开办的。在湘赣苏区，一些乡村和机关单位，都设有夜校。夜校开办识字班，以政治消息做补充教材；有的夜校还专门开设了读报课，主要是学习和传播党报党刊所宣传和动员的内容。

苏区报刊多渠道的发行方式和阅读措施，扩大了报刊在群众中的影响，使广大工农群众的文化素养与政治觉悟得到了大力提升。群众文化素养的政治觉悟的提高，为苏区宣传工作提供了更好的平台。

第三节 "左"倾错误对新闻报道思想的影响

在革命苏区，党内出现的"左"倾错误，不仅对革命事业造成了巨大的损失，对党的新闻宣传工作也造成了较大的影响。

一、"左"倾盲动主义对新闻报刊的影响

1927 年年底到 1928 年年初，正是大革命失败以后，中国共产党处于腥风血雨的严重的白色恐怖之中，党内许多人因对国民党屠杀政策的仇恨，加上共产国际对中国共产党指导的偏差，尚处于幼年时期的中国共产党出现了拼命、蛮干的"左"倾盲动错误。这一错误主要是脱离中国革命的实际，对当时的革命形势作了夸大的不切实际的估量，把本来处于低潮的革命形势判断为不可避免地走向高潮，并要求全国各地发动工人、农民进行冒险的武装暴动，达到在全国较大范围内夺取政权的目的。在组织上，实行盲目排斥知识分子、提倡党的

---

① 中央教育科学研究所. 老解放区教育资料（一）［M］. 北京：教育科学出版社，1981：98.

干部工人化的错误做法，给党的事业造成了消极的后果。

这一阶段，共产党的主要报刊有《布尔塞维克》《红旗》《上海报》等。下面以《布尔塞维克》为例，看看当时党报在新闻宣传上存在的问题。《布尔塞维克》创刊于1927年10月，是党中央重要的思想机关和舆论阵地。在大革命失败后，它对于组织全党继续开展革命斗争做出过重要贡献。但是，它也传播了一些"左"倾盲动错误的政策和理论。例如，第一卷第五期刊载的《中国革命是什么样的革命》一文，就是一篇有严重错误的文章。文中将大革命失败后暂时处于低潮的革命形势，说成是"革命潮流始终并不是低落的，而是高涨的"，"中国革命的高涨而且是无间断的性质"。又如第一卷第六期刊载的《中国现状与共产党的任务的决议案》，是在党的临时政治局扩大会议通过的。该决议案认为，中国资产阶级"已成了绝对的反革命势力"，小资产阶级"已经不是革命的力量，而是革命的障碍"，错误地把民族资产阶级当作革命的对象，反对争取小资产阶级加入革命阵线。又认为，党要努力使相互隔离和零散的农民暴动形成尽可能大范围的农民总暴动，"使暴动的城市成为自发的农民暴动的中心及指导者"。少数党员和群众按照中央的号召，在上海、天津、唐山、广州等城市举行武装起义，均以失败而告终。

与此同时，党在宣传策略和党报发行方式上，也采取盲动错误的做法。到1929年6月，六届二中全会制定的《宣传工作决议案》，还错误地要求："只要可能，党还需要自己组织群众的示威集会，组织宣传队，扩大公开发行自己的刊物与宣传品，以提高党在群众中的威信……便是在白色恐怖极其严重的地方，都可以利用一切能引起群众注意的问题，公开的宣传鼓动群众。"① 这种不顾现实的客观形势，不讲究党在宣传领域的斗争策略，一味盲目冒险地扩大党报党刊公开发行和公开宣传的做法，不仅未能达到"提高党在群众中的威信"之目的，反而使党在白色恐怖的形势下创办的地下报刊，非常容易地被国民党反动当局破坏和查封，其教训是极为深刻的。

---

① 中国社会科学院新闻所. 中国共产党新闻工作文件汇编（上）[M]. 北京：新华出版社，1980：49-50.

二、"左"倾冒险错误对新闻报刊的影响

1930 年 6 月至 9 月，中国共产党党内又发生了以李立三为代表的"左"倾冒险错误。这次错误是在革命走向复兴、客观形势有利于革命变化时，党内"左"的急性病的表现。当时，中央夸大了革命力量的发展和反动统治的危机，认为革命高潮即将到来，中国革命可以在一省或几省首先胜利，进而达到全国的胜利，建立革命的政权。按照这一思路，中央要求红军集中兵力进攻中心城市，否定以农村包围城市，集中力量建设农村革命根据地的正确方针，并制订了以武汉为中心的全国中心城市起义和红军攻打大城市的冒险计划，结果使红军和红色革命根据地都受到了一定的损害。

从时间上说，李立三"左"倾冒险错误在党内执行的时间并不长，但是，党的宣传工作也受到了一定的影响。其主要表现在，党报党刊一方面不遗余力地宣传和推行"左"倾冒险计划，而另一方面对于怀疑和抵制"左"倾冒险计划的正确意见，则给予严厉的批判。当时的《布尔塞维克》《红旗》和《红旗日报》都刊载了鼓吹"左"倾冒险计划的文章，而反对"左"倾冒险计划的正确意见在报上根本看不到。特别是中共中央机关报《红旗日报》，1930 年 8 月创刊后，不仅刊发了一些直接反映李立三"左"倾冒险错误的文件和讲话，而且在一些社论和文章中错误地将反对意见说成是"右倾机会主义路线向党的进攻"。《红旗日报》从第二期开始，连续刊载李立三 1930 年 8 月 6 日在中央行动委员会上的报告——《目前政治形势与党在准备武装暴动中的任务》。这份报告的第一部分"目前中国革命形势的特点"，本来已经在《红旗》第一二六期上刊发，但《红旗日报》不惜版面又一次刊载。报告中说，统治中国的军阀制度已经到了崩溃的边缘，"中国革命当前的任务，已经显然是推翻统治阶级与建立苏维埃政府"；因此，要求各地都要组织工人农民，准备武装暴动，红军要进攻中心城市，变军阀战争为革命战争，夺取全国的胜利。这种错误论调几乎成了李立三"左"倾冒险错误结束之前《红旗日报》宣传的主导思想。报道的消息也大多是工厂罢工、示威游行和红军攻打大城市的内容。

与此同时，《红旗日报》对反对李立三"左"倾冒险错误的正确意见进行错误的批判。如当时何孟雄批评"中央对于革命日益接近高涨的估计是过分的"，"中国革命没有可能掀起世界革命"；命令红军进攻长沙等大城市及要求工

人举行大罢工，都是不切实际的，如果"发展下去，就可能离开总路线，葬送中国革命"。对这些正确意见，《红旗日报》不仅没有刊登过支持的文章，反而在一些社论和文章中进行错误的批判。

《红旗日报》在文风上也存在"左"的色彩。例如，1930 年 8 到 9 月，该报连续发表了数篇关于扩大报纸发行的社论，一方面陈述两个月内国民党大肆逮捕报贩及访员，搜查订户、拘捕读者、摧残承印厂的事实，另一方面又不断地鼓动群众，要冒着敌人的刺刀勇往直前地扩大党报的发行，用实际行动来回答国民党的白色恐怖。当时恰恰就没有思考和指导群众在特殊的情况下，如何做到既要扩大发行，又要避免不必要的损失，只是一味地鼓动群众激进蛮干。该报 1930 年 9 月 30 日发表的一篇文章认为："帝国主义国民党决然没有力量可以打击或者阻止全国工农劳苦群众争取苏维埃的斗争，同样也决然没有力量可以打击或者阻止本报在广大群众中的发行。"事实证明，这种不管形势、不讲策略、不顾群众安全去一味冒险的做法是完全错误的。

此外，《红旗日报》在行文中还使用了一些谩骂性语言，这种做法也是不可取的。如《红旗日报》1930 年 8 月 20 日的一条消息，题目是"狗化新闻的检查条例"，其开头是这样写的："现在因为工农斗争的高涨和红军的胜利，使南京这个总狗窝弄得群狗不安，疯跳不已。这些被革命的狂风扫到坟墓之前的疯狗，现在想尽了一切方法来维持狗统治，作最后的狗挣扎。"两句话中，连用了 5 个"狗"字。有些文章，甚至一句之中用了 3 个"狗"字，如国民党官员"垂狗头、夹狗尾、而三叹狗气"。这样的行文，倾向性和立场性是够明显的，但是，无论是从新闻本身的要求，还是从与敌斗争的艺术看，都是不可取的。毛泽东说过，反攻敌人最好的方法是"请看事实"；鲁迅也说过，"辱骂与恐吓决不是战斗"。而当时的党报工作者在李立三"左"倾冒险错误的影响下，的确多了几分激情，少了几分冷静。

三、王明"左"倾教条主义错误对新闻报刊的影响

1931 年至 1934 年，王明"左"倾教条主义错误在党内占了统治地位。毛泽东在总结经验时说：王明、博古的"'左'倾路线是比之陈独秀右倾机会主义路线与李立三'左倾机会主义路线形态更完备、时间更长久，结果更严重的一条

机会主义路线"①。王明的这次错误，不仅在对敌斗争中，不顾敌我力量的悬殊，盲目地进攻大城市和组织大罢工，而且对内实行"残酷斗争，无情打击"，结果使白区的共产党组织遭到严重破坏、红色革命根据地丢失，红军被迫进行二万五千里长征。

在王明"左"倾教条主义错误以及冒险主义和关门主义统治时期，党报党刊所受到的影响也是空前的。其主要表现在以下几个方面。

（一）对"左"倾教条主义错误极力宣传，对不同意见无情地批判

当时的《红色中华》《斗争》《红旗周报》等中央和苏维埃政府的机关报刊，都存在这样的问题。例如，1931 年至 1932 年，负责工人运动的刘少奇对王明在白区工人运动中推行的"左"倾方针进行了抵制，主张工人运动不能够盲目和莽撞，而应该因时制宜、因势利导。他的正确意见不仅没有被采纳，反而受到错误的批判、压制和打击。刘少奇被撤销了中央职工部长的职务。《斗争》《红旗周报》等报刊连续发表康生、洛甫等人的文章，对他进行严厉的批判，如康生的《反对职工运动中的机会主义》、洛甫的《工会中的机会主义》等，号召"开展工会工作中的最残酷最无情的两条路线的斗争"②。又如 1933 年开展的对"罗明路线"的批判，中央要求党内立即开展反对"罗明机会主义路线"的斗争。中央局机关报《斗争》，先后发表了博古、洛甫等人的《什么是罗明同志的机会主义》《反对腐朽的自由主义》等长篇文章，对根本不存在的"罗明路线"进行了错误的批判。而且这样的批判和斗争持续了一年多时间，直到红军长征前才被迫停止。

（二）党报党刊上从来没有被批评者的意见和声音，出现舆论一边倒现象

1933 年在江西苏区开展的反对江西"罗明机会主义路线"的斗争中，《斗争》先后发表了洛甫的《罗明路线在江西》、罗迈的《为党的路线而斗争》以及《试看邓小平同志的自我批评》等文章，错误地指责邓小平、毛泽覃等人在敌人的进攻面前丧失信心、悲观失望、惊惶失措、退却逃跑，执行了一条纯粹的防御路线，同时还错误地指责他们成立了"反党的派别和小组"，要对他们进行无情的揭露和有力的打击。对于这种无中生有的指责，邓小平等人先后写过

① 沙健孙. 中国共产党通史（第三卷）［M］. 长沙：湖南教育出版社，2000：350.

② 洛甫. 工会中的机会主义［J］. 红旗周报，1932，35.

两次申明书，如实反映江西的情况，说明江西根本不存在"反党派别小组"，也没有搞什么"机会主义路线"。但是，在当时的党报上，看不到任何不同意见的文章和被批评者的声音。

（三）极左文风的盛行

此时党报的文风，主要存在四个突出的问题。

一是行文的方式上，千篇一律，死板老套。不管什么地方、什么时候、什么人，总是那么一套说得烂熟的话，从国民党五次"围剿"起，到扩大红军、经济动员止。有时候，报上空泛的理论、议论和口号多于实际生活的记载。

二是有些新闻存在数据模糊、有意夸大的现象。例如，《红色中华》上有关战功的报道，就明显存在这样的问题。如1933年3月6日刊出的《我军空前光荣伟大的胜利》一文，开头是："前方来电：我红军之一部二月二十八日在东安宜黄之间，东陂黄陂地方，将敌五十二师全部消灭，五十九师大部消灭。缴获步枪万余支，迫击炮四五十门，短枪五六百支，子弹数百万发，轻重机关枪自动步枪三四百支。"这里所列的战利品，数字大多是概数，模糊不清，影响了新闻的真实性。毛泽东在党的七大报告中曾说："各地打仗缴枪，缴一支讲一支，不报虚数。我们曾经有一个时期，分对内对外，内报一支是一支，外报一支是两支。"① 这里说的"有一个时期"，指的就是王明"左"倾错误统治时期。毛泽东曾对这种吹牛扯谎的作风进行过坚决的抵制。他说："红军缴枪一千说一万，白军本有一万说一千。这种离事实太远的说法是有害的，《时事简报》不靠扯谎吃饭。"但是，当时在"左"倾思潮甚嚣尘上的时候，正确意见往往被压制，而浮夸之风则有一定的市场。

三是存在上纲上线的思维和议论。此时的党报党刊常常用阶级路线的标准来评判一切，有时候不顾新闻事实，强加一些错误的议论。如1933年3月12日《红色中华》上的一则消息《短短十天　长汀扩大一千零三人》是这样写的："长汀扩大红军的突击队在二月十八日到二十八日的十天中，在全长汀扩大红军一千零三个，其中青年占七百多人，团员占一百多人。这一扩大红军的伟大胜利，完全证明党的进攻路线的正确，这是在党的正确路线领导下得到的。这给

---

① 中共中央文献研究室，新华通讯社. 毛泽东新闻工作文选［M］. 新华出版社，1983：127－128.

予了退却逃跑的罗明的机会主义路线以铁拳一般的打击，证明罗明路线的破产。"消息中不仅议论的文字比叙述事实的文字还要多，而且这几句议论完全是在为王明"左"倾错误摇旗呐喊，与消息的写作要求是背道而驰的。

四是语言文字欠通俗。如《红色中华》报上有些文章，文言词和外来词夹杂其间，影响了群众的阅读和党报的传播效果。例如，1932 年 10 月 16 日刊出的《红军学校第三期学生毕业典礼》一文的结尾是这样写的："还有三幕新剧《到前方去》，寓意甚佳，助兴不少。游艺完毕，时已七时许，全校学生教职员来宾均在操场内会餐，豪啖痛饮，极尽阶级友谊之乐。餐毕各部编队回营，闻各群众团体及在校学生，准备翌日开欢送红军干部到前方去的大会云。"这种半文半白的语言，对红军战士和群众都是不适合的。1933 年 8 月 10 日，李富春在《红色中华》上发表的《〈红中〉百期的战斗纪念》中说：文字上"应当适应目前苏区群众文化水平。比如'拿马温'这个名字，在现在的'红中'上尽可不用"。这说明党报的语言文字离通俗化和群众化的要求还存在一定的差距。

总之，新闻媒体由于受"左"倾错误的影响，对党的新闻宣传事业产生过消极的影响。党报党刊作为党的耳目和喉舌，在宣传纪律上，从来就强调与党中央保持一致。中国共产党的第一个决议就明确规定："任何中央和地方的出版物均不能刊载违背党的方针、政策和决定的文章。"① 这样一来，常常是党的路线、方针、政策正确，党报党刊的宣传就正确；党内出现"左"的错误，媒体就无一例外地会出现"左"的宣传。因此，当时党的报刊犯错误、出偏差，确属事出有因。但是，也不能说媒体对所犯错误就毫无责任。因为在"左"倾错误横行的时候，毕竟也有抵制"左"倾错误的人，有敢于为正义申辩、为真理而斗争的人，如毛泽东、刘少奇、李铁夫、邓小平等。对于这些敢于与"左"倾错误唱反调的声音，党的媒体都没有加以报道，这样就更加助长了"左"倾错误的横行。至于党报党刊上出现的八股文风、虚假报道和不切实际的空谈说教等现象，固然与"左"倾错误有一定的关系，但与党报工作者的工作作风和职业责任，也有直接的关联。党中央关于宣传工作的许多决议，从来就要求党的宣传要密切联系群众的实际生活，做到具体化、群众化，反对空谈；宣传要

① 中国社会科学院新闻所. 中国共产党新闻工作文件汇编（上册）［M］. 北京：新华出版社，1980：1.

有很强的针对性，反对千篇一律的平均主义；文字必须通俗易懂，反对秀才式的八股文章；消息必须真实，不加粉饰，反对浮夸扯谎的做法。但是，党报党刊的八股文风却长期存在，这说明党报党刊的文风改造和党报工作者的政治业务修养是一项长期的任务。同时，党应如何管理媒体，真正发挥党的报刊在政治生活中的作用，尤其是在错误思潮横行的时候，党报工作者应如何当好党的喉舌等，都值得更加深入地探索和研究。

第四章

湘赣苏区红色新闻的内涵

在湘赣革命根据地，党的新闻事业是在共产党掌握政权的条件下全新的新闻事业。湘赣苏区的新闻，是中国共产党用先进的思想教育人民群众、提高人民群众的政治觉悟和文化水平的武器。根据当时共产党的办报宗旨，考察这一时期新闻报道的品质内涵，不难发现：湘赣红色新闻积极传播革命理论，加强思想教育；大张旗鼓地宣传党的主张和政策，指导实际工作；热情地歌颂人民的武装斗争和革命斗争，为拥护红军、扩充红军宣传造势，积极地配合了当时的政治斗争。

第一节　传播革命理论

为了加强对广大干部群众的思想教育，提高他们的阶级觉悟，这一时期的红色新闻报刊进行了大量的政治理论宣传，便于群众了解马克思主义、列宁主义的伟大思想，了解无产阶级专政的理论思想，认识我党的政治路线、方针政策；普及政治常识，对在当时有一定影响的一些阶级、派别如民族资产阶级、弱小民族、改组派、西山会议派等的内涵予以解释，有系统地介绍世界无产阶级的革命纪念日及我国人民遭受反动派镇压的纪念日；分析国际国内复杂而多变的形势，认清无产阶级与资产阶级的尖锐斗争；批判宗教迷信思想对人们的麻痹与侵蚀，传播科学思想。

一、宣传政治理论

苏区报刊的政治理论宣传，旨在增强人们的理想信念。从现存可查阅的报刊来看，中央及湘赣苏区的大部分报刊把政治理论宣传放在最重要的位置。在中央报刊系统中，《布尔什维克》作为党的重要思想传播者，在政治理论宣传方面，一直是站在前沿阵地上的。如《布尔什维克党的组织路线——列宁论〈党的组织〉》①对列宁关于党的组织路线进行阐述，《共产国际与新的革命浪潮》②对共产国际在新形势下的发展特点进行阐述，《反对托洛斯基对列宁主义的进攻》③驳斥了托洛斯基反列宁主义的"不断进化论"。在湘赣省级报刊系统中，《湘赣红旗》对革命理论的传播尤为重视，对马克思列宁主义思想进行了较全面的宣传，对共产国际路线进行了较深刻的诠释。

《湘赣红旗》刊登瑞笙的《列宁与苏维埃》④一文，阐述了马克思、列宁对无产阶级专政的认识，对国家作用的认识。

马克思、列宁是怎样认识无产阶级专政的？马克思告诉工人，要真正保障无产阶级及革命的胜利，要实行共产主义，就一定要实行无产阶级专政。马克思虽然早就确定了无产阶级专政的理论，尤其是在1871年"巴黎公社"的事变以后，他更进一步地深一层地发展无产阶级专政的理论，但是究竟怎样实行无产阶级专政？当时并没有具体地说出。列宁把马克思无产阶级专政的理论具体化实际化。文章分析指出：苏维埃是什么？照列宁的意思，苏维埃是国家政权的一种形式。更明白一点说，是无产阶级专政，或工农民主专政的形式。在这里，列宁明显地具体地指示了"苏维埃"这个国家政权的形式，就是无产阶级专政的具体办法。不仅如此，列宁亲自领导全世界六分之一地方的工农，创造了"巴黎公社"的无产阶级专政，建立了苏维埃国家——苏联。列宁不但是马克思主义的忠实保护和执行人，而且是马克思主义更进一步的发展者，是他把马克思的无产阶级专政学说"发扬光大"。

---

① 毅宇. 布尔什维克党的组织路线——列宁论《党的组织》[J]. 布尔什维克，1928（2）.

② 莫洛托夫. 共产国际与新的革命浪潮 [J]. 布尔什维克，1929（3）.

③ 问友. 反对托洛斯基对列宁主义的进攻 [J]. 布尔什维克，1930（3）.

④ 瑞笙. 列宁与苏维埃 [N]. 湘赣红旗，1932－01－15.

　　国家的作用是什么？文章分析指出：国家是一个阶级压迫另一个阶级的特殊工具。国家的作用有三个方面：一是发展与本阶级有利的经济建设；二是争取接近或倾向本阶级的"中间"阶级；三是利用国家的威权特别是军队和警察保障本阶级的一切特别利益，而压迫敌对阶级。这个定义又可以应用于任何阶级的国家，包括无产阶级的国家和资产阶级的国家。资产阶级的国家，不管他的形式如何，其作用不外乎是：一是建设并发展资本主义；二是拉拢封建地主阶级的残余中小资产阶级以及贵族工人；三是保护资产阶级的一切利益，压迫无产阶级。反之，无产阶级的国家，譬如苏联，他是苏维埃形式的国家，即无产阶级的国家，其作用是：一是建设并发展社会主义；二是联合倾向社会主义的农民和其他革命的小资产阶级；三是保护无产阶级的一切利益，压迫想复辟的资产阶级和残余的地主阶级。目前，中国革命的政权，是工农民主专政，它的形式也是"苏维埃"，它的作用是：一是运用很正确的经济政策发展非资本主义的经济，争取社会主义的前途；二是无产阶级领导贫农雇农联合中农贫农以及其他革命的小资产阶级；三是保障工农的一切利益，压迫封建地主阶级和资产阶级。

　　《湘赣红旗》刊登瑞笙的《共产国际路线的图解》[1]一文，阐述了什么是党的路线，什么是共产国际路线，批判了立三路线。

　　什么是党的路线或政治路线？一是某一个时期党对政治形势的估量；二是党根据对政治形势的估量提出的总的政治任务；三是党为了完成总的任务而制定的正确策略；四是执行正确策略的实际工作。

　　什么是共产国际路线？一是对目前中国政治形势的估量——中国革命已进到了新的高潮，但革命的发展在地域上及在工农革命发展的势力上，都是不平衡的。二是中国共产党的中心任务，是巩固党的组织，加强无产阶级的领导，争取一省或数省的首先胜利。根据这个中心任务，又有两个方面的工作：在苏区方面，要巩固并发展苏维埃根据地；在非苏区方面，要发动群众进行阶级斗争，随时准备武装暴动。三是党要完成上面的任务，在苏区和非苏区进行以下的工作：在苏区，要创造铁的红军；要建立坚强而有工作能力的苏维埃政府；要善于做群众工作；要组织群众开展阶级斗争，并与白城群众斗争联系起来。

---

　　① 瑞笙. 共产国际路线的图解［N］. 湘赣红旗，1932 – 02 – 07.

在非苏区，要发动工人开展日常的经济斗争，再进一步地组织政治暴动；要发动农民抗租抗税、抗债，开展游击斗争，进而打土豪分田地、组织苏维埃的政治斗争；要发动白区士兵的日常斗争，组织兵变，并与地方群众暴动联合起来，发动暴动；要加强少数民族运动。要想实现党的策略，就要面向群众，了解群众的情绪和要求，加紧实际工作。

文章对立三路线进行了批判。首先指出立三路线的实质：立三路线是反马克思列宁主义、反布尔什维克的路线。然后分析其表现：一是对目前中国革命形势的估量错误。他认为中国革命已经到了新的高潮，高潮就是直接革命形势，中国革命的发展是平衡的。二是提出的党的中心任务不符合革命实际，他认为，争取全国革命的胜利、实行全国总暴动的时机已经成熟。完全忘记了党的组织工作，否定了党的组织原则，否定了民主集中制，实行党的组织军事化，实行党团组织的合并。三是提出的党的策略错误，认为巩固并发展苏维埃根据地不是我党的首要任务。四是一味地鼓吹暴动，完全放弃群众的实际斗争。

二、普及政治常识

苏区干部群众的理论水平不高，思想认识有限，怎样提高人们的政治觉悟？除了利用宣传小册子、召开会议集中学习等形式外，新闻媒体是一个很好的宣传平台。鉴于此，不少报刊开辟专栏来普及广大干部和群众的政治常识。其中，《湘赣红旗》开辟的"工农词典"专栏、《茶陵红报》开辟的"革命纪念事略"专栏就是这方面的代表。

我们先以《湘赣红旗》第三、四、五期为例：

《湘赣红旗》1931 年 12 月 30 日第三期的"工农词典"专栏，介绍了买办、民族资产阶级、国民党、改组派、西山会议派等专业词语，就它们的特点、实质予以解释。

什么是买办？买办是中国人在外国洋行或公司替帝国主义做走狗，采购中国的原料和产品卖给外国人，甘愿牺牲本国的利益。

什么是民族资产阶级？城市的工业资产阶级想要脱离帝国主义的侵略，把中国自己的工业独立发展，不受外人干涉，形成民族性的工业资本主义，就叫作民族资产阶级。

什么是国民党？国民党是军阀买办、豪绅地主、贪官污吏结合的党，是专门保护有钱的人、压迫剥削穷人的党。

什么是改组派？改组派是汪精卫、陈公博等人组织的党派。在武汉国民党政府倒台后，一帮失意的国民党员没有权柄，就自命其为三民主义的信徒，要把国民党改组，驱逐蒋介石，想趁机取得政权。他们用欺骗的口号，称要改良工农的生活，想得到群众拥护。其实，改组派的假面具早已被群众揭破了，谁都知道，他们就是要夺利政权的，本质比蒋介石、冯玉祥更坏。从前，在武汉、长沙、广州，汪精卫亲自指挥，大杀工农群众，同时，他还要在苏区把地主、豪绅、流氓组织起来，破坏苏维埃和红军，这就是改组派的工农政策。

什么是西山会议派？西山会议派是林森、邹鲁那班人组织的，他们都是老朽昏庸分子，因 1924 年国民党改组淘汰了他们，使其无法到北京去勾结段祺瑞，于是在西山召开会议，另组国民党中央党部。他们反对孙中山，想掠取权位，所以，西山会议派是屠杀工农的刽子手。

《湘赣红旗》1932 年 1 月 15 日第四期的"工农词典"专栏，介绍了无产阶级、弱小民族等专业词语，就他们的内涵予以解释。

无产阶级：没有私有财产，不做工便没有饭吃的一类人，叫作无产阶级。

弱小民族：凡是经济受别国的支配、政治上受别国的挟持的民族，统称为弱小民族，如中国、印度、越南等。

《湘赣红旗》1932 年 2 月 7 日第五期的"工农词典"专栏，介绍了 AB 团、社会民主党、第三党等专业词语，就它们的来源、性质进行了说明。

AB 团：就是外国文字反布尔什维克的缩写，或简称"反共团"，1926 年，北伐到江西时，国民党右派段锡朋、周利生等想在江西活动，邀集一些国民党员组织。他们的目的，一方面是争权夺利，一方面是反对共产党，所以，不久就被蒋介石利用。AB 团是豪绅、地主、富农的集团，极力破坏土地革命和苏维埃红军，是工农的死敌。他们混进共产党内，假冒共产党，打着共产党的招牌，进行反革命的活动，破坏共产党的组织。

社会民主党：原是主张用社会主义消灭资本主义、实现社会主义民主制度的，但是，后来由背叛马克思主义的叛徒考茨基领导，出卖了无产阶级的利益，与资本家妥协，现在完全投降资产阶级，做了资产阶级的工具，来压迫无产阶级。中国的社会民主党以邓演达为首领，他们以"二五减租""劳资妥协"召开国民会议，以"保护祖国"的口号来欺骗群众。在闽粤赣苏区，出现过社会民主党的组织，他们的阴谋同 AB 团差不多，不过，宣传的口号和技术比 AB 团聪明一点。

第三党：名叫"中华革命党"，是在 1927 年资产阶级背叛革命以后，共产党的叛徒谭平山等组织的组织，是代表高等小资产阶级与失意政客的利益的。他们同意"二五减租""劳资妥协"，以孙中山的三民主义为其根本主张，反对蒋介石，反对共产党，特别是反对共产党的暴动。在闽粤赣苏区出现过，他们与社会民主党改组派联合起来，取名叫作"国际社会党"。

《茶陵红报》作为茶陵县委向党员进行思想教育的阵地，开辟了"革命纪念事略"专栏，从现在仅存的一期《茶陵红报》看，其宗旨是要对广大干部和群众普及政治常识，提高他们的政治觉悟。在这一期中，介绍世界无产阶级革命纪念日、我国人民遭受反动派镇压纪念日、我们民族耻辱纪念日等。

一是系统地介绍了世界无产阶级的革命纪念日。

文章介绍了"李卢纪念"日（1919 年 1 月 15 日）。李卜克拉西、卢森堡是德国革命的领袖，是反对第一次世界大战的健将，文章说："他俩坚决主张打倒主战的祸首并实行援助德意志南部巴燕的独立，驱逐德国威廉二世，后因社会民主党叛变无产阶级革命，赞助帝国主义战争，骗工人到战场上去送死，李卢组织斯巴达卡斯团（德国共产党的前身），又发起组织社会主义青年团体联合会（少年共产国际的前身），反对社会民主党，领导柏林工人组织武装暴动，李卜克拉西、卢森堡两同志在一九一九年一月十五日被德国社会民主党秘密杀死于柏林。"

文章介绍了"五一"纪念日（1884 年 10 月 7 日）。文章说："一八八四年十月七日，美国的工人群众在芝加哥开八天劳工联合会议，决定每年五月一日为工人举行总同盟罢工，要求八小时工作制的示威运动，并决定一八八六年五月一日的〔为〕第一次示威的日子，参加这次会议的不仅〔有〕美国的工人，加拿大的工人也在其内，美国的资产阶级唆使了警察队逮捕了很多参加罢工和示威的工人，这次以后西欧各国的工人，以及俄国的工人都在五月一日示威，起来高呼：'八小时工作制'，到十月革命成功后，这个伟大纪念节已经是全世界的工人普遍的向资本家总示威总检阅的日子。"

文章介绍了马克思诞辰纪念日（1818 年 5 月 5 日）。马克思 1818 年 5 月 5日诞生于德国的莱茵省特里尔，1883 年死于伦敦。文章说：马克思"一八四七年［起］草共产党宣言，发扬共产党主张社会革命之精义。一八六七年写资本论，倡阶级斗争、无产阶级革命与无产阶级专政，阐明了唯物的科学的社会主义（不是唯心的空想），唤起了全世界无产阶级革命，所以马克思是科学社会主义的鼻祖"。马克思"不但是无产阶级革命的理论家，同时是无产阶级革命的实行家，他参加了许多革命运动，如：德国的革命，英国的工人运动，他都参加了，他创造第一个伟大的国际工人的组织——第一国际，他为革命不惜先死，诚是革命的鞠躬尽瘁者"。

文章介绍了辛亥革命纪念日（1911 年 10 月 10 日）。湖北革命团体文学社、共进会在同盟会的影响和推动下，1911 年 10 月 10 日武昌起义，成立湖北军政府。武汉兴师，各师响应，满清统治土崩瓦解。12 月 29 日南京十七省代表会议选举孙中山为临时大总统，并于 1912 年元旦在南京成立临时政府，颁布了一系列有利于资产阶级民主政治和资本主义经济发展的政策法令，成立临时参议院，通过《中华民国临时约法》。2 月 12 日清帝被迫宣布退位，从此结束了满清在中原大地上 268 年的封建专制统治。所以，10 月 10 日为中华民国国庆纪念日。

文章还介绍了列宁逝去纪念日（1924 年 1 月 20 日）、俄国流血纪念日（1905 年 1 月 22 日）、"三八"纪念日（1909 年 3 月 8 日）、"巴黎公社"纪念日（1871 年 3 月 18 日）、"八一"纪念日（1914 年 8 月 1 日）、国际青年节纪念日（每年 9 月第一个星期日）、十月革命纪念日（1917 年 11 月 7 日）。

二是介绍了我国人民遭受反动派镇压的纪念日。

文章介绍了"四一二"纪念日。文章说："一九二七年三月二十一日，上海的工人群众起来暴动，推翻了北洋军阀孙传芳的统治，建立了上海市政府，组织了工人纠察队，至四月十二日，国民党军阀蒋介石把上海市政府和工人纠察队解散，并屠杀工人群众，红色的上海变成白色恐怖的上海了。"

文章介绍了五四运动纪念日。1918 年 5 月 4 日，北京学生开始发动反帝国主义的运动。因为当时各帝国主义特别是日本帝国主义对中国人民进行残酷的压迫，而中国北洋军阀把矿山、铁路等卖给帝国主义，尤其是帝国主义的走狗——章宗祥、陆宗舆、曹汝霖等，俯首帖耳，把青岛从德国帝国主义手里送给日本。北京学生义愤填膺，请求惩办卖国贼，全国学生纷纷响应，一致罢课。文章说："他们在世界受了俄国十月革命及西欧各国一些革命的影响，他们的动机是反对帝国主义，反国卖国贼，在当时虽是狭隘的爱国观念，但依然有它的革命意义。"

文章介绍了"五卅惨案"纪念日。"五卅"是帝国主义对中国民众进行的空前大屠杀的日子。1925 年 5 月 30 日之前，上海日本纱厂的工人因为要求增加工资，反对资本家的剥削，以致罢工，日本帝国主义穷凶极恶，将工人领袖顾正洪打死，激起上海市全体工人的愤怒，上海工人及学生于 5 月 30 日举行大罢工、大示威，英帝国主义命巡捕在南京路开枪射击，打死革命群众数十人，负伤者不计其数，引起全国工人学生商人的同情，到处罢工罢课罢市。文章说："'五卅惨案'促进了工人阶级反帝国主义的认识，推动了全国空前的革命高潮，这件事在一九二五年～一九二六年的大革命史中，占了很重要的一页。"

文章还介绍了"二七"纪念日（1923 年 2 月 7 日）、"济南惨案"纪念日（1928 年 5 月 3 日）、"马日事变"纪念日（1927 年 5 月 21 日）、"六一惨案"纪念日（1923 年 6 月 1 日）、"沙基惨案"纪念日（1925 年 6 月 30 日）、"万县惨案"纪念日（1926 年 9 月 5 日）、"广州公社"纪念日（1927 年 12 月 11 日）。

三是介绍了我们民族的耻辱纪念日。

文章介绍了国耻纪念日（1915 年 5 月 7 日、5 月 9 日）。文章说："一九一五年（民四）五月七日，日本帝国主义提出二十一条无理的要求，中国政府承认限四十八小时答复，当时中国总统袁世凯忙于做皇帝，于五月九日完全承认了，中国民众一致反对，这种国耻纪念，确是反对帝国主义不可忘记的。"

文章介绍了辛丑条约纪念日（1901 年 9 月 7 日）。自中日战争以后，各帝国主义纷纷在中国肆意侵略，引起了中国民众排外心理。1900 年（光绪二十六年），义和团乘机而起，进行反对帝国主义的运动，各国驻华海军于 5 月 24 日攻陷大沽口炮台，英、法、德、俄、日、美、意、奥八国联军攻陷天津，7 月 21 日被北京义和团打败，清朝廷恐慌万状，命令李鸿章为议和代表，于 1901 年 9 月 7 日与八国联军签订了丧权辱国的《辛丑条约》。文章说："这一条约与袁世凯承认卖国的二十一条同样厉害，也是我们不可忘记的国耻纪念。"

文章介绍了日本占领东三省纪念日（1931 年 9 月 18 日）。苏联社会主义的兴盛，中国苏维埃革命运动的高涨，引起帝国主义极大的仇恨，日本帝国主义为了直接镇压中国革命和武装进攻苏联，并于 1931 年 9 月 18 日出兵占领我东三省、上海及北方各大口岸，在东三省、上海各地横暴已极，焚烧房屋，破坏交通，屠杀中国工农贫民，并收买张宗昌等北洋军阀，唆使满州及内蒙独立，实行日本侵占满蒙的全部计划。文章指出，日本"企图使中国北部完全成为日本帝国主义的殖民地"。

三、分析政治形势

20世纪30年代，无论是国际形势还是国内形势都处在迅速变化和异常复杂的状态，资产阶级与无产阶级两大阵营已经形成，其斗争激烈而尖锐，这一斗争对中国革命无疑会产生巨大影响。而国内，中国共产党和国民党的斗争日趋激烈，国民党与美英帝国主义的勾结加剧，使广大人民更处于民不聊生的状态，汪伪政府对日本帝国主义的妥协，加重了民族灭亡的危机；革命根据地的斗争，在蒋介石发动一次、二次"围剿"之后，处境更加艰难。但全国反对日本帝国主义以及蒋介石的斗争不断高涨，根据地人民的武装斗争和革命斗争也在迅速发展。只有让苏区广大干部和群众了解国际国内的斗争形势，才能让他们增强分辨是非的能力，知道拥护什么、反对什么，做到立场坚定。

分析政治形势的文章，一般以"社论"的形式出现，多由各级领导撰写。在中央级报刊中，《红色中华》《红星》《青年实话》都会经常刊登这样的文章，在湘赣苏区的报刊中，《湘赣红旗》《湘赣斗争》最具有代表性。

《湘赣红旗》第六期刊登的《最近政治事变的发展和我们的中心工作》一文，对目前国际、国内政治形势进行精辟的分析，并提出了我们目前的任务。

文章首先分析目前国际形势的主要特点：目前国际形势是世界资本主义总的危机的加深与苏联社会主义五年经济计划开始进行，世界上明显地表现出两个相反的社会制度的尖锐的对立。同时，世界各地革命运动不断高涨，英国矿工大罢工，德国、波兰工人的斗争此起彼伏，美国及其他资本主义国家失业工人的斗争也时有发生，印度、越南等殖民地革命运动的高涨，各国共产党政治影响的扩大，特别中国革命进一步的高涨，建立了世界第二个苏维埃共和国。接着，西班牙革命运动突飞猛进，建立了世界第三个苏维埃共和国。这一形势的发展，更加深刻地表明，一边是日益崩溃着的各国帝国主义殖民地及地主资产阶级的反动统治政权，一边是日益增长着的各国成千上万的无产阶级和工农兵士以及群众的苏维埃政权，这是目前世界上两个针锋对立的营垒。帝国主义为了挽救资本主义的死亡，只得拼命地准备进攻苏联与镇压世界革命。此次，日本出兵侵占我国东北三省，就有进攻苏联、镇压中国革命的意图。

　　文章分析指出，日本侵占我国东北三省之后，继而占领锦州进攻热河，在天津大举暴动，企图占领北京、天津，而后派遣大批海陆空军进攻上海，威逼南京政府对签订"割地""赔款"的协议，这样，便影响了英美等帝国主义在华的势力，侵犯了他们在华的利益，特别是各帝国主义的经济利益，因而，争夺殖民地瓜分中国的冲突会更加尖锐，尤其是日美争夺中国势力范围，英美争夺世界霸权，更为激烈。最近，日美在上海的武装冲突，日本帝国主义布置的世界大战，美国倾全国海陆空军在太平洋上举行总会操以及英法派兵来华，都证明帝国主义战争即将爆发。最近上海事变更完全证实，上海事变的本身，就是世界大战。另一方面，要促进世界无产阶级和殖民地的奴隶在共产党领导之下，爆发大的世界革命，更要促进中国全国革命形势的到来。

　　文章分析了目前中国的政治局势：随着世界形势的发展，中国政局也发生了很大的变化，特别国内爆发的水灾、兵祸、饥荒等现象，导致无数工人破产失业，农民无家可归，饥寒交迫的灾民达一亿以上，差不多占全国人口四分之一；特别是日本残酷地进攻中国，国民党无耻地公开投降帝国主义，引起全国劳苦群众的仇恨与反抗。最近，全国反敌浪潮高涨，唐山、天津等地大城市工人罢工，上海六七万日本纱厂的工人罢工，各省灾民和农民进行秋收斗争，全国红军的伟大胜利与苏区的巩固和发展，全国苏维埃政府的成立，这一新的形势，开启了中国革命新的进攻局面。目前，中国政局的唯一特点，便是日益崩溃着的地主资产阶级国民党政权与一个日益巩固的发展的以劳动群众为代表的苏维埃政权，正在激烈地对抗。国民党反动派别为了挽救国民党的危亡，为了执行帝国主义的命令，只得暂时妥协来对付工农革命势力，"铲共""救国"成为一切反动派异口同声的口号。自美国积极反日后，在美帝国主义的指使下，蒋介石由下野转变为汪蒋暂时的合作，亲日亲美、亲英，为着挽救他们各自的危亡，争夺个人权利和扩充自己的势力，向苏区发动不断的进攻。

　　文章提出了目前新形势下我们总的任务——充分发动工农群众，准备群众的武装暴动，组织大规模的革命战争，推翻国民党统治，争取一省或数省苏维埃的首先胜利。

　　《红旗周报》1931年11月29日刊登《蓬蓬勃勃的中国苏维埃运动》一文，对革命以前和革命以后的政治形势进行对比分析。文章首先分析革命以前的情形，指出："土地全部之百分之八十集中于地主阶级手里（祠堂寺庙富农也在内），尤其肥沃的土地是完全为地主富农所有。但人口的阶级比例，则以贫农为最多，占全人口百分之七十以上。地主富农经过地租与高利贷的剥削形式，使一般贫苦农民与工人过着奴隶一样痛苦的生活。""在地租方面，一般租率是地主与农民各半。有的地主甚至要夺去农民一年辛苦所得的十分之八。还有一种所谓铁租者，不论收获如何，要照预定数目纳租，租率大多是二分半至三分（百分之二十五至三十）以农产品交纳，高利贷率大多为五分至十分（百分之五十至百分之百），尤其在青黄不接的时候，地主富农故意积谷居奇，高抬谷价或甚至闭粜，使农民不得不屈服在杀人的高利贷条件之下。""工人，主要的是雇农，生活也非常恶劣。短工工资每日铜元二十至三十枚，长工更苦，每年工资最多八十串，少者只有二三十串。工时是无限制的，除去整天在田里做工之外，还要为地主富农作种种其他的劳役。"文章继而分析革命以后的情形，指出："苏维埃政府没收了地主豪绅的土地财产，废除一切捐税，宣布一切高利债的债务与田契及其他奴隶的契约无效。"文章通过比较分析，增强了人们对革命的理性认识，提高了人们的思想觉悟，坚定了人们的斗争信念。

《湘赣斗争》1933 年 7 月 10 日刊登任弼时《今年"八一"示威运动的政治形势》一文，分析华北停战协议的实质，揭露国民党的不抵抗政策。

文章分析了整个国际形势的变动。目前，日本帝国主义正加紧进攻中国，而整个国际形势也发生着明显的变化。本来，日本帝国主义是在英法帝国主义下帮助和在国民党的"逆来顺受"政策之下，才顺利地占领中国的广大区域，但日本帝国主义占领中国北部广大区域是美帝国主义不能忍受的。现在，太平洋上日美、英美间的冲突非常明显，形势愈加紧张，美帝国主义将所有海军舰队都集中到太平洋，站在美帝国主义要将中国变为自己殖民地、为太平洋争霸的利益上，对于日本进攻平津是非常担心的，这是帝国主义之间的勾心斗角。但是，各帝国主义国家在进攻苏联、镇压中国革命这一点上，其目的却是相同的。日本帝国主义为了起到武装进攻苏联的先锋作用，同时又为了缓和与美帝国主义的冲突，更积极地向着苏联挑衅，最近向北满和蒙古一带增兵，指使"满洲国"侵占和破坏中东铁路，加紧组织白俄军队等，都是很明显的事实。在西欧方面，最近德国法西斯非常嚣张，在伦敦经济会议上，公然提出要求苏联退还已加入苏联的联邦旧德属领土，英国利用苏联破获英籍工程师反革命案件，宣布废除英苏通商条约，禁止一切苏联货物运入英国，在苏联西部边境的波兰、罗马尼亚、捷克斯拉夫、马尔干半岛上的国家，及波罗的海沿岸的国家，在法帝国主义政府参谋部指挥之下，迅速地增加军备，进行武装干涉苏联的准备，这一切证明，反苏联的战争到了非常紧张的程度。

文章概述了华北停战协议出台的背景、内容及实质：在日军进攻平津的时候，国民党自动将军队撤离至黄河以南，把平津让给日本帝国主义，却还在喊着"长期抵抗"的口号来欺骗群众，最近又正式同日本帝国主义订立了卖国条约，这些条约的内容明显是出卖了整个华北，同时帮助帝国主义瓜分中国，以此来镇压中国的革命。但国民党政府还在极力掩盖这种卖国勾当，在汪精卫的通电中说："河北停战谈判，已由前方军事代表签订……惟仅属军事不涉政治，于政府向来所持根本方针不生影响……"所谓"仅属军事不涉政治"的华北协议的内容是什么呢？第一，承认华军撤退至平津以南到长城以南为缓冲地带。第二，华方承认满洲国蒙古国。第三，制止义勇军的一切活动，相机解决义勇军及一切抗日军队的武装。第四，华方保证停止一切反日运动。华北停战协议的实质是：根据这些条约，黄河以北，以后不能驻扎中国军队，平津等黄河北岸广大地区，成为帝国主义共管的殖民地。毫无疑义，国民党不顾全国人民的反抗而公开签订这一卖国条约，在广大群众中彻底暴露了他们是帝国主义走狗的面貌。

文章分析了国民党对群众的欺骗。国民党过去想拿中国苏维埃政府的存在和工农红军的斗争，来推脱他不能调动军队去进行抗日的事实，以欺骗群众，掩盖他出卖民族利益勾当。然而，当苏维埃中央政府提出在国民党军阀停止对中国苏维埃区域的进攻、保障全国民众言论集会出版罢工等民主权利、武装民众创立武装义勇军以保卫中国的三个条件之下，中国工农红军愿意与任何武装部队订立反对日本帝国主义侵略的战斗协定，对于中央政府的提议，国民党不予采纳，而是签订违背全国人民意愿的华北协定，出卖整个华北，增调新的军队来进攻苏区与红军。国民党军阀，在华北协定之下，更积极地加紧对革命运动的镇压，对早已宣布对日作战的苏区和红军进行围剿。

文章剖析了华北停战协议的恶果。在华北协定签订后，国民党在帝国主义指挥下，必然要对苏区进行疯狂的进攻，然而，大批白军士兵群众对进攻苏区与红军是消极的。国民党各派军阀的冲突，各军阀与帝国主义利益上的矛盾，使国民党在财政上困难重重，而中国苏维埃红军在不断地胜利中更加壮大与坚强。这一阶级力量对比，对我们非常有利，只要我们坚决执行党的路线，我们是有胜利的条件，就一定能够彻底地粉碎敌人的第四次"围剿"，使各个苏区连成一片，完成我们在一省或几省首先胜利的任务。同时，我们现在即将进入与帝国主义直接武装斗争的历史阶段，必须从各方面加紧准备，随时同帝国主义做斗争。

四、传播科学思想

封建迷信思想在我国由来已久，群众对其没有辨别能力，更没有抵抗能力，形成了万事找鬼神、万事信鬼神的现状。《列宁青年》1932 年 8 月 30 日刊登坚中的《封建迷信是束缚穷人的工具》一文，指出目前存在的迷信现象，分析其产生原因，剖析其本质。

文章列举了近段时间发生的种种迷信现象。案例一：近期，因为没有讲究公共卫生，各县很多病人，特别是萍乡苏区群众病倒十分之七八。群众说：现在这么多病人，是以前不应该"打菩萨"，吃了打菩萨的亏啊！因此，不是这里"打醮""打天斋"，便是那里"问神""招魄"。案例二：在前几天旧历中元节，永新的群众接祖宗、下斋饭、烧纸等。案例三：最近永新七区枧田共产青年团支部书记病倒了，不请医生吃药，却去许菩萨修庙宇保佑病好。

文章分析封建迷信产生的原因：在远古时代时代，人人很自由平等，一切人压迫人、人剥削人的现象完全没有。后来一般比较奸诈狡猾的人想过着快乐的生活——不劳而食，便从中组织部落，自称酋长；再过一时期，大部落把小部落征服吞并，便有了统治与被统治阶级的形成，统治阶级为了使被统治阶级永远不敢起来反抗，除用尽一切政治的经济的压迫外，并想出些巧妙的方法，如"鬼神""风水""算命""天地君亲师"等来愚弄和麻醉群众的头脑，这就是封建迷信产生的原因。

文章指出：封建迷信完全是统治阶级拿来压迫束缚劳动群众的工具！这一切都充分显示出迷信的流毒在湘赣苏区还是很严重的，证明我们团宣传并领导群众反迷信的工作是非常不够的。

第二节　宣传党的政策

从中央苏区报刊到湘赣苏区报刊，经常刊登中共中央及中共苏区中央局、湘赣省委及省苏维埃政府的重要决议、指示、宣言等文件，及时传达了共产国际和中共中央、省委省苏的许多重要的决议、指示，是为了宣传、贯彻中央和湘赣省委的路线、方针、政策，加强党的领导。党在每一个时期、每一个阶段的指示精神都会在报刊上登载，或以报告的形式，或以社论的形式，或以消息的形式。从现存可查阅的湘赣苏区新闻报刊资料来看，比较集中的是对土地革命政策宣传和对经济政策的宣传。配合宣传党的土地革命政策和经济政策，新闻报刊集中报道查田运动、购买公债等方面的信息。

一、土地革命与查田运动

宣传土地革命政策，指导查田运动工作。

湘赣苏区的一些地区，虽然经过1928年和1930年两次分田，但由于敌人的不断进攻，地主阶级的捣乱破坏，群众思想上有顾虑，以及经验不足，苏区的土地问题没有得到彻底解决。

1931年10月，中共湘赣省第一次代表大会和湘赣省苏维埃第一次代表大会先后召开，做出了深入开展土地革命，重新彻底分配土地的决议，以求进一步解决苏区的土地问题。十月中旬开始了分田运动。重新分配土地的领导机关，是各级党和政府领导下的土地委员会，并由农村中的雇农工会、贫农团协助进行。在这次重新分配土地中，根据中共中央指示和湘赣省委的决定，特别强调了阶级路线，在步骤上也是首先发动群众划分阶级。一般地仍按人口平均分配，对富农则要求以劳动力为标准。经过四个多月的斗争，永新、莲花全县和吉安、茶陵等县大部分地区，都重新分配了土地。

1932年1月，湘赣省委根据中华苏维埃全国第一次代表大会通过的《中华苏维埃共和国土地法》，制定了《湘赣苏区重新彻底分配土地条例》，这次重新分配土地，明确规定"依靠雇农，团结中农，实行贫雇农和中农按人口平均给好田"，进一步满足农民的要求。1932年夏，在边沿地区和南路、北路以及萍乡、攸县等县的部分地区，也分了土地。由于各地区条件不同，平均每人分得的土地也不等。在分配土地的同时，还没收了地主的房屋、衣物、家具和牲畜，分给了贫雇农。红军及其家属分了好田，实行了红军公田和苏维埃政府公田制度。贫苦的老弱孤寡也分了一份土地。通过这次重新分配土地，苏区的基本群众得到了土地革命的果实。

1933年6月1日，中华苏维埃共和国临时中央政府发出《关于查田运动的训令》，要求各级政府在查田运动中，坚决执行阶级路线，以农村中工人阶级为领导，依靠贫农，巩固联合中农，向着封建半封建势力做坚决的进攻。2日，中共苏区中央局做出《关于查田运动的决议》，指出查田运动是一场剧烈与残酷的阶级斗争，要求各级党组织依靠雇农、贫农，巩固地联合中农群众，来反对和剥夺地主残余与富农的一切反革命企图。9月18日，湘赣省颁布了《迅速完成查田运动》训令，要求省内纠正前段"和平查田"，按户土地登记的错误做法。同年10月4日，湘赣省苏维埃政府召开了永新、莲花、茶陵、安福、攸县、鄱县、宁冈、萍乡、安仁九县会议。会议提出"在查田运动中，清查出一切隐藏的地主、富农和阶级异己分子，不使一个豪绅地主家中有一寸土地，不使一个富农分得好田"。

这一时期的新闻媒体对此予以了报道。

（一）报道土地革命的政策信息

湘赣省委对查田运动工作的指示。《湘赣斗争》1933年7月1日刊登《中共湘赣省委关于红五月工作总结决议》一文。文章强调：应以最大地努力迅速地完成查田运动和新苏区分配土地的工作，必须防止富农、地主及各种破坏查田运动的阴谋，同时要注意与中农的联盟。应当注意扩大和改造贫农团，雇农工会应起最大的领导作用。遂万太新苏区的党必须抓紧分配土地的斗争，且必须巩固，切实检查劳动法实施情形。根据全国农业工人和手工业店员工人代表大会决议，发展工人斗争，建立产业工会的系统，完成全省手工业店员代表大会工作。只有深入群众开展阶级斗争，提高群众积极性，才能保障一切任务的迅速完成。必须打击和肃清一切忽视土地斗争与工会工作的机会主义。

湘赣省总对查田运动工作的指示。《湘赣斗争》1933年7月29日刊登《省总二次委员会扩大会的总结》一文。文章指出：要加紧完成查田查阶级的斗争，正确的分析阶级成分，纠正过去查五代的错误，不要让一个富农及地主残余隐藏在苏区内，假冒中农、贫农进行阴谋活动，破坏苏维埃政权，尤其要反对反革命的托洛斯基主义破坏苏维埃的经济政策，不要再出现永新里田、萍乡没收小生产者的错误，避免造成工人失业的现象。

湘赣省苏维埃政府对查田运动工作的指示。《红色湘赣》1933 年 10 月 5 日刊登了《湘赣省苏维埃政府第三次执委扩大会决议》一文，传达会议精神。会议强调：查田运动是一个残酷激烈的阶级斗争，是一个伟大的群众革命运动，是目前工作中最主要的一环，各级政府必须加紧对查田运动的领导，立即健全各级组织，一致行动起来，有力地进行查田运动。这一期，还刊登了《省苏召集全省查田运动大会》一文，报道召开大会的目的：为了加紧完成查田运动，深入土地革命战争，彻底解决全省土地问题；要进一步地提高广大工农劳动群众参加革命战争的积极性，迅速粉碎敌人"五次"围剿。会议还讨论了完成查田运动的具体办法，批评了过去在查田运动中的错误。

（二）报道查田运动中复杂的阶级斗争

土地革命触及了地主富农的经济利益，自然会引起他们的不满，遭到他们的破坏。《红色湘赣》1933 年 12 月 1 日刊登《地主富农在查田运动中的阴谋》一文，报道了地主富农为维护自身利益，阻碍查田运动的事件。在永新里田区库前乡，肖正里同志因举报富农尹成斌，尹成斌伺机报复，假造反革命 AB 团的决议及图章，诬蔑肖正里同志是 AB 团团长兼暗杀队队长。天河区地主谢善卿诬告查田会主任，舟湖区地主贺生娥诬告区苏主席及区委书记，南阳区富农李孟生父子诬告贫苦工农等，这些现象时有发生。

《红色湘赣》1933 年 9 月 8 日刊登《萍乡查田斗争激烈》一文，报道了萍乡查田的情况：查出了 20 家地主、15 家富农，4 个富农混入乡苏维埃政府当代表，一个富农混入区苏维埃政府担任财政部长。

（三）报道查田运动的经验，批评查田运动中出现的问题

报道查田运动的经验。《红色湘赣》1933 年 9 月 8 日刊登谭余保的题为《怎样来拥护二次全苏大会与三次省苏代表大会》的社论，对查田运动给予了充分的肯定。文章指出："很迅速的完成查田运动，切实登记土地，大家铁面无情的完全没收豪绅地主的土地财产，收回富农的好田。彻底解决土地问题，肃清苏区封建残余势力。"这里的经验就是：铁面无私地开展土地斗争，毫不留情地

没收豪绅地主的土地财产、收回富农的好田，实行登记土地，让贫雇农拥有土地。

批评查田运动中出现的问题。《红色湘赣》1933 年 11 月 4 日刊登了《查田运动中的检举工作》一文，检举查田运动中的包庇行为。新闻事实如下：分宜儒延访区丁田乡的支书段务山，地主送了他一双金耳环，他就隐瞒了对方的地主成分。此人已交裁判部压缴。分宜儒延访区苏内务部长罗池一，在七里乡巡视工作，群众报告他某富农能捐款六元，因该富农请他吃了一餐饭，他就减为捐款二元。此人现已撤销职务。

对查田运动进行指导。《红色湘赣》1933 年 9 月 18 日刊登《迅速完成查田运动》的社论，对查田运动进行指导，并提出具体要求：一是要积极动员广大工农群众参加查田运动。应加强雇农对查田运动的领导，把查田运动作为目前的中心工作，各县应召开查田运动大会，领导广大工农群众积极地动员起来，以村为单位组织查田委员会，讨论地主富农的阶级问题，揭发隐藏在各级苏维埃政府内部的豪绅地主富农。二是在查田中所收回的土地，必须立即分配给要求分田的农村工人、雇农、贫农和红军家属，把好田留作红军公田。提高广大群众斗争的积极性和参加红军的热情。三是依靠工业工会、贫农团，联合中农，反对富农破坏查田的一切企图与活动，只有坚决与一切妥协富农的倾向做斗争，严厉打击包庇富农的分子，才能取得查田运动的胜利。同时，必须注意巩固中农联盟。四是应抓紧土地的斗争，在目前查田运动中，坚决反对对查田的应付敷衍态度，以及用和平的土地登记代替查田的斗争的现象，建立与加强农业工会、贫农团在农村中的组织，顺利完成查田运动，推动战争动员工作的开展。

《红色湘赣》1933 年 12 月 23 日刊登的《九县查田运动竞赛条约》一文，也对查田运动进行指导。条约阐述了查田运动的目的：为了动员几十万群众的积极性来执行中央政府的查田训令和九县查田大会运动的决定，以最快的速度来完成查田运动工作，特定下列条约，实行革命竞赛。查田的任务包括：清查阶级；分配没收来的土地财产；加紧肃反、反对阶级妥协等方面。

（四）报道查田运动取得的成绩

《红色湘赣》1933 年 9 月 8 日刊登《永新象形区查田胜利》一文，报道了象形区查田运动取得的成绩：查出了地主 30 家、富农 290 家，全部没收了地主的土地财产及富农的好田，并在"九三"国际青年纪念节举行了查田胜利大会。

省苏予以奖励,赠送"查田胜利"四字的奖品一块,以资纪念。

《红色湘赣》1933年9月18日刊登《查田运动》一文,对茶陵、新峡两县的查田成绩进行报道:"茶陵讯:我县坑口区,查出了富农七名,严尧区同样查出了三名,这些富农的好田没收了,补给坏田。""新峡讯:我县有些地方,地主假冒中农贫农分了好田,现在有四只查出了,其余还在清查中。"

《红色湘赣》1933年10月19日刊登了《空前的九县查田运动大会》一文,报道了大会召开的时间、人数及议程:会议通过了以任弼时等十九人的主席团,交流了查田运动的经验,听取了甘泗淇同志的报告,通过了九县查田运动的决议,订立了查田运动的竞赛条约。在这一期中,还转载了"红色中华社"消息"福建查田运动取得伟大成绩",报道福建查田运动的情况。

《红色湘赣》1933年11月13日刊登了《查田胜利声不断传来》的系列新闻,报道了北路、吉安、莲花、永新、遂太、茶陵、安福等地查田运动取得了成绩。如:"茶陵讯:我县接受九县查田运动大会决议,在高坑区进行了查田运动的突击,现查出了地主十八家,富农二十四家,没收地主的猪、鸡、鸭等食品举行群众会餐,在会餐时,作了深入查田运动的宣传,更提高了群众查田查阶级的斗争热情。"

《红色湘赣》1933年12月1日刊登了《无产阶级积极领导查田斗争》一文,报道宁冈韩江乡运输工会主任刘平本同志领导全乡的查田运动,查出富农七家,找出地主埋在地窖里的花边120多元,金耳环5只。同时,报道了该县田西乡店员手艺工会主任何来大同志,在领导查田中,查出了富农5家、地主4家。在这一期,还刊登了《查田运动胜利的报告台》的系列新闻,报道了安福、遂太、分宜、新峡、吉安取得的查田运动的成绩。

《红色湘赣》1933年12月23日刊登了《九县查田运动大会后各县雪片飞来的捷报》的系列新闻,报道莲花、茶陵、永新等县查田运动的情况。报道称:"莲花县在九县查田运动大会后,积极的消灭地主经济,并向富农进攻,在十天内查出地主十家、富农二十七家、反动富农四家";"茶陵县接受九县查田运动大会决议后,在高坑区进行了查田运动突击,查出了地主十八家、富农三十四家";"永新县在九县查田运动大会后,组织了三个突击队,向南阳、环浒、洲湖等突击查田,十余天中,洲湖区查出地主富农二十家,南阳区查出富农三家,环浒区查出四家"。

从以上的新闻报道不难看出，查田运动在湘赣苏区当时的历史背景下，是一种十分现实的选择，它的作用是巨大的。

第一，查田运动扩大了湘赣革命根据地对敌斗争的成果。从新闻报道中可以看出，为了充分发动群众，分清阶级阵线，清查出漏划的地主、富农，深入解决土地问题，彻底打倒封建势力，进一步提高广大群众的觉悟和革命积极性，巩固革命政权，开展查田运动是十分必要的。同时，革命根据地在分配土地以后，为了支援革命战争和改善群众生活，也需要抓经济建设，发展根据地的生产，这也要求开展查田运动，深入土地斗争，以充分调动广大农民群众的生产积极性。正如毛泽东所指出的：只有深入查田运动，才能彻底消灭封建半封建的土地所有制，发挥农民的生产积极性，使广大农民迅速地走入经济建设的战线上来。同时，在国民党的军事"围剿"和经济封锁双重压迫下，日益庞大的军政机构的需要却快速增长，造成了苏区内的谷米困难和资金、物资紧张。所以，通过查田运动清查出地主、富农隐藏的一部分土地分给贫农、雇农，划清阶级阵线，巩固了对敌斗争成果。

第二，查田运动彻底解决了土地问题，肃清了封建势力。从新闻报道中可以看出，通过查田运动把一切冒称中农、贫农的地主和富农清查出来，没收这些地主分到的土地，收回富农分得的好田，换以坏田，从而使土地革命的果实完全落在贫农、雇农和中农基本群众手里，彻底解决土地问题与肃清封建、半封建势力的现实需要。正如新闻报道中所说，有些地主豪绅与富农常常利用各种方法，或者假装革命混入党、苏维埃机关，或者利用氏族的关系和影响，或者隐瞒田地，或者阻止雇农、贫农的积极性的发展，以便利他们的土地占有，甚至窃取土地革命的果实。通过查田运动，彻底推翻农村中长时期存在的封建半封建势力，清查出地主、富农隐瞒的土地而分给贫农、雇农，最大限度地调动广大贫雇农的革命积极性。

第三，查田运动促进了湘赣革命根据地的"扩红"工作和"筹款"工作。革命力量的壮大与发展是革命根据地内首先需要解决的问题，扩大红军队伍是革命根据地得以存在的先决条件。扩大红军队伍则要依靠根据地内广大群众的支持。如何调动起根据地内广大群众踊跃参加红军和支持革命的热情，成为一个现实的问题摆了当时中央领导人的面前。于是，通过发起查田运动来彻底解决土地问题，调动广大群众的革命积极性成为一种必然的选择。过去，农民对"扩红""筹款"的不支持，与对土地分配不公有直接的关系。从新闻报道中可以看出，在有些乡村，许多地主分子的土地财产还没有完全被没收，许多富农分子还分得好田，他们当中的许多人还混进苏维埃机关中、群众团体中与地方武装中，他们是滥用苏维埃的威权，压制群众斗争的发展，欺骗收买威胁一部分群众，散布谣言，组织秘密团体，诬告陷害苏维埃的积极工作人员，做出各种阴谋捣乱活动。因此，查田运动的开展，对地主豪绅的清算，能够让根据地的群众自觉地参加红军和地方武装，自愿地参加苏区的经济建设，配合政府的"筹款"工作。

第四，查田运动极大地解放了生产力，促进了湘赣根据地生产的发展。封建社会，土地问题历来是农村社会矛盾的焦点问题。地主占有绝大多数土地而贫、雇民很少有或完全没有土地，这种土地占有状况极大地阻碍了农村生产力的发展。查田运动可以有效解决农村社会中因土地分配不均而产生的矛盾与纠纷，最大限度地解放被桎梏的农村生产力，调动广大农村群众的生产积极性。

然而，苏区的重新分配土地和查田运动，由于受王明"左"倾错误的影响，工作中发生了偏差。1932年夏，苏区重新分配土地，使群众得到了土地革命的果实。但是，在这次分配土地中贯彻执行了第三次"左"倾路线的"地主不分田、富农分坏田"，"驱逐豪绅地主家属出苏区"等错误政策，对地主不给以生活出路，对富农打击过重，同时侵犯了中农利益，从而扩大了打击面，过多地树立了敌人。

1932年秋，湘赣苏区遵照中共中央、苏区中央局和中华苏维埃临时中央政府的指示，展开了查田运动。在查田的具体工作中，又发生了"查三代""查五代"的错误，有些地区把一些贫雇农查成中农，把一些中农查成富农，甚至把一些本来属于基本群众和同盟军的人也当成阶级敌人。重新分配土地运动中已经发生了的"左"的错误有了进一步发展。

1933年8月，毛泽东写了《查田运动的初步总结》[①]，肯定了运动的成绩，批评了"左"的错误，指出侵犯中农是最严重的危险，消灭富农的错误也严重存在，还存在着在发展贫农中的关门主义错误。

---

① 毛泽东. 查田运动的初步总结 [J]. 斗争, 1933 (35).

二、经济建设与购买公债

随着国民党军对苏区"围剿"的加剧，苏区范围日渐缩小，经济力量被步步削弱，"围剿"与反"围剿"斗争日趋加剧。为缓解苏区财政经济工作的严峻形势，支持反"围剿"战争，中央苏区发行公债，向根据地人民筹借，成为当时解决财政赤字为数不多的手段。中央苏区于1932年7月发行革命战争短期公债。这期公债发行后，很快发觉所筹集资金的数量还不能满足反"围剿"战争经费的需要，于是1932年10月发行了第二期革命战争短期公债。此后，为抓紧时机进行必要而可能的经济建设，建立革命战争的物质基础，中央苏区又于1933年7月发行经济建设公债。在此过程中，中央苏区陆续颁布了一系列法令和文件。1932年6月25日颁布《中华苏维埃共和国临时中央政府第九号布告》，1932年6月25日颁布《中华苏维埃共和国革命战争短期公债条例》，1932年6月26日颁布《中华苏维埃共和国临时中央政府执行委员会第十三号训令》，1933年7月22日颁布《中华苏维埃共和国发行经济建设公债的条例》，1933年8月28日颁布《关于推销公债方法的训令》，1932年10月21日颁布《中华苏维埃共和国临时中央政府执行委员会第十七号训令》，1932年10月21日颁布《中华苏维埃共和国第二期革命战争公债条例》。这些法令和文件，对三次公债发行的相关政策进行了详细规定和说明。

湘赣苏维埃政府为响应中央号召，解决湘赣财政紧张的局面，借用金融手段筹措资金，开办工农银行。工农银行基金由财政拨出，也向各县群众集股，省财政部印刷钞票，通过银行在苏区流通。通过银行发行公债，把分散在个人手中零星的、闲散的钱财聚集起来，实行统收统支，充实苏区财力，支援反"围剿"战争，促进经济建设。

1932年12月，发布了《中华苏维埃共和国湘赣省发行革命战争短期公债条例》。1933年，湘赣省两期发行公债。第一期于1月发行，发行的是革命战争短期公债，共8万元。1933年1月17日，出台《中共湘赣省委头三个月工作计划》①，规定党团员带头购买省苏发行的革命战争公债券，每个党员最低限度要

---

① 江西省档案馆. 湘赣革命根据地史料选编（下册）［M］. 南昌：江西人民出版社，1984：258.

购买 1 元，并领导工会会员及广大劳苦群众自动购买，以充实红军给养，使主力红军顺利地担负目前革命战争。

1933 年 6 月，发布了《关于发行第二期革命公债票的决定》，1933 年 7 月 27 日任弼时在《湘赣省委综合性工作报告》① 中强调：第 2 期公债 20 万元，已发行，推销尚踊跃，唯尚未成为广大运动。1933 年 7 月 29 日，中共湘赣省委《关于粉碎帝国主义、国民党新的第五次"围剿"前面党的紧急任务决议》② 的文件指出：第 2 期公债应于 8 月 20 日以前全部完成，鼓励群众用现洋购买公债。1933 年 10 月 22 日，湘赣省苏维埃财政部发布《增发二十万二期革命公债发行工作大纲》③，这个大纲开宗明义："自九县查田大会一致要求省苏增发二十万二期革命公债用为经济建设以后，跟着全省经济会议，永新合作社代表大会，军区及许多机关各地方都纷纷继续要求省苏迅速批准发行。省苏对于群众这一强烈的要求，已经正式批准。并确定除将原印发之二十万公债迅速完成，供给革命战争经费外，其余补发之二十万以八万用于对外贸易，八万用于粮食调剂，四万帮助合作社。"这次公债，对于充实革命战争的物质需要和群众生活的改善上有非常重大的作用。1933 年 11 月，颁布《湘赣省苏维埃政府发行第二期公债条例》④ 的文件，文件指出：湘赣省苏为着充裕革命战费，经中央政府批准，特发行第 2 期革命公债 15 万元。最近在群众热烈要求之下，补发 20 万元作为经济建设。11 月 1 日增发公债 20 万元。第二期革命公债总发行数是 40 万元。

这一时期的新闻报刊对此进行了较为详细的报道。

（一）报道购买公债的相关政策

中央对于湘赣苏区的指示。《红色中华》1932 年 9 月 13 日刊登了《中央对于湘赣省苏维埃政府的指示》，要求湘赣省协助中央政府完成销售公债的任务。文中说：中央为充实革命战争经费起见发行 60 万公债券，本决定在湘赣省发行

---

① 江西省档案馆. 湘赣革命根据地史料选编（下册）［M］. 南昌：江西人民出版社，1984：436.

② 江西省档案馆. 湘赣革命根据地史料选编（下册）［M］. 南昌：江西人民出版社，1984：447.

③ 江西省档案馆. 湘赣革命根据地史料选编（下册）［M］. 南昌：江西人民出版社，1984：534.

④ 江西省档案馆. 湘赣革命根据地史料选编（下册）［M］. 南昌：江西人民出版社，1984：597.

10 万，后因江西福建销售超过原定项目，又因交通不便，故分一部分给江西，现只有 74000 元。中央要求湘赣省苏维埃政府必须广泛宣传，要在群众的热情和拥护上，自动踊跃购买。《红色湘赣》1934 年 1 月 19 日刊登了《中央指示：推销公债不准摊牌命令》一文，文章以中央财政人民委员会"给各级公债发行委员会的信"的形式，要求：通过艰苦的政治动员，完成推销 40 万的公债计划。

湘赣省苏维埃政府的指示。《红色湘赣》1933 年 10 月 5 日刊登了《湘赣省苏维埃政府第三次执委扩大会决议》一文，会议强调：必须迅速完成在竞赛条约上规定的经济动员的各项工作，动员一切力量，使用一切正确办法来按期完成推销二期革命公债的任务，并缴纳现款，实行各方面充分的政治动员。《红色湘赣》1933 年 11 月 4 日刊登了《湘赣全省经济建设会议的决议》，文章阐述了推销革命公债的必要性和紧迫性：为了迅速彻底地粉碎敌人的第五次"围剿"，打破敌人的经济封锁，用筹款来增加苏区政府的财政收入，必须依照中央政府颁发的相关条例，坚决执行省财政部筹款工作的计划。

经济建设的竞赛条约。《红色湘赣》第十期和《红色湘赣》第十一期的"经济建设"专栏分别刊登了《湘赣全省经济建设大会的竞赛条约》的部分条款，公布了各县请求购买公债的数量：永兴 80000 元，吉安 25000 元，安福 26000 元，茶陵 11500 元，新峡 18000 元，分宜 18000 元，城市 300 元，莲花 30000 元，萍乡 6000 元，宁冈 2000 元，酃县 2000 元，遂川 2000 元，万太 4500 元，攸县 1000 元。介绍了竞赛纪律、竞赛时间及给予优胜者的奖励。

发行革命公债的条例。《红色湘赣》1933 年 11 月 13 日第十一期"经济建设"专栏，报道了《省苏已经正式批准增发二十万公债的请求》《关于增发二十万二期革命公债的决议》等信息，颁布了发行二期革命公债条例。条例由 11 项组成，具体有如下内容："（一）湘赣省苏为着充裕革命战费，经中央政府批准特发行第二期革命公债十五万元。最近在广大群众热烈要求之下补发二十万元作为经济建设，以八万元用于发展对外贸易，八万元用于粮食调剂，四万元帮助台作社。（二）本公债利率定为周年五厘。（三）本公债利息从一九三四年十二月起分六年交付，每元每年利息大洋五分。（四）本公债还本，定一九三七年十二月起，分三年偿还，第一年即一二九三七年，还金额百分之三十；第二年即一九三八年，还百分之三十；第三年即一九三九年，还百分之四十。偿还办法届时另行制定公布之。（五）本公债以粮食调剂局对于贸易局及其他国营企业所得利润为付还本息之基金。（六）本公债准许买卖抵押并作其他担保品之用。（七）购买本公债者交银或交谷棉花听其自便。交谷与棉花价格，由当地县政府公布之。（八）本公债，票面价额分为五角、一元、五元三种。（九）如有故意破坏本公债信用者，以破坏苏维埃经济论罪。（十）本公债发行事宜由各级政府公债发行委员会负责。所收款项送交分支库，所收谷子棉花则交与仓库保管委员会。（十一）本条例自一九三三年十一月一日起施行。"

（二）报道购买公债的经验，批评购买公债中出现的问题，指导实际工作

报道购买公债的先进经验。《湘赣斗争》1933 年 7 月 10 日第二期刊登永新县委来信《永新最近推销公债票所得的经验》一文，介绍永新推销第二期公债10 万元的经验。先介绍了里田区突击队的办法：（一）首先进行政治上的宣传，鼓动深入到群众中去，考查群众的意见，联系到群众斗争的发动，提高群众购买公债的积极性；（二）实行有组织的动员工会、贫农团、妇女代表会……开会讨论推销公债的办法，党团员起购买公债票的带头作用；（三）运用革命竞赛的方法。首先是支部和支部比赛，以三个支部为竞赛单位，开党团员联席会，在会议上又实行个人与个人比赛，村与村比赛，支部与支部比赛，充分发挥革命竞赛的作用。然后县委运用了他们推销公债的经验与办法，随即指示各区，各区即仿照他们的办法去进行，结果取得了很好的成绩。

在《红色湘赣》1934 年 1 月 22 日刊登的《茶园乡推销公债的好办法》一文中，报道了永新老居区茶园乡在发行公债中，动员群众集股开办石灰合作社的办法。由股员自行销售石灰，把卖石灰的钱全部购买公债，又把公债发给股员，各股员不但买得了公债，而且又得到了石灰。

批评购买公债中出现的问题。《红色湘赣》1934 年 1 月 22 日第十八期刊登《安福公债运动落在群众积极性的后面》一文，指出安福的公债动员没有收到应有的成绩，不是群众没有积极性，而是当地政府没有充分重视，公债动员、公债发行委员会不健全，除少数几个区外，其他的区都没有组织推销公债突击队，更有甚者，按土地摊派，让群众上门购买。在当天刊登的《高坑区的经验——摊派命令是发行公债最有害的方式！》一文中，批评了茶陵高坑区在发行公债的工作中，没有充分宣传动员，有些乡发生了摊派、命令的现象；在《机械划分二期革命公债》一文中，批评永新埠前区把二期革命公债分为两个名目，这种

做法是错误的。

对推销公债的工作进行指导。《红色湘赣》1934 年 1 月 16 日第十五期的"经济建设"专栏，刊登了《经济动员突击运动月工作大纲》一文，提出"经济动员突击中完成四十万革命公债"的口号，并从两个方面进行介绍。一是推销公债的政治动员，阐述了推销公债的重要性和必要性。要充裕红军战费，发展国民经济，保障革命战争长期的物资供给，必须完成公债；要使谷子价钱不贵不贱，必须拿谷子买公债；要便利群众各种日常用品的供给，必须推销公债，帮助合作社的发展。二是突击运动中公债的组织动员，分别对县、区、乡的组织动员进行指导。要求各县、区、乡委员会及苏维埃政府专门讨论动员突击的部署，县苏、区苏、乡苏组织动员突击队，对队员进行培训，利用新剧团编写并表演经济突击动员的戏剧，引发小传单标语等等多样形式开展宣传发动工作。本期还刊登了《经济战线上继续不断的捷报》的新闻，报道吉安、莲花、新峡、茶陵等县的多个区、乡以及石印局、省特务队、安福县邮局等单位购买公债的事实。

（三）报道购买公债的先进典型

开辟"红版"专栏进行报道。《红色湘赣》1933 年 10 月 5 日第八期"红版"专栏中，公布了推销第二期公债优胜者名单。《红色湘赣》1933 年 11 月 4 日第十期"红版"专栏，报道了邮务、省劳动感化队、安福县苏、国家分行省苏等各单位持续加发公债的消息；公布了购买公债的优胜单位和个人名单。《红色湘赣》1933 年 11 月 13 日第十一期"红版"专栏，公布了购买公债的优胜单位和个人名单。

开辟"红匾"专栏进行报道。《红色湘赣》1934 年 1 月 22 日第十八期在"红匾"专栏，公布了购买公债的先进集体和个人。

开辟"捷报"专栏进行报道。组织"经济战线上继续不断的捷报""竞买公债的捷报雪片飞来"专栏进行报道。《红色湘赣》1934 年 1 月 16 日第十五期"经济战线上继续不断的捷报"专栏报道的是石印局、象形区、省特务队第二支部、安福县邮局等单位购买公债的消息。《红色湘赣》1934 年 1 月 19 日第十六期"经济战线上继续不断的捷报"① 专栏报道的是省保卫局、省反帝拥苏同盟

---

① 见《红色湘赣》，1934 年 1 月 19 日刊。

代表大会等单位购买公债的消息。《红色湘赣》1934 年 1 月 22 日第十七期"经济战线上继续不断的捷报"和"竞买公债的捷报雪片飞来"专栏，集中报道吉安各区、各单位购买公债的热情，他们通过不同的方式、不同的途径，最大限度地动员群众自觉地购买。

《红色湘赣》1933 年 9 月 8 日第六期刊登《加紧经动员来回答帝国主义国民党的五次"围剿"》一文，报道了军区无线电队王永俊、阎知非，永新洲湖区的晏成连积极购买公债的先进事迹；报道了分宜县总工会扩大会议上竞买公债的事迹；报道了新峡县机关工作人员举行晚会讨论推销公债的工作，结果在晚会上出现热情购买公债的情景。

《红色湘赣》1933 年 10 月 19 日第九期开辟"经济建设"专栏，刊登了发行公债、购买公债的相关信息。《全省经济建设大会经过》一文介绍了大会召开的经过，重点介绍了大会讨论增发公债二十万的情况，说明增发公债是与会者的共同愿望。《回答加发廿万公债的请求》一文，传达了九县查田运动大会召开时，与会代表一致请求省苏增发革命公债二十万元，各处纷纷响应。在召开的全省经济建设大会上，军区直属部队首先响应，外籍红军战士紧随其后，省保卫分局、红十七师、省苏党支部也踊跃参加。同时，专栏及时报道了各地各单位争先恐后购买公债的信息，如《省苏机关工作人员推销公债》《军区直属机关无线电队推销建设公债》《省保卫分局热烈购买公债》《几个钟头推销公债五百六十元》。在专栏中，还刊登了红色中华社电文《中央苏区经济建设的浪潮高涨》，介绍了中央苏区推销公债的大好形势。

《红色湘赣》1933 年 12 月 1 日第十二期的"经济建设"专栏报道了苏区各地竞买公债的新闻。在《各县预购公债数目增加》一文中，报道茶陵县、安福县、分宜县公债销售数目不断增加的消息；《永新积极分子会议：购买公债空前热烈》一文报道，在永新县委召集的全苏党团会议上，各单位竞相购买公债；《两个模范的红色军人订立经济动员的竞赛条约》一文报道了两名军区无线电厂的工人签订在今后一段时期购买公债的计划；《里田市工人热烈购买公债》报道里田市平均每人购买了十余元公债的新闻；《白区群众热烈参加经济动员》报道新峡阜田附近的白区群众购买公债的新闻；《红色战士对经济动员与经济建设的热烈》报道红色医院、独立二团积极推销公债的新闻。

《红色湘赣》1934 年 1 月 22 日第十八期以大量的篇幅报道购买公债的新闻。

如《一个热闹的军人大会》一文，报道军区政治部利用召集军人大会的时机，讨论经济动员的问题，参会人员积极报名购买公债，一个小时推销公债达到五百六十多元。

湘赣省苏财政部、国民经济部《特别通讯》① 在第二号上撰文表扬了 10 名严尧区干部，一个晚上购买公债 630 元，表扬茶陵县委工作人员购 80 元；县苏维埃政府工作人员购 40 元。第三号上表扬王涓清（茶陵内务部干部）在内务部长联席会议上认购公债 50 元，陈福认购 10 元。

从一系列的新闻报道中，不难发现，在当时经济极其困难的情况下，湘赣人民尤其是苏区干部带头踊跃购买公债，支援苏区的经济建设，做到这一点是难能可贵的。购买公债的作用是巨大的。

第一，购买公债运动支援了湘赣苏区的对敌斗争。毛泽东说过："如此伟大的民族革命战争，没有普遍和深入的政治动员，是不能胜利的。"湘赣苏区购买公债运动工作正值国民党频繁的"围剿"时期，苏区的反"围剿"战争长达数年，重大的军队开支，无疑是十分繁重和庞大的，单靠政府财政难以维系。这些都有赖于推销公债等经济动员工作的开展而得到了较好的解决。可以说，没有推销公债等经济动员就没有苏区第四次反"围剿"的胜利及第五次反"围剿"的斗争。

第二，购买公债运动打破了敌人对湘赣苏区的经济封锁，发展了苏区经济。国民党反动派对湘赣苏区进行军事打击的同时，还实行残酷的经济封锁，禁止赤白通商，企图饿死、困死苏区内的军民。1933 年 11 月湘赣财政补发的 20 万经济建设公债，"八万元用于发展对外贸易，八万元用于粮食调剂，四万元帮助合作社"，这一举措，让湘赣苏区的商业得到了一定程度的发展，人们的日常生活也有所改善，并为苏区积累了一定的物资，使得敌人的经济封锁政策破产。

第三，购买公债运动树立了湘赣省委、省苏在群众的威信。湘赣苏区通过开展一系列的宣传活动，加深了苏区群众对中国共产党的了解，使得他们自愿购买公债，自愿退还公债，使苏维埃政府免于偿还。毛泽东说："现在共产党说

---

① 书中所用《特别通讯》中的新闻材料来自茶陵县档案馆（5 - B31 - 22）资料（手抄件）。

的话，比其他任何政党说的话，都易于为人民所接受。"① 正是购买公债等经济动员工作，融洽了党和人民的血肉关系，使党的事业得到了人民的支持。

第三节　歌颂武装斗争

毛泽东说："一切苏维埃工作，应该服从战争！"② 从井冈山革命根据地到中央革命根据地及湘赣等革命根据地的建立，都离不开战争，离不开武装斗争。共产党领导红军及根据地人民正是通过武装斗争的胜利，建立和巩固了革命根据地。从《湘赣革命根据地史料选编》（该书辑录了 1929 年 2 月至 1934 年红军长征前有关湘赣革命根据地的主要档案史料共 234 篇）等资料来看，在历次湘赣省委的工作报告中，在历次重要的省苏大会决议中，战争动员、红军和地方武装的发展都是最主要的内容，而其他的文件及其他的一切工作都是服务于根据地的武装斗争的，例如土地革命及查田运动、经济建设的各项工作（推销国债、厉行节约等）、肃反运动等；从湘赣苏区现存的影响较大的几种报刊来看，1931 年创刊的《湘赣红旗》、1933 年创刊的《湘赣斗争》、1932 年创刊的《红报》及 1933 年在此基础上改名的《红色湘赣》、1932 年创刊的《湘赣红星》、1932 年创刊的《列宁青年》，都以大量的篇幅报道了湘赣苏区的武装斗争。具体说来，包括以下几个方面：

一、分析武装斗争的形势

湘赣苏区的武装斗争形势，一方面是国民党对帝国主义的妥协、对人民的屠杀、对根据地的"围剿"，一方面是共产党领导人民粉碎敌人的多次"围剿"，发展和壮大革命根据地。

---

① 中共中央文献编辑委员会. 毛泽东选集（第一卷）［M］. 北京：人民出版社，1991：185.

② 毛泽东. 中华苏维埃临时中央政府为粉碎敌人五次"围剿"紧急动员令［N］. 红色中华，1933 - 11 - 02.

（一）帝国主义侵略中国的野心及国民党对帝国主义的妥协

《湘赣红旗》刊登《国民党的所谓"对日宣战"》①一文，揭露了国民党和帝国主义相互勾结的罪行。

文章分析，日本帝国主义出兵占领东北三省已经六个多月了，现在更加积极地进攻上海、天津、南京，屠杀中国劳苦群众，国民党政府竟毫无抵抗地退到洛阳去，这完全证明国民党各派军阀都是积极勾结帝国主义来瓜分中国，都自愿地一步一步地将整个中国的劳苦群众送给帝国主义做奴隶，任帝国主义压迫、屠杀；但另一方面却在积极地准备进攻苏联、镇压中国革命，以维护帝国主义与地主资产阶级国民党的统治。由于中国的革命运动正在日益高涨，国民党为维护其反动统治，和缓群众反帝反国民党的斗争，于是，他们发表"对日绝交"的主张，欺骗群众，模糊群众的阶级阵线，造成国民党"反帝"的幻想。

文章分析，现在，国民党各派到处鼓吹对日"宣战""绝交"，积极地进行对外宣传的"准备"工作，我们要深刻地认识到，国民党这一欺骗宣传对于工农苏维埃革命运动的发展是有很大的阻碍作用的，他们借"宣战"的名义，实行普遍救国义勇军的计划，尽量武装豪绅地主资产阶级的子弟和流氓富农分子，以便加紧屠杀与镇压工农群众的革命运动，继续更残酷地进攻苏区和红军，因此，各反革命派别一致主张"对日宣战"并不是对付日本而是对付革命的，我们必须要在广大群众中无情地揭露他们的阴谋。

文章分析，帝国主义列强之间瓜分中国的矛盾加深，而国民党各派军阀之间的冲突加大，但为了争取权利的关系，都会利用"对日宣战"的名义来扩张自己的武装势力。譬如，冯玉祥、阎锡山、陈济棠等，都利用这一时期准备出兵平津、武汉、上海等地，巩固自己的势力范围，开展新的军阀混战。

文章分析，国民党军阀借着准备"宣战"的名义，募集"救国基金"，加重各种苛捐杂税，预征田赋、钱粮等，加紧剥削劳苦群众，增长工人工作时间，扣发工钱，实行残酷的压迫，使劳苦群众的生活更加痛苦，因此，我们要动员一切的贫苦民众团结起来，反对国民党这种残酷的剥削和压迫。

文章总结指出：国民党始终是勾结帝国主义、投降帝国主义的，根本不会反对日本，他们"对日宣战"完全是骗人的鬼话，其实是要做帝国主义的走狗。

_____

① 道一. 国民党的所谓"对日宣战"［N］. 湘赣红旗，1932－03－04.

我们只有团结劳苦群众的力量，认真地加紧准备武装暴动，以革命暴动的力量推翻国民党的统治，建立苏维埃中国，才能根本驱逐帝国主义在华的一切势力，争取广大劳苦群众的解放。

（二）国民党对革命的镇压、对百姓的踩踏

国民党军阀在苏区的白色恐怖。在《红色湘赣》1933 年 9 月 18 日刊登的《国民党在绝望进攻中的土匪兽行》一文中，揭露了国民党的土匪兽行。文章报道说：国民党军阀历次进攻苏区红军、遭受残酷失败后，总是厉行最野蛮的烧尽、杀尽、抢尽的兽行政策，最近，国民党在赣东北苏区，又厉行了这种白色恐怖。他们见人就杀，见屋就烧，而且拔尽了田里的禾苗。这种兽行，应该受到全国民众的痛击，中国人民也只有推翻国民党的统治，才能杜绝这种兽行的发生。

国民党军队在茶陵进行疯狂的屠杀，凡属被捉到的革命群众都被污蔑为土匪，遭到杀害。《红色湘赣》1933 年 9 月 18 日刊登的《白军近在茶陵的屠杀》一文报道了反动派对茶陵人民屠杀的消息，报道说："从前被敌人占据区域的茶陵群众，近被反革命驱逐，昨有十余人到达永城，据他们说：在家的工农群众，凡属精壮勇敢的，被反革命捉到指为'土匪'，即行杀戮，老弱残废小孩，一律驱逐。这是何等的残酷呀！我们要救护白区的工农群众，只有当红军去！做担架挑夫去！多买公债完税收，筹足红军战费，参加红军作战，粉碎敌人的五次'围剿'！迅速消灭进攻湘赣苏区的湖南敌人，夺回莲、宁、茶、攸县城！争取全江西的革命首先胜利！"

反革命对工农的随意屠杀。《红色湘赣》（1933 年 10 月 5 日）刊登《反革命随意屠杀工农》一文，转载《吉安民报》（反动报纸）的消息："河中发现涉渡者四五人，同呼并拾获赤匪标语布告数张，乃知该涉渡者为匪类，比即开枪射击，当击毙二名。"反革命见了工农群众，就说必为匪类，开枪射击。

王东源对宁冈工农群众的压迫剥削与屠杀。《红色湘赣》第十期（1933 年 11 月 4 日）、第十一期（1933 年 11 月 13 日）以《王逆东源踩踏宁冈的惨状》为题对此进行了连续报道。

王东源在宁冈是怎样踩踏工农群众的呢？①奸淫掳掠。报道称：王逆东源一到，即行掳掠一空；有妇女在家者，即行奸淫，不从者，即遭惨杀；男子在家的，就说是"土匪"，把他杀掉；并且用种种欺骗方法，"准许自首自新"；

到回来之后，即行暗杀及解到鄙县方面去杀等。②抽收苛捐杂款。报道称：王匪东源欺骗群众回来，为的要屠杀剥削群众，要群众立保甲，出钱领白符号，若不领，就指为土匪，杀头；编门牌，要门牌捐、烟土捐；枪支捐、义勇队捐；人头税、路票费，特别是设"食盐公票"，禁止贩卖贩卖，实行经济封锁。③保护豪绅地主回来逼租逼债。报道称：凡群众分了豪绅地主的田或从前租豪绅地主的田者，均逼迫要充三年租。④压迫群众组织义勇队、守望队。报道称：凡男子十四岁以上四十岁以下的压迫当义勇队及守望队，有不愿者，除用一般的每人每月缴纳月费一角、米四升外，另勒缴每月一元五角。当义勇队、守望队，日夜须替豪绅地主放哨守卫，有违抗的，就要受到严厉的处罚！第一次罚米油盐钱，第二次罚大洋，第三次进监狱；有些逃亡在外，家中有老父老母或妇女的，即实行监押起来。

（三）根据地人民对敌斗争的形势及任务

《红色湘赣》转载《红色中华》第九十七期刊登毛泽东撰写的社论《新的形势与新的任务》① 一文，就当前我们根据地的形势和任务进行了深刻的分析。

1932 年 12 月，国民党赣粤闽边区"剿匪"总司令部调集近 40 万兵力，准备对中央苏区发动的第四次"围剿"。其部署是：以陈诚指挥蒋介石嫡系部队 12 个师 16 万余人为中路军，分 3 个纵队，担任主攻任务；以蔡廷锴指挥第 19 路军和驻闽部队为左路军，以余汉谋指挥的广东部队为右路军，负责就地"清剿"，并策应中路军行动。1933 年 1 月底，蒋介石到南昌亲自兼任赣粤闽边区"剿匪"军总司令，指挥这次"围剿"，决定采取"分进合击"的方针，企图将红一方面军主力歼灭于黎川、建宁地区。红一方面军辖红 1 军团（总指挥林彪、政委聂荣臻）、红 3 军团（总指挥彭德怀、政委滕代远）、红 5 军团（总指挥季振同、政委肖劲光）和第 11、第 12、第 21、第 22 军，总兵力约 7 万人，在总司令朱德、总政治委员周恩来指挥下，于 1933 年 3 月取得反"围剿"斗争的胜利。

第四次反"围剿"为什么能取得胜利？毛泽东在文中分析了的原因。依靠党的正确的进攻路线和苏维埃的积极领导，依靠工农红军和群众的英勇战斗与热烈拥护，依靠白区工农群众的日常斗争和反帝反国民党群众运动的空前猛烈

① 毛泽东. 新的形势与新的任务 ［N］. 红色湘赣，1933 – 11 – 13.

开展，经过东黄陂的战役，我们已经基本击破了敌人的四次"围剿"。英勇红军在东黄陂战役的空前光荣伟大胜利中，给予国民党军阀魁首的蒋介石——地主资产阶级的有力支柱，以最致命的打击！在他的痛哭流涕的"手谕"与函件中，他自己悲情地承认：这是他们"有生以来的隐痛"（蒋介石致陈诚书），这是他们的军队的空前惨败与崩溃。所以当他们遭到这一严重的惨败之后，他们虽几次企图反攻，但终于无能为力了。

国民党军阀为什么会惨败？毛泽东在文中剖析了国民党军阀此次惨败和他们无力反攻的原因。第一，是由于工农红军的坚强壮大和英勇善战，在东黄陂大胜利中，又得到了极大补充，更加增强了自己，苏维埃区域得到了极大的巩固和发展，国民党的大部士兵从根本上动摇，不愿进攻红军；即国民党反革命军官亦大都丧胆落魄，讲到红军，就"谈虎色变"，所以虽然蒋介石几次企图反攻，但终于无能为力。第二，是由于中国民族危机的更深刻的继续增长，在日本帝国主义进占热河滦东，着着进逼平津，而国民党继续无耻投降的时候，全中国劳苦民众反帝反国民党的革命浪潮高涨到了极点，这使国民党不得不一方面向日本帝国主义签订降约，最后出卖华北平津，一方面则厉行空前的白色恐怖，以镇压怒吼着的反帝反国民党的革命群众。第三，是由于国民经济的总的崩溃，使全国数万万工农陷于空前的浩劫，从牛马奴隶的生活水平一直降到饥饿、死亡和流离失所的苦难中，结果全国工人的罢工，农民的暴动极大地爆发起来，由日常生活的斗争而发展为反帝反国民党的政治斗争，这些革命的斗争极大地牵制了我们的敌人，使他们陷于惊慌失措。同时，国民党政府由于关税收入的减少和全国广大苏区的工农群众脱离了他的剥削范围，国民党的财政更陷于破产。

在新的形势下，我们的任务是什么？毛泽东指出：在这一新的革命形势的面前，我们的任务是要动员一切力量，集中一切力量来粉碎帝国主义国民党的第五次"围剿"！这是一个伟大的历史关键时刻，两个政权——工农的苏维埃政权与地主资产阶级的国民党政权，将在即将到来的更大规模的战争中，实现这样一个前途——我们苏维埃政权的更加的胜利发展，他们国民党政权的更加死亡崩溃！为着争取全部粉碎敌人五次"围剿"的伟大胜利，我们首先应该增加我们自己的力量，集中我们的一切力量，提高我们胜利的信心，把一切献给战争！这里首先应该保障红军数量的继续增加，在今年8、9、10三个月中要达到扩大五万红军。同时，要极大地提高红军战士的政治教育与军事技术，扩大赤卫军少先队的组织。其次，必须保障红军给养与群众生活必需品的充裕的供给，广泛地开展查田运动，深入农村中与城市中的阶级斗争，绝对地巩固苏维埃政权，有计划地发展国民经济，普遍地建立群众的合作社，发行经济建设公债，调剂粮食，扩大对外贸易，打破敌人的层层封锁，争取革命战争的物质条件，这是我们当前的重大战斗任务。

二、传达军事动员的指令

（一）反"围剿"的紧急动员

1933 年 11 月 4 日，《红色湘赣》转载《红色中华》第一二三期《中华苏维埃临时中央政府为粉碎敌人五次"围剿"紧急动员令》。动员令的内容非常全面，包括动员和发动工作、扩大红军和壮大地方武装的工作，同时，要求苏维埃的其他一切工作，都要服从于战争。

第一，动员一切可以动员的力量参加战争。动员令要求：省苏区乡各级政府及红军各部队，必须立即召集各种会议，详细说明目前革命战争的紧张情形，用尽全部力量来进行战争动员，各群众团体应该同样召集会议，报告战争形势与自己的任务，使苏区每一个工农都了解粉碎敌人五次"围剿"的战斗的意义，积极进行参战工作。

第二，积极扩大红军。动员令要求：学习粉碎敌人四次"围剿"的经验，吸取教训；各级政府必须在粉碎第五次"围剿"的决战前面，完成中华军委扩大红军的计划，动员赤大队整营整连地加入红军，动员积极分子大批加入红军，同时，应该运用兴国归队运动的经验，做到开小差的全体归队。

第三，扩大地方武装。动员令要求：必须动员十八岁至四十岁的公民，加入少年先锋队。迅速恢复与扩大赤卫军模范营与模范少先队的组织，加紧他们的军事政治训练。未建立模范营与模范少先队的，应该在最短时间内完全建立起来。应该在统一的作战计划之下动员赤少队配合红军作战。各游击队必须根据军委命令深入挺进敌人的后方以钳制并打击敌人的部队。

第四，加紧经济建设工作，保证红军的物质供给。动员令要求：每一件经济建设工作，应与战争密切联系起来。必须动员广大群众，在十二月底完成推销经济建设工作，在十一月底开始征收土地税，在两月内加以完成。各级政府必须加紧经济工作，特别是加紧新区边区的筹款。各级政府调剂局、贸易局必须花大力来保证红军的给养，使红军粮食不至发生像今年春夏时一样，因出现困难而影响红军的行动。必须动员工农群众准备随时随刻从经济上帮助红军。

第五，发动群众担任运输工作。动员令要求：应该根据中央政府的义务劳动法，发动广大群众来担任运输工作，每一个赤卫军的队员，应该各有一根扁担，一条被单，五个人共一副担架，一听政府号令，立即可以集中，担任运输和帮助进攻敌人的工作。交通道路损坏时，必须立即修理起来，以便利红军行动。

第六，加紧肃反与赤色戒严工作。动员令要求：必须加紧肃反与赤色戒严工作，对于反革命案应在数星期内，迅速解决，绝对消灭犯人逃跑的现象。一切步哨必须完全建立起来，加紧查路条。在边区更应时刻防备敌便衣队的袭击，应按军委命令，设立必要的警号。

第七，注意边区新区工作。动员令要求：必须注意边区新区工作，调最得力的干部到新区边区去；在红军占领的新区城，应立即设法建立临时政权，分配土地，建立地方武装，成立各种群众革命组织。

1933 年 7 月 29 日，《湘赣斗争》刊登《粉碎帝国主义国民党的第五次"围剿"前面党的紧急任务决议》一文，也是粉碎敌人第五次"围剿"的紧急动员。文章指出：目前放在湘赣党面前最基本的任务，就是坚决执行党的积极进攻路线，动员最广大的工农劳苦群众配合红军积极地进攻敌人，以求在最短时期内，首先消灭对湘赣苏区进攻的湖南敌人，来夺回莲花、宁冈、茶壶、攸县，恢复上崇苏区，巩固与扩大湘赣苏区，打通与中央苏区，和湘鄂赣苏区连成一片，向北发展，完成革命在江西的首先胜利。

1933 年 10 月 5 日，《红色湘赣》登载"特刊"《湘赣省苏维埃政府第三次执委扩大会决议》，号召各级政府必须以更大的努力武装最广大的工农群众，一致加入战争，坚决执行党和政府的积极进攻路线，彻底粉碎帝国主义国民党的第五次"围剿"。扩大会议为要完成这一任务，责成各级政府切实执行省苏维埃政府关于粉碎敌人第五次"围剿"的战斗动员令中的全部指示，扩大红军、强大地方武装、发展游击战争。

（二）对白区士兵的政策宣传

1933 年 9 月 18 日，《红色湘赣》刊登毛泽东的《中华苏维埃共和国中央政府告闽粤白军士兵书》一文，对广东福建的白军士兵弟兄们进行政策宣传。

文章首先指出南京国民政府出卖中国的罪行：以蒋介石为罪魁的南京国民党政府同日本订立了密约，不但放弃了满洲、热河、察哈尔，而且以撤退北平、天津的一切武装队伍为条件，来开始和平的谈判，整个的华北，现在正在日本帝国主义的铁蹄蹂躏之下，全中国民众对于国民党南京政府的愤恨，已达到了极度。

接着重申中华苏维埃共和国中央政府与革命军事委员会对日作战协定及北上抗日的决心：（一）立即停止进攻苏维埃区域。（二）立即承认民众的民主权利，集会、结社、言论、出版、罢工之自由。（三）立即武装民众创立武装的义勇军，以保卫中国及争取中国的独立与领土完整。中华苏维埃共和国中央政府与革命军事委员会这一号召，虽然得到了全中国民众的拥护，但是，国民党军阀不但不放弃进攻苏维埃区域之计划，来共同地反对日本帝国主义，却更进一步地投降日本帝国主义，出卖整个华北，来加紧对苏维埃区域的进攻。对于这种进攻，我百战百胜的英勇工农红军与工农群众，曾经给了帝国罪魁蒋介石的主力部队以最有力的打击，完全地消灭了蒋介石的一个纵队，击溃所有的蒋介石的主力部队。为要使英勇的红军北上抗日，消灭占领华北的日本帝国主义的一切军队，中华苏维埃共和国、中央政府与革命军事委员会认为必须消灭同日本帝国主义订立密约的出卖整个华北的国民党罪魁蒋介石的主力，来肃清北上抗日的道路。

最后呼吁广东福建的武装队伍与红军一致抗日，并警告广东福建的国民党军阀不要与中华苏维埃政府及工农红军为敌：中华苏维埃共和国中央政府与革命军事委员会，在中国民众生死存亡的关头，向广东福建的一切的武装队伍，再一次地提议，在他们承认上列三个条件之下，同他们订立作战的战斗协定，去反对日本帝国主义及出卖华北的国民党罪魁祸首蒋介石的南京政府。中华苏维埃政府与工农红军是全中国民众反帝国主义的政府与反帝国主义的武装，在苏区，已经完全消灭了帝国主义的势力，一切反帝国主义的力量，都是我们的同盟者，一切想拿抗日剿共的欺骗宣传来进攻中国革命根据地，给帝国主义作瓜分中国的清道夫的任何福建广东的国民党军阀，我们两省将以武装力量与之决战，一直到完全消灭他们，使苏维埃政府在全中国得到建立并巩固。

（三）对创建红军工作的指导及扩充红军和地方武装的部署

蒋介石对根据地的疯狂"围剿"，使红军兵力受到较大的损害，扩大红军兵源、创建铁的红军队伍一直是苏区工作的重点。

对创建红军工作的指导。1932 年 3 月 4 日，《湘赣红旗》刊登了布林的《怎样创造红军铁军》一文，就如何创建红军铁军的工作予以指导。

第一，指出红军的阶级基础：红军要保障无产阶级的领导，他的成分应该是工人、雇农、贫农、中农、富农、商人、地主子弟应彻底洗刷出去。

第二，明确共产党的领导是红军的最高信仰。建立党在红军中的威信，红军只有绝对地服从共产党的领导，才能完成他的历史使命。

第三，指出干部是红军的核心。军队的干部就是军队的核心，尤其在艰苦斗争中，干部的强弱，可以左右军队的战斗力。红军是无产阶级的武装力量，他的干部应该是很好的共产党员和优秀的产业工人，只有这样，才能保障红军在任何环境之下都能为工农利益而奋斗，绝对服从共产党的正确领导。

第四，指出苏区广大群众是创建红军的组织基础。红军的一切作战，都要取得群众的拥护，河东红军能够一次二次三次地打垮国民党军数十万的军队，在京汉路，湘鄂西红军的伟大胜利，都是得到了千百万劳动群众的拥护的，所以，要在有广大群众组织基础及巩固的苏维埃区城内，才能创造出红军铁军来。

第五，指出给养与根据地是军队的命脉。给养是军队的命脉，军无粮必溃，所以，红军必须要有给养的保障，才能创造成铁军，但是，红军要怎样才能得到给养上的保障，一定要有巩固的根据地，过去，李立三路线对红军的策略，集中攻坚，无阵地地向外发展，就是根本不了解后方与给养在作战时的重要。

第六，强调士兵的军事政治训练。红军不单是工农的卫队，而且必须是群众组织和宣传者，所以，红军士兵本身应有较高的政治觉悟，对无产阶级有正确的认识。同时，在现在革命形势不断高涨的条件下，必须准备大规模的作战，就应该在军事上加强红军的战斗力，应坚决纠正游击主义，肃清军国路线的部分观念，集中指挥才能完成自己的战斗任务。

对军事动员的部署。1933 年 12 月 23 日，《红色湘赣》公布《湘赣全省各级苏维埃政府第一次革命竞赛条约》，其中就军事动员进行了部署：

第一，扩大红十七、十八两师的计划。

组别	第一组									第二组				
县别	永新	吉安	茶陵	安福	分宜	萍乡	新峡	莲花	城市	宁冈	遂川	酃县	攸县	遂万泰
数目	四千六百名	八百二十名	六百二十名	八百六十名	五百名	四百二十名	五百名	一千二百名	二百四十名	二百二十名	一百四十名	一百二十名	一百二十名	一百八十名

其二，扩大独立团和省警卫团的计划。

组别	第一组									第二组				
县别	永新	吉安	茶陵	安福	莲花	分宜	新峡	萍乡	城市	宁冈	遂川	酃县	攸县	遂万泰
数目	六百名	二百名	三百名	三百名	三百名	二百名	二百名	二百五十名	四十名	一百名	一百名	一百二十名	一百二十名	一百二十名

三、报道扩大红军的成果

在扩大红军方面，党和政府通过各种群众团体，运用报刊、集会、演戏、个别访问和新兵回乡串联等方式，向广大群众讲清革命形势和扩大红军的意义，动员大家自觉地积极地参加红军，武装保卫分田果实，保卫工农革命政权。在提高思想觉悟的基础上，党和政府又进一步地在各种革命组织间，在县、区、乡、村间，开展扩大红军的竞赛。湘赣省苏维埃政府根据中华苏维埃临时中央政府的拥军优属条例，及时制定和颁布了补充条例，规定：因参军而缺少劳动力的家庭，其田地由政府组织群众帮助耕种，并免除一切捐税；红军家属买东西可以享受优先和九五折的待遇；全省实行无代价优待红军劳动日和建立红军公田等制度。由于党和政府扩大红军的号召和及时采取了这些有效措施，掀起了苏区人民的参军热潮，到处出现母送子、妻送郎和兄弟争当红军的动人事例。从 1932 年 3 月到 6 月的三个月里，就有 6741 人参加了红军。大批有觉悟的工农青年参军，使湘赣苏区的武装力量在短时期里得到了很大的发展。苏区的英雄人民，不仅将自己的亲人送去当红军，并且从物质和精神方面尽一切可能来关怀和帮助自己的子弟兵。他们踊跃地交送红军公粮，做军鞋，经常组织歌舞队、洗衣队和补衣队等到红军部队里进行慰问。红军住到哪里，哪里的群众就同亲人一样地给红军让房子、借家具，帮助摊铺，烧茶送饭，争着替战士洗补衣裳。扩大红军和拥军优属的群众运动，既从人力方面增强了红军，也从政治方面巩固和鼓舞了红军，并且使红军同人民群众的血肉联系更加密切了。

（一）踊跃参加红军

赤少队加入红军。《红色湘赣》在 1933 年 9 月 18 日刊登的《安福模范连全体加入红军》一文中，报道安福县模范赤少队举行誓师，动员整连 98 名队员加入红十七师；在 1933 年 12 月 30 日刊登的《模范赤少队整连加入红军》一文中，报道莲花九都区模范赤少队整连加入红十七师；当天还刊登了《少先队加入红军的踊跃》一文，报道茶陵高坑区少先队 30 余名、茶陵野营演习的少队模范营高坑区少先队 80 名、莲花九都区罗师乡少队一班及参加野营演习的少队模范营 50 余人、高州区少队一排永新作述区少队一班、老居区少队 24 名、永安吉野营演习的少队模范营 130 余人，都在最近光荣地加入了红军。

少共国际团开赴前线，随红军行动。《红色湘赣》在 1933 年 10 月 5 日刊登的《少共国际团开赴前线》一文中，报道少共国际团在少共湘赣省委的正确领导与号召之下正式成立，据调查，共有 700 余人，全体开赴前线，随红军行动；在 1933 年 12 月 1 日刊登的《安福、分宜、莲花路口区少队队长全体加入红军》一文中，报道安福、分宜两县及莲花路口区少队部召集的队长联席会议，响应全省各县区队长全体加入少共国际团的号召，全体加入了红军。

模范少队加入少共国际团。《红色湘赣》在 1933 年 9 月 18 日刊登的《全省模范少队总检阅》①一文中，报道全省模范少队于"九三"国际青年节举行武装检阅期间，参加检阅的永新、茶陵、安福三县模范少队，共有 237 名加入"少共国际团"；在 1933 年 10 月 19 日刊登的《少先队各县区队长全体加入少共国际团》一文中，报道少先队湘赣省队部于日前召集全省各县区队长联席会议，在会议中，各队长共 30 余人，以列宁青年的奋斗精神，纷纷报名加入少共国际

---

① 全省模范少队总检阅［N］. 红色湘赣，1933 – 9 – 18.

团，并承认领导少队队员及工农大众十三连零二排加入红军。

积极分子参加红军。《红色湘赣》1933年12月1日刊登《永新县积极分子会议 扩大红军十六连》一文进行报道，报道称：在粉碎敌人五次"围剿"的决战中，猛烈扩大红军更加成为目前最不容缓的战斗任务，因此，永新县委召集的积极分子会，党团苏维埃及各群众团体到会的积极分子，有40余人报名当红军，并承诺领导群众当红军的数目，积极分子全体决定在广暴节前扩大红军十六连。1933年12月1日刊登的《全体代表报名当红军》一文报道称：省党大会于本月11日正式开幕了，在讨论扩大红军与地方武装问题的时候，全体代表听了任弼时同志对于扩大红军与地方武装问题的报告后，深刻地了解扩大红军是争取五次战争胜利的主要条件，了解每个共产党员在革命战争中都有领导工农武装起来到前线去的责任。永新48名正式代表报名当红军。

工农群众加入红军。《红色湘赣》1933年12月1日刊登《四百余人上前线》一文，报道红军补充营工人营及反帝拥苏连共集中新战士430余人于本月1日开往前线。1933年9月18日刊登《三锡坊乡群众热烈加入红军》一文，报道吉安指阳区三锡坊乡的工农劳动群众当红军的情绪非常高，在一星期中，自动报名去当红军的有34名。在当天刊登的《洋溪乡扩大红军的热烈》一文中，报道了一名61岁、一名48岁的群众参加红军。1934年1月12日，《红色湘赣副刊》刊登的《工农群众加入红军》称："茶陵高坑区九陂乡一天（上月三十日）群众自动加入红军二十六名"，"茶陵高陇区沧下乡党团员五十六名，全体加入红军，成立红军沧下连，党团员并承认领导大批群众加入"。《红色湘赣副刊》1934年1月6日第四期刊登称："茶陵严尧区梅坑乡工农群众三十余人加入红军，于本月十一日成立梅坑连。""茶陵三、四区被难群众二十名于本月十一日加入红军茶陵团。"《红色湘赣》第十八期公布南阳区活动分子报名当红军的光荣榜。

动员群众参加红军。《红色湘赣》1933年10月19日刊登《动员群众的模范》一文，报道军区无线电队对扩大红军工作非常努力，自"八一"到"九一八"共计扩大了红军八十五名，其中，杨明同志扩大了24名，杨明同志要算动员群众的模范。1933年12月1日刊登《老雇农同志领导当红军》一文，报道永新老雇农阳明亮鼓动群众当红军，该地群众受了阳同志的鼓舞，自动报名加入红军的非常热烈，现在有14名已加入省警卫团，还有20余名准备即日赴前线去。

子代父、妻劝夫参加红军。《红色湘赣》1933 年 10 月 19 日刊登《勇敢加入红军的群众》一文，报道了子代父参加红军的消息。报道称：茶陵高陇区浦江乡年近 50 岁的周则元同志，坚决要求政府介绍他去当红军，其子周雷生说："父亲，你年老了，不适合去当红军，不如我去好些!"周则元同志则说："你去也好。"并亲自送到区苏。该区马首乡刘头古同志，年纪将近 40 岁了，在县保卫队工作，督促其子去当红军，并亲自到茶陵县苏开介绍信，之后送到了独立一团! 1933 年 12 月 30 日刊登《妇女领导男子当红军》一文，报道永新里田区麻田乡妇女周春元劝丈夫加入红军的事实，同时，还报道了里田区、象形区的妇女在她的带动和影响下，纷纷劝丈夫当红军的新闻。

由于工农群众模范少年队踊跃加入红军，红军队伍迅速壮大。《红色湘赣》1933 年 9 月 18 日第七期刊登的新闻报道《全省模范少先队总检阅》说，为了响应努力扩大 100 万红军的号召，全省模范少年队于"九三"国际青年节举行了武装总检阅；参加检阅的有永新、茶陵、安福 3 县的模范少年队，经过 5 天时间检阅完毕；对于参加红军，模范少年队员们表现出了极大的热忱。

（二）支持红军和慰劳红军

各级组织支持红军、慰劳红军、优待红军家属《红色湘赣》1933 年 12 月 1 日刊登《中央政府苏维埃大学庆祝红军胜利电》一文，报道中央政府苏维埃大学动员广大工农群众上前线，募集慰劳品，组织学生耕田队，帮助红军的家属耕田。1933 年 11 月 13 日刊登《吉安红军家属会热烈》一文，报道吉安召集红军家属及代表大会，26 号举行开幕式，28 号顺利闭幕，大会详细地检查了在优待红军家属工作中的错误与缺点，并具体地制定了今后执行红军优待条例的实际办法，同时，少共县委、县苏、县军事部、县工会，都先后请代表吃饭，各区苏均率领儿童妇女整齐武装奏音乐，沿途高呼口号，以此表达对大会的拥护和对红军家属的尊敬。

群众支持红军，把红军公谷自觉送到政府。1933 年 6 月，《红色湘赣》刊登《被敌暂时占据区域的群众拥护红军的热忱 把红军公谷送到政府来》一文，赞扬敌占区的群众把红军公田收获的谷子变卖成大洋送到县苏财政部的感人事迹。报道说："茶陵舲舫区，现被敌人暂时占领两个年头了，工农群众还耕了红军公田，并把收获红军公田的谷子，变卖大洋，送到茶陵县苏财政部来了。"

群众自动地募集慰劳品慰劳红军。1933 年 9 月 8 日，《红色湘赣》刊登《一片慰劳红军声》一文，报道各地群众自动地热烈地募集慰劳品慰劳红军。具体报道如下：（一）永城某合作社送毛巾 100 条，送手巾 1000 余条。（二）永城某店员送花银 3 元，药业合作社工作人员送花银 7 角，以及毛巾草鞋牙粉等很多，草鞋 270 多双，毛巾 20 余条。（三）缝衣合作社募集元钱 300 余仟文。（四）北路避难群众送草鞋、布鞋 230 余双。（五）新峡金滩区大乡妇女余大英，除自动购买公债 3 元外，还送鞋子 3 双，扇子 3 把，毛巾 3 条。（六）石印局工友送洗脸毛巾 40 条。（七）弹药厂送毛巾 30 条。（八）南阳、象形、舟湖等区工友送小菜 10 多担。（九）安福工友送草鞋 60 双，布鞋一双，扇子 10 余把。（十）永城市工人送大洋 13 元多，草鞋 240 双，布鞋 43 双。（十一）红独立一团由茶陵开到莲花南村后，该地群众送米送菜来慰劳，很多洗衣队、补衣队替他们洗衣补衣。（十二）莲花潞口区工人，在省总"八一"慰劳工人营和红十七师的号召之下，自动捐了洋边 35 元 5 角，布鞋 125 双，草鞋 254 双，毛巾 50 条，扇子 35 把。《青年实话》（少共国际师专号）1933 的第 2 期《湘赣省的工农青年——茶陵群众前方后方齐努力》一文报道："后方的青年及成年群众，热烈的送饭给红军，甚至宁愿自己不吃，送去给红军，并为红军担架运输。"

工友慰劳红军工人营。1933 年 9 月 8 日，《红色湘赣》刊登《工人慰劳工人营》一文，报道各地工友听到湘赣红军工人营成立的消息，便热情地送去大批的慰劳品慰劳工人营。省邮务工会送肉猪 1 只，草鞋 130 多双；永城市工人送帽子 200 余顶，花生 1 担，草鞋 500 余双，毛巾 15 条；莲花工友送肉猪 1 只，草鞋布鞋各 100 余双；省优特红军委员会送鸡蛋 700 余个，小菜 10 余担；省总工会在"九三"早餐举行欢宴工人营及红校无产阶级模范营的活动。

白区群众拥护红军。《红色湘赣》在 1933 年 9 月 18 日刊登《白区群众热烈的拥护红军》一文，报道湘南赤色游击支队在深入白区美田桥与敌作战时，该敌的群众有送茶到火线上的，有的帮助红军找担架和抬担架。当天还刊登《白区群众带路围义匪》一文，报道红独立二团最近有一部分向吉水出发，途中有一群众报告，附近有义勇队，并主动为红军带路，围剿义匪。

四、歌颂对敌斗争的胜利

对敌斗争的胜利，主要表现在反"围剿"斗争的胜利。歌颂对敌斗争的胜利，既包括红军对敌斗争的胜利，也包括地方武装对敌斗争的胜利。

（一）歌颂红军的对敌斗争

从新闻报道来看，红军的对敌斗争，既有湘赣红军的武装斗争，也有中央红军的武装斗争，还有其他根据地红军的武装斗争。

第一，湘赣红军的武装斗争及胜利。

歌颂湘赣红军武装斗争取得的胜利。《红色湘赣》1933 年 9 月 8 日刊登《红军克复宁冈新城》一文，报道湘赣红军在克服宁冈新城中取得的胜利。报道称：湘赣红军之一部围困盘踞宁冈的敌伪十五师王逆东原残部已达数日，该敌被我红军围困后，惊慌万分，步步退却，新城于 9 月 1 日被我军克复，现正在从事拆毁工事与恢复苏维埃政权的工作，残敌退驻古城龙市之线，其交通亦被我军完全断绝，敌给养弹药之补充，已无由输入，不难一鼓消灭。1933 年 11 月 4 日《红色湘赣副刊》1934 年 1 月 9 日刊登《我军消灭高言靖匪》一文，报道湘赣红军在太和新屋下新村与高言靖卫团激战，将该匪消灭，缴获步枪 40 余支，驳壳 1 条，子弹 300 余发，刺刀 5 把，匪旗 1 面，俘匪官兵 36 名，打死匪徒甚多。

1933 年 9 月 8 日，《红色湘赣》刊登《红独一团又获两次胜利》一文报道："我红独一团配合独立三营，于上月二十二日拂晓，在茶陵黄泥塘打坍洮水之敌一营，仅接触二十分钟，即将该敌完全击溃，活捉敌团长周元一个，打死敌连长胡民一个，俘掳敌士兵数名，死伤敌士兵十余名，缴获步枪子弹及其他军用品很多，残敌狼狈逃窜，我军乘胜跟踪追击十余里始返。"又讯："红独一团配合红独三营，于上月卅日进攻驻南北岸敌人，结果获敌步枪一杆，左轮一条，击死豪绅地主数名。"

1933 年 10 月 19 日，《红色湘赣》刊登《红独四团连获胜利》一文报道："我独立第四团于上月在黄坑地方，遇白匪二十八师残部一营，当接触四小时之久，缴获敌步枪九支，俘虏敌士兵五名，班长一名，毙敌副营长一名，敌死伤甚多。又讯：经独四团于本月二日，由遂川开往碧江州，在赤垭地方，缴获守望队步枪数支，子弹三十余发。"

1933 年 9 月 8 日，《红色湘赣》刊登《红军中路军两次击溃了敌人》一文报道："本月卅三日，我中路军一部分击溃朱安向鹿冈潭港游击之敌共四营，将其全部击溃，缴获步枪约二百余支，轻机关枪六挺，俘虏百余名，内团长副团长各一只，敌死伤过半。"同时还报道："廿五日，我中路军之一部，在永丰之江口，击溃敌游击队一连，缴获步枪数十支。"

歌颂湘赣红军配合地方武装的斗争。1933年11月13日，《红色湘赣》刊登《在粉碎敌人五次"围剿"决战的开始 湘赣红军已获得了初步伟大胜利》一文，报道湘赣红军配合地方武装的斗争。报道称：湘赣红军配合茶陵地方武装和工农群众与湘敌彭远、伍仁之四十七、四十八两旅及王东源部之汪旅两团共六团之敌，于五瑞岭一带，激战约6小时之久，结果将敌全部击溃，我军大获胜利，缴获步枪500余支，机关枪8挺，子弹10万余发，其他军用品甚多，俘虏敌方官兵200余名，打死敌人约200，打伤敌人600以上。

《湘赣红旗》1932年2月7日第五期的《时事简讯》专栏报道：红独立三师，一月二十七日，在莲花海潭打塌罗霖残匪一营，缴获步枪四十多杆，水机关两架，俘虏敌兵四十多名。又，红独一师，一月卅一日往萍乡围剿进驻新店里之敌，接触两小时之久，即将该敌全部消灭，缴获步枪五百多支，水机枪两架，（由萍乡警卫营和赤少队缴获步枪一百四十多支），俘敌官兵四百多名，活捉豪绅地主一百余名，我毫无损失，吓得萍乡豪绅地主手忙脚乱。

歌颂湘赣红军配合中央红军的武装斗争。《湘赣红旗》1931年12月30日第三期的《时事简讯》专栏报道了湘赣红军配合中央红军攻克赣州的新闻事实。报道称：据讯红军猛攻赣州，马琨连电告急，国民党军阀吓得屁滚尿流，永新、莲花之敌均有退却模样，按赣州早已在赤色区域包围中，四面不出几十公里都是我们工农的政权，马琨残部死守孤城，早已恐慌万状。赣州指日可下。

第二，中央红军的武装斗争及胜利。

歌颂中央红军整个战役的胜利。

《湘赣红旗》1931年12月30日第三期转载中央文件内一份捷报《中央苏区冲破敌人三次"围剿"的捷报》，报道内容如下："七月廿八日，由闽还赣集中兵围西部，此时，敌以陈诚、罗卓英、赵观涛、卫立煌、蒋蔡两师、韩德勤、蒋鼎文、孙连仲、高树勋、李云杰、李韫珩、毛炳文、许克祥、上官云相、郝梦龄、周浑元等十七师之众，由东向西向苏区进攻。八月七日，良村一仗，上官云相三团全部缴械，郝梦龄四团大部缴械。八月十一日，黄陂一仗，毛炳文六团半数缴械，九月八日，蒋蔡二师掩护蒋鼎文师向吉安退却，我军截击之于兴国泰和间之高兴圩老营盘左翼，消灭蒋鼎文三团，中路与蒋蔡两师血战七昼夜，敌右完全溃退，九月十三日，敌改变退却路线，蒋蔡拥其大批伤兵往兴国向赣州退，蒋鼎文、韩德勤则进东围向吉安退。九月十五，我军击之于东围内，近将韩德勤全部消灭。现在，敌人已完全溃退吉安与赣州。结束了他们的'围剿'。这一次战争，我军实得步枪三万余支，机关枪二百五十挺，子弹四百五十万发，大部用在武装地方工农，这将为发展苏区与扩大红军的有利条件。"

歌颂中央红军各次战斗的胜利。

消灭李思慕部三团。1933 年 9 月 8 日，《红色湘赣》刊登《红军消灭李思慕部三团》一文报道："我中央红军之一部于八月卅一日，在吉水之乌江附近，消灭敌军八十师李思慕三团，并消灭李逆的司令部，缴获步马枪二千六百余支，无线电两架，重机关枪卅七架，轻机关枪卅五架，迫击炮八门，俘虏官兵五千余人，白军重要军官正在清查中。"

击溃毛炳文部。1933 年 9 月 18 日，《红色湘赣》刊登《中央红军击溃毛炳文部》一文报道："前十二日，我红军之一部，击溃白匪第八师毛炳文之一团零一营，缴获在清查中，残部纷向居丰撤退，城内敌人亦十分恐慌。"

击溃白匪第三师。1933 年 10 月 5 日，《红色湘赣》刊登《中央红军击溃白逆第三师》一文报道："中央军一部十七日，活捉敌团营连长数名，缴获轻机关枪七挺，俘获人枪甚多。"

消灭白军七团。1933 年 10 月 19 日，《红色湘赣》刊登《中央红军又获大胜利》一文报道，中央红军击溃白匪三师，消灭白军七团，俘获无数。

消灭万安寨匪。1933 年 9 月 8 日《红色湘赣》刊登《红军消灭万安寨匪》一文报道："我东方军之一部，将万安寨匪数百完全消灭，缴获枪弹及军用品无算。"

击溃界首会匪。1933 年 9 月 18 日，《红色湘赣》刊登《红军占领界首》一文报道说："红色中华社电：我红军之一部，于本月三日击溃盘据界首之团会匪，当即占领界首，获战利品……"

击溃十九路军。1933 年 9 月 8 日，《红色湘赣》刊登《红军东方军又击溃十九路军一团》一文报道："本月三日，我东方军之一部在延平下游，将十九路军援救延平之一团完全击溃，截获火轮八只，内有四只完全载子弹，其余四只完全载军用品，同时，在下道吉溪附近，又获食盐七万余斤，西药甚多。"1933 年 10 月 5 日刊登《东方军又消灭十九路军一团》一文报道："东方军本月十八日，团长以下官兵全部俘虏，缴获枪支甚多。"

消灭罗霖白匪。《湘赣红旗》1933年1月15日第四期的《时事简讯》刊登消息，报道工农红军独立第三师消灭罗霖白匪两个连的事实。报道称："一月十号，工农红军独立第三师，在莲花清水、黄陂一带消灭罗霖白匪两连，缴到步枪白余支，驳壳两支，子弹四十余担，俘虏敌人五十余人，连排长四人。"又讯："一月十一号，红军独立师，又在莲花九都一带，打一胜仗，缴到步枪七十余支，迫击炮一尊，军用品、俘虏兵甚多。"又讯："十二日，三师又在攸县官田消灭地主武装，缴获步枪三十三支，我方无半点损失，没有吹牛皮。"

第三，其他根据地红军的武装斗争及胜利。

湘赣苏区新闻不仅报道湘赣红军及中央红军的武装斗争，同时也十分关注其他根据地红军的武装斗争，报道斗争的胜利。

报道红四方面军的武装斗争及胜利。《红色湘赣》1933年9月18日刊登《红四方面军在北川连获胜利》一文报道：8月18日，红四方面军某一部队在北川消灭王志远的部队，活捉副团长一名，缴获枪支及军用品无数；8月20日，红四方面军某一部队占领仪陇县，消灭李济如残部，俘虏人枪千余。1933年11月4日刊登《红四方面军又打大胜仗》一文，报道称："我红四方面军与十月二十、二十一两日，攻克万源、宣汉、绥定三县城，白匪刘存厚全部击溃，我军缴获枪弹无数。"1933年11月13日刊登《各方红军到处获得伟大胜利 国民党军阀百战百败》一文，报道称："我红四方面军在此次震动全川的大胜利中，完全消灭了刘成厚匪部，计缴获枪六千支，现款三十万元，绥定兵工厂亦已完全夺获了，现我军正向川西川东各路跃进。"1933年12月30日刊登《红四方面军在四川获得伟大胜利》一文，报道称："最近我红四方面军在四川又获得了伟大胜利，在渠河附近击溃敌王芳、衍增等部二十七个团，刘存厚残部八个团。"

报道湘鄂赣红军的武装斗争及胜利。《红色湘赣》1933年9月18日刊登《湘鄂赣红军连获三次胜利》一文，报道称："我红六军团之一部，于本月一日攻克萍乡之湘东市，缴获甚多，萍城大为震惊。二日，消灭浏阳豫家塅敌人一连。"《各方红军到处获得伟大胜利 国民党军阀百战百败》一文，报道称："我湘鄂赣红军的一部，于本月一日，在宜丰一带活动，捉保卫团副团长副营长各一只。"1933年12月30日刊登《湘鄂赣红军连获胜利》一文，报道称："我湘鄂赣红军之一部于二十一日在分宜击溃白匪十八师、十九师各一团，缴获无算。

又：二十四日，我湘鄂赣红军之另一部占领清江县城，消灭守城敌人骑兵团之大部，缴枪百余。樟树丰城大为震动。"

报道鄂豫皖红军的武装斗争及胜利。《湘赣红旗》1932 年 2 月 7 日第五期的《时事简讯》报道称："鄂豫皖红军第一军约四万余人，于前月二十二日攻下黄安，即分一部分向黄陂（距汗（汉）口六十里）前进，并有飞机一架，名为"烈武"，在黄陂城附近与萧之进、夏斗寅等部激战，消灭白匪大部，汉口非常恐慌，又朱毛红军攻下会昌之后，即向赣州方向发展，赣南之团匪及豪绅地主均纷纷向粤境逃走。"

报道红二军团、南方军、赣南红军、闽西红军等红军的武装斗争及胜利。《红色湘赣》1933 年 9 月 18 日刊登《红二军团占领湘西石门之要隘》一文，报道红二军团击溃何健部队的进攻，占领石门的仙阳坪。当天刊登的《南方军消灭反动土匪四十余个》《赣南红军攻克寻乌县上四甲的片露》《闽西红军击溃团匪童子兵》以及 1933 年 12 月 30 日刊登的《闽西红军收复延平归化县城》等文章分别报道南方军、赣南红军、闽西红军等红军的武装斗争及胜利。1933 年 10 月 19 日刊登《红军占领开化后国民党军阀大起恐慌》一文报道称："在闽浙赣，红军占领开化后，浙江国民党军阀大起恐慌，已于二十四日起宣布戒严了。"1933 年 11 月 13 日刊登《各方红军到处获得伟大胜利 国民党军阀百战百败》一文报道称："我红军之一部于本月一日，在南线之洪门附近，截击向南城移动之白军九十四师，消灭其后卫应全部，缴获步枪三百余及轻机关枪六挺，俘虏四百余人。"

（二）歌颂地方武装斗争的胜利

地方武装是革命斗争不可缺少的力量，它既是红军力量的补充，也是地方安全的保障。湘赣省委及苏维埃政府对健全地方武装高度重视，1932 年 8 月 1 日，在《扩大红军与健全地方武装决议案》（湘赣省苏维埃第二次代表大会决议之五）中明确指出："工农地方武装的任务是巩固并发展苏维埃区域，消灭地主武装，配合红军作战，以帮助工农红军向外发展的革命战争。"① 在 1932 年 11 月 12 日中共湘赣省第二次全体代表大会通过的《红军与地方武装问题决议案》

---

① 江西省档案馆. 湘赣革命根据地史料选编（上册）［M］. 北京：江西人民出版社，1984：553.

中，进一步强调了地方武装力量的重要性，决议案指出："在目前革命战争急速开展中，赤卫队、少先队是保卫并发展苏维埃政权强有力的武装。地方武装的游击运动，不仅是红军胜利进攻极有力的助手，而且是白区群众斗争的宣传者、组织者、与新苏区的创造者。"① 湘赣苏区的红色新闻，对地方武装的斗争进行了积极的报道。

第一，报道湘赣各地地方武装的斗争及胜利。

茶陵地方武装的斗争及胜利。1933年9月8日，《红色湘赣》刊登《茶陵坑口区游击队截敌胜利》一文报道了茶陵游击队截敌胜利的消息，报道说："湖南敌人约两团之众，由茶陵调往宁冈，路经坑口，被我坑口游击队截击敌人后尾，缴获敌人军用品甚多，俘虏敌兵数名。"当日的《茶陵严尧区游击队积极进攻敌人》一文报道了茶陵地方革命武装积极进攻敌人的消息，报道说："茶陵严尧区游击队，近来不分日夜，深入敌人驻地，捕杀收租收债的豪绅地主，发动白区和暂时被敌人占领区域的群众［的］秋收斗争。本月五日，埋［躲］藏在西陂口炮台里的豪绅地主，摇摇摆摆的从炮台里出来，被我英勇的游击队描［瞄］准射击，打死万恶的豪绅谭水仔、谭琪阴、谭学雨三只［名］，谭松珠负重伤，据井头满古寨之敌，立即开两连来追，又被我游击队击毙敌连长一名，兵士数名，该敌仍向原地逃窜，现严尧区豪绅地主，益形恐慌，都说无路可逃了。"1933年11月4日刊登《茶陵地方武装捷讯》一文报道了茶陵地方革命武装夺取胜利的消息，报道说："我县严尧区最近新成立了三个游击队，他们经常深入尧水市骚扰敌人，有一天在该地捕杀了反军班、排长各一名，捕杀了当地反革命首领刘笃良一名，获敌炸药弹、马刀等军用品甚多。高陇区游击队进攻敌人，缴获敌人战马一匹，俘虏连长一名。"

宁冈地方武装的的斗争及胜利。1933年9月8日，《红色湘赣》刊登《宁冈独立营击溃保卫匪团》一文，报道了宁冈独立营的胜利。报道说："我县独立营于'九三'纪念日，深入白区，向大陇方面行动，与该地保卫团匪接触，该匪伤亡二十余名，在这次行动中，发动了当地群众的阶级斗争，并没收了反革命的大盐行一家。"

---

① 江西省档案馆. 湘赣革命根据地史料选编（下册）［M］. 北京：江西人民出版社，1984：34.

攸县地方武装的斗争及胜利。1933年9月8日，《红色湘赣》刊登《攸县游击大队出击胜利》一文报道攸县游击队的斗争。报道说："我县游击大队八月廿六日，向黄丰桥方面出击，做到土豪二名，可罚款四五百元，并没收反革命的盐行一只，计食盐六百余斤。"当日还刊登《白区工农群众反抗成立守望队》一文报道攸县群众强烈反对成立守望队，并杀死了三个要成立守望队的地主豪绅。

吉安地方武装的斗争及胜利。1933年9月8日，《红色湘赣》刊登《车湖避白群众黑夜捕杀反动首领》一文报道吉安车湖乡群众的武装斗争。报道说："我县永阳区车湖乡避白群众，于上月廿二日夜晚，携带梭镖，黑夜渡河，深入白区邓瓦地方，捕杀屠戮工农无恶不作的反动首领邓成佑一名，当地群众非常痛快。"

万太地方武装的斗争及胜利。1933年9月18日，《红色湘赣》刊登《万太地方武装不断进攻万安县城》一文报道万太地方武装的斗争。报道说："万太地方武装最近不断进攻万安县城，城内白军及豪绅地主正在万分恐惧中。"

新泉地方武装的斗争及胜利。1933年9月8日，《红色湘赣》刊登《新泉地方武装击溃团匪的胜利》一文报道了新泉地方武装的斗争。报道说："我新泉地方武装之一部，于本月九号挺进到牧村，击溃该地团匪，毙匪七十余，缴获步枪十余支。"

北路地方武装的斗争及胜利。1933年9月8日，《红色湘赣》刊登《北路地方武装胜利》一文报道北路地方武装胜利。报道说："我北路游击一大队，于八月九日进攻邹家靖匪，将该匪全部击溃，缴获步枪十二支，子弹一百六十排，洋号数只，军用品甚多，残匪向分宜城逃窜。"同时还报道说："北路游击二大队，配合新峡县游击队、干河游击队，与本月十三日进攻隔新城两里远的下义匪，接触约一小时，缴获匪步枪数支，子弹数十排，军用品甚多。"9月18日刊登《北路地方武装连续不断的胜利》一文报道北路地方武装连续不断的胜利。报道说："我北路突击第一大队，于本月六日进攻陈家村的陕江义匪，接触一小时之久，将该匪击溃，缴获步枪二杆，子弹数十排，毙匪士兵数名，毙队长一名。"又讯："我北路游击第二大队，于本月七日，配合新峡县游击队进攻驻谷村义保二匪，缴获步枪数条，子弹数十排，榴弹数个，其他军用品甚多，敌死伤数名。"又讯：我游击五大队，于本月一日，几名家陂游击途遇一反动派，将其击毙，搜获驳壳一杆，子弹数十排。"又讯："我游击四大队，本月三日，与喻义匪接触一小时之久，获敌步枪三支，子弹数十排，毙敌数名。"

第二，报道全国各地地方武装的斗争及胜利。

1933 年 11 月 4 日，《红色湘赣》刊登《磐石游击队活跃》一文报道磐石游击队的武装斗争以及取得的重大胜利。报道说："自日本帝国主义占领满洲以来，在满洲的广大群众中间，掀起反帝抗日的怒潮，特别是在满洲省委的每一个号召政治之下，团结了广大劳苦工农和一切反帝的民众，成立了许多游击队，尤其磐石游击队最活跃。他经过了六十余次战争，击破了日满军的六次大围攻，解决了不少的日帝国主义的走狗，和一切民众叛徒的地主豪绅，在胜利和扩大中，他已改名为磐石人民革命军，并在七月十日发布宣言，号召各种武装部队订立对日宣言联盟宣言。"

第三，报道地方武装与红军并肩作战。

《青年实话》（少共国际师专号）刊登王龙光的《茶陵群众前方后方齐努力》① 一文，对茶陵群众配合红军的战斗给予了高度赞扬，报道说："最近茶陵一仗，又获得了伟大的胜利，茶陵的群众听到红军打胜仗，集合了七八百人，配合红军在前方，继续缴到敌枪一百多支，特别是模范少队，真的英勇无双，用石头打死敌人九名，缴获机关枪一架，步枪九支。"

（三）白军投诚加入红军

第一，由于苏维埃和红军的影响，白军士兵阶级觉悟不断提高，白军士兵不断来苏区投诚。

1933 年 9 月 8 日，《红色湘赣》刊登了《白军李营长率领全营士兵投诚》和《觉悟的白军士兵不断的投红》两篇文章，报道白军士兵投诚的新闻事实。《白军李营长率领全营士兵投诚》一文报道说："本月廿五日，白军二十三师部下，有一营人，武器全齐，由李营长日华率领全营士兵，投诚红军，已安全到达苏区腹地。"同时，这些士兵还检举了三名反动连长。文章还称，这些士兵对革命有深刻的认识，对投诚革命的事非常高兴。《觉悟的白军士兵不断的投红》一文报道说："十日陈逆光中部下有觉悟士兵三个，拖枪一杆，子弹数十排，前

---

① 书中所用《青年实话》中的新闻材料来自茶陵县档案馆（5 - B31 - 22）资料（手抄件）。

来投红。"文章还报道说："金田之敌，有一觉悟士兵，拖枪一杆，子弹廿余排，投诚红军，现已到达上城区苏。"

第二，国民党军阀长期的官僚作风和对士兵的压榨欺凌，引起士兵的反感，因此投诚红军的情况也不断发生。

《湘赣红旗》1931年12月30日第三期的《时事简讯》报道说："连日，永新之敌人，有三个白军士兵，携带步枪投红，又有驳壳枪一支投红，陈光中部也有二个士兵携带枪来了，他们都说，白军士兵非常动摇，将来还有许多会拖枪来的。"《湘赣红旗》1933年10月19日第九期《工农群众革命到底》一文报道：苏区一群众过去被反动派威迫逃亡在外并到义勇队工作，近日回到苏区参加革命。

第三，战败被俘，在红军的教育之下觉悟，投诚红军。

1934年1月9日，《红色湘赣副刊》刊登《安福从江边保安队士兵全体投诚红军》一文，报道的就是战败被俘后投诚红军的事实。报道说："我红军于本月五日包围安福从江边保安队，因该队士兵觉悟，就全体投诚红军。计投诚步枪八十余条，花机关二支，驳壳三条，子弹及其他军用品甚多，安城敌人甚为恐慌。"

白区士兵投诚的行为，受到苏区工农群众的热烈欢迎。1933年9月18日，《红色湘赣》刊登《永城热烈欢迎吉水兵暴的全体指战员》一文，报道白军二十三师一七二团三营营长李日华、副营长魏豪率领全营士兵同志举行吉水兵暴来投诚红军，备受各地工农劳苦群众的热烈欢迎的新闻事实。

白区士兵投诚的行为，在白军内部也产生了一定的影响，使本不牢固的军心更加动摇。

第五章

湘赣苏区红色报刊的宣传艺术

中国共产党重视宣传工作有着光荣的传统。尤其是土地革命战争时期，作为已经建立了独立武装队伍的政党，对宣传工作更为重视。1929年12月，毛泽东在《红军宣传工作问题》中指出："红军宣传工作的任务，就是扩大政治影响，争取广大群众。由这个宣传任务之实现，才可以实现组织群众，武装群众，建立政权，消灭反动势力，促进革命高潮等红军的总任务。所以红军的宣传工作，是红军第一个重大的工作。若忽视了这个工作，就是放弃了红军的主要任务，实际上就等于帮助统治阶级削弱红军的势力。"[1] 把宣传工作看成是"红军第一个重大的工作"和"主要任务"，可见毛泽东对宣传工作的重视。

为了达到组织群众、武装群众、建立政权、消灭反动势力这一目的，湘赣苏区的新闻宣传就必须服务于苏区的实际需求，服务于苏区的中心工作，服务于苏区群众的愿望和文化水平，为此，湘赣红色新闻的宣传呈现出独特的艺术特征。

第一节　突出中心工作

湘赣苏区处于白色政权的包围之中，它在战争中诞生，在战争中发展，它从开辟之日起，几乎从来就没有间断过战争。用革命的武装反对反革命的武装，这是革命根据地的显著特点。特别是蒋介石对苏区进行的五次"围剿"，使得苏

---

[1]　中央文献研究室. 毛泽东文集（第一卷）[M]. 北京：人民出版社，1993：96.

区不得不把争取革命战争的胜利，放在一切工作的首位，因为这是关系到革命根据地的得失和中国革命成败的生死攸关的问题，这就是整个苏区当时最大的政治，最突出的中心工作。湘赣苏区协助中央苏区开展了历次反"围剿"斗争，建立和发展了自己的根据地，并为开展土地革命、发展生产提供了条件。湘赣红色新闻宣传的显著特点，就是它和革命的紧密联系。湘赣红色新闻宣传坚持以军事政治斗争为主要宣传内容，围绕着进行革命战争、巩固和扩大革命根据地这一中心任务开展宣传工作，突出中心，指导性强。为了使宣传突出中心，湘赣苏区新闻宣传还注重抓典型报道，用先进单位或先进人物的事实教育人、引导人；为了使宣传突出中心，湘赣苏区新闻报道还注意及时反映基层实际工作情况、报道战斗在第一线的广大群众的活动。

一、围绕中心任务展开宣传

湘赣红色新闻宣传坚持以军事政治斗争为主要宣传内容，围绕着进行革命战争、巩固和扩大革命根据地这一中心任务开展宣传工作，突出中心，指导性强。

1931 年 12 月 11 日，《红色中华》创刊之时，正值红军和革命根据地人民粉碎了蒋介石发动的第三次"围剿"，赣南和闽西两个革命根据地已经连成一片，拥有 21 座县城，5 万多平方千米土地，250 万人口。当时，党和政府要求各地从 1931 年年底开始，开展建政运动。《红色中华》在这一时期内便以开展建政运动为宣传中心。它在发刊词中就明确提出，要组织根据地的广大工农群众积极参加工农民主政权，切实指导各级工农民主政权的实际工作，要成为建政运动的指针。在第二期，它发表了临时中央政府关于建政运动的训令《苏维埃建设重要的训令》，刊登了《中华苏维埃共和国临时中央政府对外宣言》，发表了社论《地方苏维埃的建设问题》，进一步说明建政运动的重要意义，又开辟"苏维埃建设"专栏，帮助党和政府发起一个检查工作的运动。1932 年 6 月开始，《红色中华》就在"一切为了战争"的口号下，组织动员人民群众为粉碎蒋介石发动的第四次反革命"围剿"而斗争。它帮助党和政府进行了多方面的战争动员工作，如关于筹措战争经费的宣传、查田运动的宣传、搞好经济建设的宣传等。通过这些宣传，把党和政府的号召变为广大群众的自觉行动，引导群众为积极完成党和政府的中心任务而奋斗。1933 年 10 月开始，《红色中华》又投入了反对国民党发动的第五次反革命"围剿"的斗争，全力进行扩大红军运动的宣传和支援红军的宣传，报道购买公债运动、节约运动等。此外，《红色中华》还宣传贯彻了中国共产党的抗日救国主张，及时地揭露帝国主义，特别是日本帝国主义侵略我国的阴谋和罪行以及国民党的卖国政策。它不断地报道国民党统治区抗日救亡运动的消息，同时也经常报道全国各苏区反对国民党斗争胜利的消息。由于《红色中华》紧密围绕进行革命战争、巩固和扩大革命根据地这一中心任务进行宣传，以军事的政治的斗争为报道的主要内容，大力指导各项实际工作，它日益成为党和政府用以组织战争和经济动员、巩固革命根据地的有力工具。

创刊于1933年7月的《湘赣斗争》，正值苏区第四次反"围剿"战争中，它紧密结合党的中心任务，进行宣传和报道。

第一，对反"围剿"革命斗争的任务进行宣传。

《湘赣斗争》1933年7月1日第一期刊登《中共湘赣省委关于红五月工作总结决议》一文，是对反"围剿"斗争任务的传达。决议要求："为了彻底粉碎帝国主义国民党的第四次'围剿'，扩大民族革命战争，在中央局扩大一百万铁的红军号召之下，湘赣党组织必须尽最大的努力迅速扩大湘赣红军主力，同时扩大独立团营，以最大的努力扩大赤卫军和少先队的组织，地方武装和独立团营游击队行动必须最大限度积极化，不仅配合红军主力作战，并须开展向白区的游击战争，创造新苏区。"

《湘赣斗争》1933年7月10日第二期，为中国工农红军成立纪念日刊登了《创造一百万铁的红军准备于帝国主义直接作战》一文，也是对反"围剿"斗争任务的宣传。文章首先回顾了一九三〇年八月《中国问题决议案》中强调的中心任务："扩大铁的红军是目前最紧迫战斗任务，在党的全部工作的议事日程的前面，共产国际曾经告诉了我们，中国共产党当明白，建立完全有战斗力的、政治上坚定的红军，在现时中国的特殊情形之下，是第一等的任务，解决这个任务，就一定可以保障革命的强大的开展。"接着，分析总结了第一、第二、第三次反"围剿"革命战争胜利的原因，对第四次反"围剿"斗争提出要求。

《湘赣斗争》第三期刊登《粉碎帝国主义国民党的第五次"围剿"前面党

的紧急任务决议》① 一文，布置了粉碎敌人第五次"围剿"的中心任务。文章
认为：目前中国面临着两条绝对不同的道路，一条是帝国主义瓜分与共管中国，
使中国完全殖民地化，另一条是推翻地主资产阶级的国民党统治，驱逐帝国主
义的一切势力，建立完全独立自由的苏维埃新中国。第五次"围剿"是帝国主
义通过国民党来将中国完全殖民地化的具体步骤。粉碎敌人第五次"围剿"也
就成为争取独立自由的苏维埃新中国的斗争。因此，我们在新的阶级斗争中，
应反对一切在敌人第五次"围剿"前面失却胜利信心、悲观动摇、退却逃跑的
右倾机会主义的错误。同时，对于一切轻视敌人力量的"左"的观点必须予以
严厉的打击。文章指出：目前湘赣省委最基本的任务，就是坚决执行党的积极
进攻路线，动员组织武装最广大的工农劳苦群众，配合红军积极的进攻，争取
在最短的时期内，首先消灭对湘赣苏区进攻的湖南敌人，巩固与扩大湘赣苏区。
为了争取这次战争的胜利，粉碎帝国主义国民党的第五次"围剿"，湘赣省委必
须向广大工农劳苦民众和红色战士解释目前战争的形势，指出这次战争的重要
意义和我们胜利的条件，坚定群众胜利的信心。同时，要以更大的努力来扩大
红军主力以及各独立团营和游击队。

第二，围绕经济建设进行宣传。

《湘赣斗争》第一期刊登《为党的进攻路线而斗争》② 一文，传达了目前湘
赣党的紧急任务，强调经济建设的重要作用。文章指出，在扩充红军、加强地
方武装力量的基础上，"彻底解决土地问题，限期完成查田运动，坚决执行劳动
法、婚姻法、经济政策等法令，改善工农群众的生活，深入苏区群众的阶级斗
争，提高群众战争动员的积极性"。"集中更大的经济力量来供给战争，迅速完
成借谷运动，努力夏耕运动，领导群众自动踊跃的来购买第二期公债，领导苏
维埃政府整理税收、稽查经济。"

《湘赣斗争》1933 年 7 月 29 日第三期刊登陈云的《关于苏区工人的经济斗
争》一文，对苏区工人一年来的经济斗争取得的成绩进行总结，对工人经济斗
争的重要性予以肯定。文章指出：一年以来，党和工会在改善工人生活，领导

---

① 粉碎帝国主义国民党的第五次"围剿"前面党的紧急任务决议 [N]. 湘赣斗争，1933 -
7 - 29.

② 为党的进攻路线而斗争 [N]. 湘赣斗争，1933 - 07 - 01.

工人的经济斗争中，提高了工人群众的积极性。一万工人英勇参加红军；踊跃退还二期公债；参加和领导乡村查田运动。这些事实证明，工人积极性的提高，是巩固和发展苏维埃政权的重要条件。

第四次反"围剿"战争中，湘赣省苏维埃政府创办了《红色湘赣》报，该报围绕党的中心任务，宣传报道各项实际工作，对扩大红军、慰劳红军、支前参战、经济建设等方面的工作，都做了详细的报道。湘赣苏区出版的主要报刊，军事政治斗争的内容经常占了全部版面的三分之二。

《红色中华》有关"经济建设公债"的深度报道。

中央政府决定新发行经济建设公债，《红色中华》在1933年7月26日进行专题报道。在其第一版，刊发了《中央执行委员会关于发行经济建设公债的决议》《全体工农群众及红色战士热烈拥护并推销三百万经济建设公债》的文章。"决议"指出："中央执行委员会特批准瑞金、会昌、雩都、胜利、博生、石城、宁化、长汀八县苏维埃工作人员查田运动大会及八县贫农团代表大会的建议，发行经济建设公债三百万元"。后者指出："全苏区工农群众的革命热情正在沸腾般地增长起来……现在我们的任务就是要把这种热情组织起来，同样的用来开展经济战线上的当前的迫切的工作……我们相信，在热烈的动员之下，我们整个中央苏区一定能够很大地超过原定数量，而进一步达到五百万、六百万的光荣的数字……我们要应用一切方法，利用一切机会，在文字上、会议上、谈话上向广大的工人、农民及红色战士宣传鼓动，使他们明了经济建设公债的伟大意义，现在我们就应该立即开始推销公债的工作，我们要用全部力量来做到：没有一个觉悟的工人、农民及红色战士的手上不拿着光荣的辉煌的经济建设公债。"在第二版，刊登了《发行经济建设公债条例》，第一条则称"中央政府为发展苏区的经济建设事业，改良群众生活，充实战争力量，特发行经济建设公债，以三分之二作为发展对外贸易、调剂粮食、发展合作社及农业与工业的生产之用，以三分之一作为军事经费"。此次公债定额为三百万元；而在第五版上，报社提出了新的号召："《红色中华》要求全苏区党团政府、工会、贫农团一致动员起来：热烈拥护推销三百万元经济建设公债！为九月底全部完成而且超过退还八十万、节省三十万而斗争！"同版刊发的《为了革命战争 热烈要求发行经济公债》一文其实是三封书信。第一、二封分别是瑞金云集区吴坊乡主席致信中华苏维埃临时中央政府，称"我们全体全乡群众自动要求中央政府发行三百万的经济建设公债票……全体群众都很赞成，特要求中央政府立即发下来，适应群众的热烈要求"，该区洋溪乡主席和副主席致信中央政府人民委员会，称我乡"全体同意要求八县贫农团代表大会请中央政府发下三百万经济建设公债"。第三封是红军残废医院主任致信中央政府主席团，称本院军人大会讨论结果"一致要求政府发行苏区经济建设公债三百万"。此外，第五版还同时刊登了"这是为了革命战争""兴国上社区群众大会的响应""红五军团的空前记录：十天内募捐五千元""经济运动中的新记录：全数退回公债谷票"等，分别报道了各地各团体的退回公债事迹。

二、注重抓典型报道

注重抓典型报道，就是抓落实中心任务的典型。

为了使宣传突出中心，湘赣苏区新闻宣传还注重抓典型报道。所谓典型报道，是对某一具体部门或单位的典型经验或成功做法所做的比较全面或系统的报道，对社会生活中具有代表性的有普遍意义的事物所做的新闻报道。湘赣红色新闻的典型报道，是对在反"围剿"斗争中最突出、最具有代表性的先进单位或先进个人所做的重点报道。这种典型报道，能够配合宣传党的方针政策，突出宣传中心，紧跟时代形势，它起着教育群众、鼓舞斗志、指导工作的作用；同时，发挥先进典型的模范作用，号召群众向他们学习，努力完成党的中心任务。

兴国县是苏区的模范县。1932 年冬，在江西省两个月冲锋工作竞赛中，兴国县夺得总分第一名，获得全省总锦标。在全省工作总结大会上，李富春做了"江西兴国县扩大红军的记录"的报告，宣布兴国是扩大红军的模范县，号召全省学习兴国的先进经验。1933 年 9 月 27 日，在中共江西省第二次党代表大会上，罗迈代表中央局授予兴国县"我们的模范县"的光荣称号。同年 12 月，在江西第二次工农兵代表在会上，兴国县又荣获"全省第一模范"的奖旗，兴国县的"模范"工作经验，在苏维埃区域产生重大影响。1934 年 1 月，毛泽东同志在第二次全国苏维埃代表大会上赞扬说，"兴国的同志们创造了第一等的工作，值得我们称赞他们为模范工作者"，并发出号召"要造成几千个长冈乡，几十个兴国县"。第二次国内革命战争时期，兴国是江西红土地上著名的苏区，中央革命根据地的中心区域，中华苏维埃共和国中央政府和毛泽东主席表彰、嘉奖的"创造了第一等工作"的模范县。我们以 1933 年 5 月到 9 月兴国县的扩红运动为例，分析《红色中华》《青年实话》《红星》对先进典型的报道。

1933 年 5 月 17 日出版的《红色中华》第八十期，对兴国县的扩红运动进行典型报道，并从各个侧面展开报道。第一，刊登新闻《最光荣——兴国模范少先师整师加入了红军》，报道在中央提出创造一百万红军的背景下，兴国模范师四千多人，整师加入红军。第二，刊登贺电。以《革命史上灿烂的一夜》为题，刊登中少共中央局贺电；以《创造百万红军的先驱》为题，刊登中央政府贺电；以《向你们致少年先锋敬礼》为题，刊登少先队中央总部队贺电。第三，刊登欢迎词。以《热烈欢迎新战士》为题，报道红三军、红五军全体指战员欢迎兴国模范师开赴前线。第四，刊登红中编委撰写的题为《庆祝你们整师加入红军》的诗歌，歌颂他们的英勇行为。诗文如下："英勇的兴国赤少模范师！你们是四千多个红军战士，在共产党的坚强领导之下，你们高擎着苏维埃旗帜，一致加入红军，整整一师！//创造一百万铁的红军，你们是最光荣的例子，从此百战百胜的红军中，将增添一枝新的生力军，那就是英勇的你们，兴国师！//全苏区的赤卫军少先队，要学习你们的光荣例子，前方红军向你们举着欢迎旗帜，帝国主义国民党在你们面前发抖，红四中华向着你们致最恳挚的祝词！"诗歌热情洋溢、情真意切，起到了很好的宣传效果。

《青年实话》在"扩大红军拥护红军""扩红工作"等专栏中突出报道兴国的先进事迹。1933 年 5 月 21 日出版的《青年实话》第二卷第十六号，报道兴国模范师全师加入红军的先进事迹。第一，刊登《少共中央局贺电》，对兴国模范师加入红军的全体战士表示热烈的祝贺，对他们的英勇壮举给予高度评价。贺电称："你们这一英伟的壮举，是在革命史上一页灿烂的记录，是给帝国主义国民党的进攻，以铁锤的回答。全苏区的工农劳苦群众，将踏着你们的光荣足迹，实现创造一百万铁的红军的任务"，"希望你们在前线英勇杀敌，为争取战争全部胜利开战，你们的名字，将闪耀在最光荣的红版上"。第二，刊登《模范师第五团加入红军经过》一文，详细报道了兴国的模范师加入红军的经过。1933 年 5 月 28 日出版的《青年实话》第二卷第十七号以《第一，兴国第一！》为题继续进行连续报道，文章介绍兴国全县模范赤少队，经过组织的动员，全部加入红军，这一行为在全县工农劳苦群众中产生了巨大的影响，使他们明确了当红军不但是一种义务，而是一种光荣的权利。同时，报道还称，模范师整师加入红军后，分头到各地号召人们加入红军，成绩显著。

1933 年 5 月 30 日出版的《红星》第四十五期，刊登《兴国模范师与兴国模范县》一文，报道了兴国县工农群众慰问团上前线慰问兴国模范师的感人事迹。适逢"五九"模范师的周年纪念日，慰劳团来到火线上，送来麻布草鞋，这给了在前线与敌人血战肉搏的模范师红军战士极大的鼓舞。慰劳团代表向战士们汇报了动员参战特别是扩大红军、扩大赤少队模范营、归队运动、优待红军家属等红军战士迫切想知道的情况，希望他们在前线英勇杀敌。战士们向慰问团汇报了他们的战斗情况：没有一个逃员与掉队的，也没有一个生病的，战士们个个努力学习军事政治，遵守纪律爱护武器，在火线上没有一个畏缩的，等等；并决心多缴枪炮，多捉白军师旅团长，保卫我们土地、自由及苏维埃政权，彻底粉碎敌人第五次"围剿"。为了进一步加强兴国模范师与兴国模范县工农群众的联系，把兴国十七区一百二十七乡分配给各团营连，规定要定期书信联系，前方说战斗，后方说生产，互相鼓励。

茶陵县是湘赣苏区的模范县。1932 年 6 月 20 日，中共湘赣省委召开第二次执委扩大会议，决定开展第二次革命竞赛运动，又称"冲锋季革命竞赛运动"。第二次冲锋季竞赛，正处于敌人第四次"围剿"前夕，各县在竞赛中，提出"一切为了战争"的口号，号召广大党员、团员和青年积极踊跃参加红军，努力打击敌人，茶陵出现了妻送夫、娘送子参军的热潮。11 月上旬，湘赣省召开党的第二次代表大会，对"冲锋季革命竞赛"进行了总结评判，茶陵成绩突出，名列榜首。同年 12 月 20 日，湘赣省军区总指挥兼红八军政委蔡会文在《湘赣军区总指挥报告》中称"边区的茶陵县要算模范县"。从此，茶陵县成为湘赣根据地的一面红旗。

在模范县茶陵，严尧区的小田乡是全县的先进典型，湘赣苏区的媒体对此进行了重点报道。

首先，通过消息这种新闻体裁提供小田支部扩红数量多的新闻事实。1933 年 12 月 30 日出版的《红色湘赣》第十四期《拥护二次全苏大会声中工农群众象潮水般的涌进红军中去》一文，报道了党团员和群众加入茶陵团、少先队加入红军的消息。报道说："茶陵严尧区小田支部继续广暴墨庄支部加入红军的光荣例子，于最近全体党团员八十余名，并领导群众数十名成立红军小田连，准备马上加入茶陵团去。"

其次，利用通讯的新闻形式介绍小田乡的成功经验。1934年1月4日出版的《红色湘赣副刊》第一期刊登了题为《扩大红军的模范——茶陵严尧区小田乡》的文章，就是对小田乡经验的介绍。小田乡的成功经验是什么呢？总的说来，就是层层动员，层层深入。第一步，严尧区委召集了常委会，具体讨论动员的办法，集中力量抓紧小田乡的动员，来推动其他各乡动员的工作。第二步，召集区一级工作人员会议，提高他们扩大红军的积极性，到小田乡去动员。第三步，召集小田乡党支部会议，布置扩大红军动员工作，并召集党的支部干事与组长联席会议，动员他们一齐加入红军，这个动员非常成功，到会的同志全部加入了红军。第四步，安排加入红军的同志，到支分部去动员，给他们布置完成扩大红军动员的任务。在支分部会议上，加入红军的同志以身作则，动员支分部全体同志加入红军，这个动员也非常成功，支分部的全体同志都加入了红军。第五步，支分部全体同志领导青少队加入红军，同时又利用了苏维埃代表会、妇女代表会、工会、贫农团会等组织，深入扩大红军的政治宣传，做到挨户宣传，营造小田乡每个群众都要去当红军的环境。第六步，提出小田乡各村与各村竞赛，由于各村都不愿落在后面，群众当红军的热情高涨，各村可以当红军的工农群众，全体加入了红军。第七步，慰问红军家属，解决他们的实际困难。

小田乡是茶陵县"扩红"的先进典型，通过对他们"扩红"经验的介绍，能给其他乡的"扩红"运动以启发，能有力地推动整个苏区"扩红"运动的顺利进行。

再次，通过省委或政府的权威性文件和文章，推动对先进典型的宣传。1934年1月6日出版的《红色湘赣副刊》第二期《扩大红军专号》一文刊登了"中共湘赣省委给各县区委及支部委员会的指示信"，信中说："省委检查自省党大会闭幕后，在广暴纪念节当中一部分县区扩大红军工作，是得到很大的成绩，特别是茶陵，造［形］成了扩大红军的热潮，在广暴节动员了二百五十名加入红军，完成原定计划六分之五（党大会与永新订立条约是在广暴节应扩大三百人到茶陵团）。""广暴节后最近又有茶陵严尧区小田支部，党团员八十余人一致报名加入红军，并准备本月二十七号可动员到一百人以上成立小田连。""各县区支部在庆祝红军胜利中，必须学习茶陵墨庄小田支部最光荣的例子。"

三、反映一线动态

除了抓典型宣传以外，湘赣苏区新闻报道还注意及时反映基层实际工作情况、报道战斗在第一线的广大群众的活动。

反映一线动态，就是报道宣传工作产生的影响，也是落实中心任务取得的成绩，是突出中心工作的具体表现。

《红星》注意及时报道基层的最新动态。1933 年第十五期集中报道扩大红军和慰劳红军的群众运动，它报道了江西的兴国、胜利、万太、赣县、攻略县扩大红军的热潮，又着重介绍龙岗县南坑区扩大红军动员工作从落后变为先进的经验。在慰劳红军的宣传方面，它报道福建大埔、德联两区群众购买三百床棉被慰劳红军伤病员的最新动态，又报道武平县群众献给红军的慰劳品堆积如山，其中还有一个七八十斤重的冬瓜王，这从一个侧面反映出当地群众慰劳红军的热烈景象。

《红色中华》也注意及时报道基层的最新动态。它在 1933 年反对国民党第四次"围剿"的战争中，大力宣传报道节约经济的群众运动。5 月 17 日出版的第八十期报道刊登《中央印刷厂工友的积极》一文，报道 5 月 17 日晚上召开的中央印刷厂工人和当地贫农联谊会议的消息。这篇消息说："中央印刷厂工友平常对于参加革命战争，提高国家生产是非常积极的，如每日在未到上工前半点多钟就上工，八小时内增加百分之五的生产等。在四月份内工友们更自动节省了大洋四十五元三角，来帮助革命战费。在本月十五号发现了敌人飞机后，当天晚上由工会召集了全体工人及当地贫农团大会，讨论回答敌人轰炸的办法。结果，除了一方面挖飞机洞的工作外，各工友同志并自愿每天多做一点钟工提高生产，来回答敌人。当时又有装订部工友万家林同志提出在目前革命战争日益紧张的环境中，我们要不限期的做九小时工，直做到四次战争全部胜利为止，当时全体工友异口同声地说：'赞成！'于是一致举手通过，决定从十六号起执行。"这条消息，充分表现了中央印刷厂工人提高生产、支援革命战争的积极性。同一期的《订立节省革命竞赛条约》一文，报道了福建省蓝和如等二十七名邮务工人自动把四月份节省的经费支援前方。

《红色湘赣》一直注重对基层动态的报道。对扩大红军、慰劳红军、支前参战、经济建设等服务于反"围剿"战争的基层工作，都善于做详细报道。1933

年9月18日出版的《红色湘赣》第七期，报道安福模范连全体加入红军；1933年10月5日出版的《红色湘赣》第八期，报道少共国际团开赴前线，随红军行动；1933年12月1日出版的《红色湘赣》第十二期，报道工农群众积极分子参加红军；1933年10月19日出版的《红色湘赣》第九期，报道子代父、妻劝夫参加红军。1933年9月8日出版的《红色湘赣》第六期，以《一片慰劳红军声》为标题，刊登全省各地募集慰劳品的统计数据，把募集到的草鞋、布鞋、毛巾、大洋等一一列项公布。

对经济建设中的查田运动、购买公债运动的报道也是如此。1933年9月8日出版的《红色湘赣》第六期报道永新象形区查田运动取得的成绩，1933年9月18日出版的《红色湘赣》第七期报道对茶陵、新峡两县的查田的成绩，1933年10月19日出版的《红色湘赣》第九期报道九县的查田运动，1933年11月13日出版的《红色湘赣》第十一期报道了北路、吉安、莲花、永新、遂太、茶陵、安福等地查田运动取得的成绩，1933年12月1日出版的《红色湘赣》第十二期报道宁冈韩江乡运输工会主任刘平本同志领导全乡的查田运动的事迹以及安福、遂太、分宜、新峡、吉安取得的查田运动的成绩，1933年12月23日出版的《红色湘赣》第十三期报道莲花、茶陵、永新等县查田运动的情况。

1933年10月5日出版的《红色湘赣》第八期、1933年11月4日出版的《红色湘赣》第十期、1933年11月13日出版的《红色湘赣》第十一期，都开辟"红版"专栏对购买公债的事实进行报道，在"红版"专栏中，公布了推销第二期公债先进集体和个人名单；1934年1月22日出版的《红色湘赣》第十八期，开辟"红匾"专栏对购买公债的事实进行报道，在"红匾"专栏，公布了购买公债的先进集体和个人名单；1934年1月16日出版的《红色湘赣》第十五期、1934年1月19日出版的《红色湘赣》第十六期、1934年1月22日出版的《红色湘赣》第十七期，开辟"经济战线上继续不断的捷报"专栏对购买公债的事实进行报道，在"捷报"中，公布了购买公债的先进集体和个人名单。

报道来自基层的最新动态，能使宣传工作深入广大群众中，既宣传群众，又组织群众，为完成党的中心任务而奋斗。

第二节　富于鼓动色彩

1929 年 12 月，毛泽东在《关于纠正党内的错误思想》一文中提出："红军的打仗，不是单纯地为了打仗而打仗，而是为了宣传群众、组织群众、武装群众，并帮助群众建设革命政权才去打仗的，离了对群众的宣传、组织、武装和建设革命政权等项目标，就是失去了打仗的意义，也就是失去了红军存在的意义。"① 说明共产党人的目标之一是要帮助群众建立革命政权，而要实现这一目标，光靠枪杆子是不够的，还要靠笔杆子——宣传。在当时的革命根据地，以毛泽东为代表的共产党人，已充分认识到武装斗争和宣传鼓动对于革命事业的重要性，提出了"共产党是要左手拿传单、右手拿枪弹才可以打倒敌人的"② 重要思想。1931 年，少共国际给中国共青团苏区中央局的信里说道，要使中央机关报不仅成为很好的理论机关报，还要成为一个煽动的机关报和一个组织者。所以，湘赣苏区报刊也像整个苏区报刊一样，加强了战斗气息，富于鼓动色彩。

一、及时性报道

及时性报道就是注重报道的时效性，它是新闻报道的一个重要特点。新闻是对新近发生的事实的及时报道，它要求内容是新的，报道是及时的。"今天的消息是金子，昨天的消息是银子，前天的消息是垃圾"。从媒体的角度看，新闻报道总是有明确的目的性，从来也没有什么"为新闻而新闻，为报道而报道"。写新闻，既是给当今社会生活以忠实的记录，又是为了及时地通过反映现实来指导现实，帮助人们认识世界、改造世界。从受众的角度来看，由于受好奇心的驱使，受众普遍有一种"先睹为快"的心理倾向，而且还普遍有一种"先入为主"的认识倾向，所以，及时迅速地传递信息，会影响受众的观念和认识，能占据舆论导向的有利地位。湘赣苏区的新闻工作者在通信条件极为简陋的条件下，发扬艰苦奋斗的工作作风，利用消息、通讯等体裁，以较快的速度见报，

---

① 中央文献研究室. 毛泽东文集（第一卷）[M]. 北京：人民出版社，1993：79.
② 方汉奇. 中国新闻事业通史（第二卷）[M]. 北京：中国人民大学出版社，2002：289.

起到鼓舞士气的作用。

《红色湘赣》对红军战况最新消息的报道是非常及时的，因而在红军和工农群众中拥有众多的读者。它不仅及时报道湘赣红军的战斗消息，也及时报道中央红军的战斗消息，同时还及时报道其他根据地红军的战斗消息。1933年9月1日，湘赣红军击败敌军王东原，收复宁冈新城，9月8日出版的《红色湘赣》即刊登了题为《红军克复宁冈新城》的新闻，报道这次战斗的胜利；1933年8月31日，中央红军在吉水乌江附近消灭敌军八十一师李思慕三团，9月8日出版的《红色湘赣》即刊登了题为《红军消灭李思慕部三团》的新闻，简要报道这次战斗的经过及这次战斗的成果；1933年8月26日，攸县游击队向黄丰桥方向出击，捉拿土豪、缴获食盐，9月8日出版的《红色湘赣》即刊登了题为《攸县游击大队出击胜利》的新闻，对此予以报道；1933年8月23日，中路红军击溃敌军并缴获大量武器，9月8日出版的《红色湘赣》即刊登了题为《红军中路军两次击溃敌人》的新闻，对此予以报道。这些发生在近期的战斗，虽然伴随着浓浓的战火和硝烟，但更充满了胜利的喜悦，它激励着红军战士和苏区工农群众去英勇斗争。

《红色湘赣》对查田运动和购买公债运动的报道也充分考虑了新闻的时效性。1933年10月5日到9日，湘赣省苏维埃召开查田动员大会，10月19日出版的《红色湘赣》即刊登了题为《空前的九县查田运动大会》的新闻，详细报道了会议的经过和内容，包括通过决议订立竞赛条约、决定向地主富农捐款、请求增发公债等。九县查田运动大会之后，各地纷纷响应政府号召，召开各种动员大会，请求加发公债，10月19日出版的《红色湘赣》对此进行连续报道，如《回答加发廿万公债的请求——风起云涌的响应》《全省经济建设大会经过》《九县查田运动大会全体代表致省苏信》《全省经济建设大会请求省苏加发公债书》《省苏机关工作人员热烈动员经济》，动员大会之后，各地掀起了购买公债的热潮，《红色湘赣》都及时给予报道，10月19日出版的《红色湘赣》就刊登了题为《军区直属无线电队推销建设公债的优胜者》《省保卫分局热烈购买公债》《几个钟头推销公债五百六十元》等新闻。这种及时的集中性的报道，让读者感受到广大红军及工农群众购买公债的积极性，它是一种鼓动，也是一种引导。

1932年8月24日，李明率领的国民党五十二师向官田、平田一带进攻，吉安少队经过两天的战斗，打退了敌人的进攻。湘赣《列宁青年》1932年9月30日（第十五期）即刊登题为《吉安少队在进攻敌人中的英勇与胜利》一文，报道了战斗经过，赞扬了他们的英勇行为，并号召全体青年团员和少先队员向他们学习。1932年旧历中元节期间，永新的群众接祖宗、下斋饭、烧纸等，湘赣《列宁青年》在这一期（第十三期）刊登坚中撰写的《封建迷信是束缚穷人的工具》一文，分析目前存在的迷信现象，指出封建迷信完全是统治阶级拿来压迫束缚劳动群众的工具，对此予以批判。通过对这种现象的及时报道和批评，明辨是非，以正视听，同样具有鼓动作用。

1933年2月至3月间，红一方面军在朱德、周恩来指挥下，在黄陂、东陂战役中，歼敌近三个师，取得第四次反"围剿"战争的一个重大胜利。红三军团出版的《火线》报，于3月6日第十五期，迅速报道了这一重大胜利的消息，指出它是粉碎敌人第四次"围剿"胜利的伟大开端，给根据地的红军及广大工农群众以极大的鼓舞。同时，为了更好地鼓舞士气，特开辟"火线电台"，集中刊发多条红军战斗的简报。

《红星》报设立的"捷报一束"专栏，同样以对红军战斗消息的及时报道著称。它刊登革命军事委员会的电台收到的电讯和各地红军部队的来信、来稿，及时报道红军战士的胜利消息。对于一些重要的战斗，它力争在数天至一个月内通过通讯的新闻形式报道详细的战斗经过。1933年8月初，东方军在福建取得连城大捷，8月6日出版的《红星》报迅速刊登这一消息，并在8月19日和8月27日出版的两期上连载袁国平写的长篇通讯，题为《夺取连城的经过》。《红星》报对红一方面军的历次主要战斗，都有或详或略的报道，而且比较迅速及时，使苏区军民从充满硝烟味的报道中感受到革命军队的坚强斗志。

二、比较性报道

比较性报道，是指在各项活动中，定期或不定期公布统计数据，刊登统计表，反映各地各单位完成任务的情况。谁先进、谁落后，一目了然。这种办法收到了及时鼓励先进、鞭策后进的效果。

1933年，湘赣苏区开展轰轰烈烈的查田运动和经济运动。1933年10月19日出版的《红色湘赣》第九期公布查田运动的统计数字。莲花第一名，查出地主203家，富农210家；吉安第二名，查出地主30余家，富农200余家；永新第三名，查出地主 17 家，富农 154 家，其他异己分子 30 名；安福第四名，查出地主 20 家，富农 89 家，其他异己分子 9 名；茶陵最后一名，查出地主 27 家，富农 15 家。虽然，文章没有对最后一名进行批评，但通过数字的比较，先进与落后已经非常清楚了，这里，也包含了对先进的鼓励和对后进的鞭策。1934 年 1 月 16 日出版的《红色湘赣》第十五期公布九月到十二月没收款项的统计数字。其中，莲花第一名，退款金额为 7835.799 元；永新获第二名，退款金额为 7532.14 元；安福第三名，退款金额为 3215.435 元；吉安第四名，退款金额为 482.678 元；茶陵第五名，退款金额为 275.4 元；分宜最后一名，退款金额为 212.2 元。

对于其他的活动，《红色湘赣》也常采用这种报道办法。1934 年 1 月 27 日出版的第十八期刊登《全省第一次成绩展览会评判总结》一文，就国际、标本、图画、手工几个方面的竞赛结果，利用统计数字进行公布。永新平均 74 分，排名第一；城市平均 70 分，排名第二；吉安平均 69.5 分，排名第三；安福平均 60 分，排名第四；莲花平均 61.7 分，排名第五。1964 年 1 月 3 日，《红色湘赣副刊》刊登了《南阳区苏代表会扩大红军竞赛》一文，报道扩大红军的成绩，采用表格的数字统计形式。分两个方面，一是自动报名当红军的，一是领导群众去当红军的。

1933 年，在节省经济、退还公债以帮助战费的运动中，《红色中华》公布了经济动员的统计数据。4 月 2 日发表《经济动员的统计数字》，宣布从 3 月 26 日至 29 日，退还公债 2027 元 6 角、节省经济 487 元。从 3 月 30 日至 4 月 2 日，退还公债 304 元 8 角、节省经济 50 元 4 角。附在这个统计表后面的编者按语说："三天锐减二千元！不行！不行！最近三天来的节省运动突然低落了，这是不可容许的现象！在我们这次收到的数字中，只有兵站、军区和医院的其他工会、雇农工会、贫农团的经济动员到哪儿去了？我们要求立刻有回答来，我们要求节省运动像怒潮般的高涨下去，继续向前发展！"这种公布数字又配上尖锐有力的编者按的办法，向人们敲起了警钟。4 月 8 日又刊登《经济动员的统计数字》，从 4 月 2 日至 4 月 5 日，退还公债 7350 元 2 角、节省经济 350 元 7 角。比前三天激增七千二百余元！附在这个统计表后面的编者按语说："这三天来是经济动员的冲锋节，极快而且极大的增加了数字，但是，同志们呵，这离标准数字还差得很远呢！因此本报现在号召：突破一百万！"此后，《红色中华》每隔两三天，就公布经济动员的统计数字一次。到 6 月 11 日，它公布的统计数字表明，从 6 月 4 日到 6 月 8 日，退还公债 29751 元 5 角，节省经济 3427 元 2 角，总计 33178 元 8 角，已经突破三万元大关。

1933 年 6 月，在扩大红军运动中，中华全国总工会苏区中央执行局发出创建工人师的号召，它的机关刊物《战斗》立即设立"看赛跑"专栏，在专栏上刊登进度表，定期公布各地工人志愿加入工人师的统计数字，又专版报道永丰、胜利等县扩大"工人师"的先进事迹，大张旗鼓地表彰先进集体和个人。

在 1934 年的扩大红军突击运动中，1 月 21 日出版的《红星》报第二十五期"扩大红军"专栏刊登了一篇统计材料，首先反映先进的瑞金、兴国、西岗三地继续突击情形，接以《又有四县完成了》为标题，公布杨殷、博生、长胜、乐安四县的统计数据，最后以最落后的县份为标题，指出"汀东仅达到百分之四十。上杭，仅达到百分之五。新泉仅到达百分之十四。落后的赶上前去呵！"

同时，比较性报道，还包括开展表扬和批评，表扬好人好事，批评不良现象。这种办法同样能收到鼓励先进、鞭策后进的效果。

有些报刊同时设有刊登表扬稿的专栏和刊登批评稿的专栏。这两种专栏的名称不一，有些报刊把它设置的这两种专栏分别取名为"红匾"（或"红版"）与"黑板"。例如《火线》报设立了"红匾上"专栏，刊登来自连队的表扬稿，又设置"黑板上"专栏，对那些革命意志不强、有严重思想错误或自私自利的人进行批评。又如《猛进》报，开辟了"光荣的战场上的红版"和"可耻的战场上的黑板"两个专栏，通过这两个专栏，表扬了红军战士受伤不下火线、工作吃苦耐劳、勇敢冲锋陷阵、节约用费支援战争等先进思想和事迹，批评逃跑、胆小怕死、工作马虎等不良现象。

《红色湘赣》创刊后，先后设立刊登批评稿的专栏"铁锤"。后来，在经济建设运动中，又开辟"红版""红匾"专栏，刊登表扬稿。"红版""红匾"是革命竞赛上用的一种鼓励方法，在竞赛中，哪些同志的成绩最好，在一个红版或红匾上，就把这些同志的姓名登出来。反之，有成绩不好的，就把他们登在"黑板"上，教他们以此为戒，这就和"铁锤"一样。

有些报刊设有刊登表扬稿的专栏，有些报刊虽然没有设置刊登表扬稿的专栏，但是还是注意及时发表好人好事的稿件，表扬查田运动中的先进，表扬购买公债、退还公债的先进，表扬节约运动的先进，表扬扩红运动的先进等。

很多报刊设有刊登批评稿的专栏。注意在报刊上展开批评，是湘赣苏区报刊的一个特点。在这方面，最具有代表性的是《列宁青年》，它辟有"自我批评"和"轻骑队"两个专栏，就思想认识问题、工作作风问题、工作方法问题，长期坚持开展公开地批评，旗帜鲜明地抨击青年团员中存在的各种不良现象。

《列宁青年》1932年第十三期的"自我批评"专栏的批评报道了几件事实。第一件事，是说有一些摆老革命资格的团员，故意给工农分子的上级巡视员为难，在每次开会时，不讲实际工作，只问"马克思的公公是哪一个，叫做什么名字？在第一次世界大战中打了几多颗子弹"等。文章批评指出：这是故意使工农分子为难。第二件事，在有些地方，如果团员犯了错误，就要罚苦工帮助红军家属耕田作地，使群众怕加入青年团，把青年团当作是一个"国民党的衙门"，使团员不但不能纠正错误，反而更加不愿意。文章批评指出：这种以罚苦工来代替团的纪律的做法是错误的。第三件事，近来永新各区有些地方的苏维埃代表，手里拿着一面锣，一边打锣一边喊："南瓜冬瓜豆角就要，辣椒就不要呀！"文章分析指出：送小菜给红军及伤残兵是表示我们群众拥护红军的诚意，是要在群众自愿原则上去进行才有意义。同期的"轻骑兵"专栏也批评了几件事。第一件事，在扩大红军的浪潮中，有少数妇女发生一些很坏的现象，在北路苏区的青年妇女，不屑与青年男子结婚，情愿做老头子的老婆，为什么呢？是因为青年男子要去当红军。文章要求做妇女工作的同志应特别注意。第二件事，在安福上城区苧田支的同志，去帮助红军家属耕田作地，一定要吃"鸡子""猪肉"，如果没有吃，就不去。文章这样反问道："这样贪吃的团员，纪律到哪里去了？这样还能够领导群众吗？"通过对这些不良现象的批评，意在警示人们的思想及行为上的偏差，同样能起到鞭策、鼓动作用。

三、呼吁性报道

呼吁性报道是在新闻报道中提出自己的愿望和主张，号召大家去执行。

呼吁性报道常出现在新闻评论、通讯、消息这几种新闻体裁中。新闻评论的特点就是阐述自己的观点和主张，引导人们的思想行为；通讯、消息则通过抒情、议论，向读者发出呼吁，寓思想于新闻事实之中，引导人们的思想行为。湘赣苏区新闻报道，很大一部分呈现出呼吁性特征。

1934年1月16日，《红色湘赣》刊登了《美丽的银牌——赠给经济战线上的尖兵》一文，表扬了获得购买公债银牌的茶陵代表周克兴、吉安代表曾松林两位同志以及获得优胜单位的茶陵县。文章最后呼吁："同志们！大家来竞赛呵！争取经济动员突击的胜利！"文章在叙述完新闻事实之后，用议论的语句呼吁人们投身到竞赛中去，争取经济动员突击的胜利。

1932年1月15日，《湘赣红旗》刊登了《今年的列宁、李、卢纪念》一文，追述了世界革命领袖列宁及李·克拉西、卢森堡的光荣斗争历史，指出了在今年纪念他们的深刻意义，同时，要求大家要借对列宁、李·克拉西、卢森堡的纪念，承担自己应有的责任。文章在最后呼吁："同志们！省委三个月工作计划出来了，我们要实行一个总的竞赛，看谁执行得快，而且好的做'飞机'，谁执行得慢而且坏的做'乌龟'，大家起来争取飞的胜利呵！"文章的结尾，通过呼吁，让我们进一步体会到为完成省委三个月工作计划而展开竞赛的重要性，也更增强了我们参加竞赛的积极性和主动性。在同期的《纪念列宁、李、卢中的肃反工作》一文中，分析了目前的斗争形势，指出了肃反工作的重要性。文章在最后呼吁："同志们！今日是纪念列宁、李卢的日子，我们当要学习他们斗争的经验，继续他们斗争精神，完成他们给我们的历史使命，坚决反对肃反工作中的机会主义与盲动主义。"这里，结尾处的议论，具有强烈的鼓动色彩，激励人们为完成肃反工作这一历史使命而努力。

1932年2月7日，《湘赣红旗》刊登了《对列、李卢、运动周工作的批评》一文，就各县在运动周的不足，给予批评。文章在最后呼吁："同志们！'二七'纪念又来了，看'二七'纪念又是谁的工作高明？谁的工作落后？我们将给你们以'公平'的批评。"这是一篇总结性的文章，也是一篇批评性的文章，文章最后的呼吁，既给人们的工作敲响了警钟，又让人们认识到问题的严重性。

1933年3月4日，《湘赣红旗》刊登了《最近政治事变的发展和我们的中心工作》一文，分析了最近世界和中国政治事变的发展以及目前面临的巨大而艰苦的任务。文章最后呼吁："同志们！伟大的革命的风暴，一天天厉害起来了，这个新的政治形势是有利于我们苏区向外开展的时机，我们要更大的动员群众，艰苦的努力一切实际工作，去消灭进攻苏区的敌人，开展湘赣苏区新的局面。同志们！这是要靠我们能够真正的加紧的执行共产国际路线，和努力一切实际工作才能完成我们的总任务呵！坐着吹牛皮等待革命成功是双料的最可耻的机会主义。"文章最后的呼吁，具有强烈的鼓动性，它号召人们赶快行动起来，为完成湘赣苏区伟大的革命任务而斗争。

呼吁性报道还常常出现这样的形式：以报刊编委会的名义，直接向群众发出战斗的号召。

《红色中华》报在组织动员群众积极参加运动和积极进行各项工作中，不时向群众发出"本报的号召"，提出具体的要求和指示。在节省经济、退还公债的运动中，它提出号召，要求总数突破1万元。号召发出后，它陆续报道群众的热烈响应情况；在总数突破1万元之后，它又进一步号召突破2万元。在这前后，它还号召苏区军民积极退还第二期革命战争公债券，并且广泛报道红军和各县各单位响应号召的热潮。1933年9月30日，又发表《本报关于扩大红军的号召》，由编委会发表的这篇号召书写道："中央局已经决定动员一切组织，在十月革命节以前来完成并且超过中央军委八九十三个月的扩大红军计划！本报除了热烈响应中央局的决定以外，特号召全苏区的工农劳苦群众，以及本报的全体读者与全体通讯员，立即开始以突击的方式紧张动员起来，争取赤少模范队、独立营，整连整营整团的加入红军，创造新的师团来纪念今年十月革命节与中府成立两周年纪念，本报愿以最大的篇幅刊载一切模范的动员，和每个扩大红军的捷报！同志们！战斗的动员起来，响应本报的号召呵！"同年10月6日，又发表《光荣的博生的模范动员》迅速报道了江西省第二次党代表大会热烈讨论扩大红军工作的情形，并且介绍了博生县10天内扩大红军1800名的先进事迹。《红色中华》经常用整版的篇幅报道各县扩大红军运动一浪高过一浪的热烈景象，同时也揭露一些落后县和区的官僚主义。紧接着它又大力宣传中央革命军事委员会关于扩大红军运动的计划，介绍先进经验，报道中央突击队在各地执行任务的情况，以及各县热烈响应《红色中华》号召的具体行动。

《红星》报设立了"红星号召"和"响应红星号召"两个专栏。1933年8月13日，《红星》报号召红军战士踊跃购买经济建设公债。它建议红军战士节省费用或用伙食尾子，以连为单位，购买公债；有钱的个人尽量购买，钱少的几个人合股购买一张；向苏区群众宣传，多写信回家，鼓动亲戚朋友热烈购买公债。同年11月，它又号召：为发展两万红军合作会员而斗争。1934年3月，《红星》报号召各红军部队为白区工人募足3万元罢工经费，并号召前后方红军部队节省经费，充裕战费，而且提出了具体办法。1934年4月22日，《红星》报又继续号召红军后方机关每月再节省6万元。它一方面根据党中央和中央革命军事委员会提出的战斗任务发出号召，另一方面又及时报道广大指战员积极响应《红星》号召的实际行动。

《青年实话》也向广大工农劳苦青年发出号召。它号召工农青年积极参加合作社运动，号召各地青年群众设立节省经济箱。它还向儿童团发出号召，组织他们为拥军优属做好事。1933 年 11 月，它号召全苏区劳苦工农群众在第二次全国工农兵代表大会召开前，做 30 万双布鞋犒劳红军，同时举行大规模的慰劳伤兵战士运动。在各县慰劳红军热潮中，它又号召后方工农劳苦青年踊跃加入红军，并号召红军中的青年，以最高的热情，提高和巩固红军的战斗力。它的号召得到广大工农群众热烈响应，也得到《红星》报的呼应。《红星》编委在《红星》报上发表了呼应书，呼应《青年实话》的号召，以战斗的胜利来回答群众的慰劳。

第三节　重视发表言论

苏区报刊明确提出要成为"战斗动员有力的喇叭""推动工作有力的武器"，充分发挥宣传指导作用、鼓动组织作用，为完成党政中心任务服务，所以，重视言论的发表。苏区报刊发表言论的方式主要是通过言论文章，同时也有穿插在文中的画龙点睛的议论。

言论文章主要是指刊登在报刊上的新闻评论。新闻评论是针对现实生活中新近发生的、具有普遍意义的新闻事实和迫切需要解决的问题而发议论、讲道理，发表意见和看法。也就是说，苏区报刊发表言论主要是针对苏区发生的重要的、典型的新闻事实以及群众普遍关心的重大问题，来阐明立场和态度，反映舆论和引导舆论。这种言论文章，是通过对客观事物的分析来进行议论和阐述，通过讲道理来表明主张，并以此影响、感化和说服读者。

实践证明，言论文章是影响舆论的重要形式，因而受到苏区党和政府的高度重视。新闻宣传总是要反映一定的观点和倾向，代表一定的阶级、政党或政治集团的利益，因此，言论文章作为党和政府宣传的工具，具有鲜明的政治性。它要针对那些具有政治意义的问题发言，它要围绕重大的政治问题以及在贯彻执行党的中心工作过程中产生的各种思想问题，进行实事求是的具体分析，从而阐明党的立场和主张。例如当前的客观形势、舆论动向和宣传任务，以及最近上级发布的重要决定、工作部署和最新的政策精神，还有就是实际生活中层出不穷的新情况、新矛盾、新问题以及来自广大群众的呼声和要求。

言论文章具有重要的作用。一是宣传作用。言论文章是报刊中最直接、最迅速的一种宣传手段。宣传什么？宣传马克思列宁主义思想，宣传党的路线、方针和政策，具体说来，就是宣传党的政权建设、组织建设、军事建设、经济建设、文化建设等方面的路线、方针和政策。二是教育作用。言论文章由于着重从思想、政治、道德等角度分析问题，所以一般具有一定的思想、政治、道德的教育作用，从而规范人们的思想、道德行为。三是指导作用。言论文章是社会舆论最集中的反映，同时它又强有力地引导着社会舆论，因此，它又能起到指引方向和指导工作的作用。评论是旗帜，旗帜就是方向。同时，它还能指导一个时期的工作。党的任务、方针确定之后，如何把党的任务、方针具体阐述清楚，如何动员群众来执行党的方针，为实现党的任务而奋斗，在贯彻党的方针过程中要注意防止和克服哪些不正确的东西，这就需要舆论工具，其中最主要的就是报刊言论。四是武器作用。言论文章是我们同错误思想，同敌对势力进行斗争的战斗武器，它作为一种重要的舆论方式，能够达到批评错误思潮、抨击反动派的目的。

湘赣苏区有较大影响的报刊都重视言论文章的发表。《湘赣红旗》《湘赣斗争》《列宁青年》以言论文章为主，特别注重借助重大节日联系当前实际展开评论，如1932年1月15日出版的《湘赣红旗》第四期，在纪念列宁、李·克拉西、卢森堡之际，联系当前的实际，提出开展对敌斗争、教育青年的要求；1932年2月7日出版的《湘赣红旗》第五期，在纪念"二七"工人大罢工之际，提出执行劳动法的要求。它们又具有各自的言论特色。《湘赣斗争》受"左"倾路线的影响严重，其言论文章多是对党内同志的批评与斗争；《列宁青年》则是针对青年的工作、思想、觉悟展开评论，其"自我批评""轻骑队"专栏主要以批评为主。《红色湘赣》是综合性报纸，但对社论也非常重视，常把社论放在头版头条。

苏区在湘赣发行的报刊，如《红色中华》《红星》，普遍设立了"社论""评论"专栏，经常刊登社论和评论，传达党和政府的声音。

一、旗帜鲜明的社论

社论是代表编辑部就某一重大问题发表意见的权威性评论。党的机关报发表的社论，是代表它所属的机关的，社论是表明报纸的政治目的的旗帜，报纸必须有了它才具有完全的政治价值。在报刊所有的言论中，社论最具权威、最有影响，是评论中的"重要武器"。

社论具有重要的地位和权威性，是因为社论是代表编辑部发言的，对执政的共产党的机关报来说，它更是党的喉舌，不仅代表编辑部发言，在一定程度上还代表同级党委，直接表达党的观点和意图，传达党委和政府的声音。社论的主要任务是根据当前的国内外形势，围绕党和国家的中心任务，结合实际，阐明政策，做出号召，引导舆论，指导实践，因而有较强的政策性。不少的重要社论直接由党和政府的领导人执笔，也就更显示它的权威性。《红色中华》的很多社论都是党政领导人和中央各部负责人撰写的，张闻天（洛甫）撰写的社论最多，其他如博古、李维汉、谢觉哉、陈潭秋、王观澜、吴亮平等人都为《红色中华》撰写过社论。从1933年8月至1934年9月，《红星》报发表的社论，约有一半是出自中央党政军负责人和各方面负责人之手，其中有周恩来、洛甫、博古、罗迈、王稼祥、贺昌、杨尚昆、邓发、聂荣臻、顾作霖、滕代远、陈云、贾拓夫等。同时，社论的内容一般针对当前的重大事件、重大典型、重大问题或重大纪念日，表明报刊编辑部的立场、态度和意见，必要时要提出解决问题的指导思想和措施，指明任务和方向，因而具有鲜明的针对性和高度的指导性。有的重要社论实际成了党的重要文献。

《红色中华》从1934年1月1日出版第一三九期起，到同年10月3日出版第二四〇期为止，在这102期中间，发表重要社论26篇。社论涉及收集粮食突击运动、节省运动、查田运动、扩大红军运动、春耕和秋收运动以及"五一"节、"八一"节纪念活动。如1934年5月6日刊登的《红色湘赣》刊登《为迅速开展收集粮食的突击运动而斗争》一文就是为了配合中央政府的收集粮食突击运动而作。文中指出，"开展收集粮食的突击运动，为解决粮食而斗争，是保证红军给养，改善群众生活，争取彻底粉碎敌人五次'围剿'的胜利的主要保证"，这是对收集粮食意义的阐释。接着，文章就如何完成这一运动提出指导性的意见，包括要学习扩大红军突击运动的经验、要特别抓住落后分子最大的县区、要密切联系反贪污浪费的斗争、要进行深入的政治宣传鼓动工作以发动广大的群众等。文章针对性强,指导性强。"八一"节到来前夕,《红色中华》1934年7月10日刊登《瑞金全县反日示威的意义》一文,报道了瑞金举行声势浩大的反日游行活动,揭露了日本帝国主义对中国人民屠杀、奴役、掠夺的罪行,指出了白色区域的人民没有反日的自由,只有在苏维埃区域,人民群众才有反日的自由、反对卖国贼汉奸的自由,号召人们认清形势,"只有苏维埃的全国胜利,中华民族才能得到彻底的解放"。

1932年,列宁、李·克拉西、卢森堡逝世纪念日到来之际,《湘赣红旗》1932年1月15日刊登王首道《今年的列宁、李、卢纪念》一文,具有突出的社论特点。

第一,由湘赣领导人执笔撰写,作者王首道时任中共湘赣省委书记,其言论具有很大的权威性。

第二,立场坚定、旗帜鲜明。文章歌颂了列宁、李·克拉西、卢森堡等革命先烈的英勇事迹。文章指出,李、卢是反对第一次世界大战的健将,他俩主张坚决"打倒主战的祸首",并实际援助德意志南部巴然的独立,驱逐德国威廉二世;组织斯巴达季团(共产党)反对社会民主党,领导柏林工人组织武装暴动。列宁亲自领导全俄的劳苦群众,实行"以国内阶级战争消灭帝国主义战争",举行武装暴动,取得了十月革命的胜利,创造了苏维埃联邦共和国;他指导西方无产阶级与东方弱小民族联合起来,组织了第三国际,成为现在世界革命的总机关、反对帝国主义的大本营。文章批评了帝国主义、国民党的罪恶。文章指出,帝国主义争夺市场、瓜分殖民地的冲突日益紧张,各国都实行军国主义政策,积极准备战争,第二次世界大战的来临,已经是迫在眼前了。国民党五年来黑暗统治的结果,就是连年不断的军阀战争,各种捐税租利剥削的加重,白色恐怖的残酷,尤其是空前的水灾、兵祸、饥荒使千百万群众都陷于破产失业和饥寒交迫的绝境。

第三,具有鲜明的针对性。文章分析指出,纪念先烈,绝不是为纪念而纪念,纪念先烈是为了目前的政治需要而纪念。目前,苏区面临着巨大的困难,在这样的背景下纪念他们,就要联系目前的中心工作,要以先烈的革命斗争精神作为我们斗争的动力。

二、引导舆论的评论

湘赣苏区报刊的大部分言论文章属于引导舆论、指导工作的评论，它有评论员文章和短评等形式。评论员文章的主要任务是：针对实际生活的某一方面问题，做政策性、方向性的指导和评价；在党和政府的各项政策的贯彻过程中，及时地揭示出一个时期的具体方向或侧重点；及时地灵活地针对某种社会思潮和一个时期和一个时期的思想倾向，宣传党的路线、方针和政策。短评是一种内容单一、篇幅短小、分析扼要、使用灵活的评论形式，它根据党的方针政策，配合新闻报道，就现实生活和实际工作的某一个方面展开评论。

1931 年 12 月 30 日出版的《湘赣红旗》第三期，刊登了道一的《今年的年关斗争》① 一文，具有很强的指导性。作者陈述了今年年关贫苦群众的现状是"卖物典当，鬻妻卖子，求生不得，求死不能的绝境"，而这种悲惨的现状来自"日本帝国主义出兵东三省，侵占北方各省口岸，屠杀中国劳苦群众"以及"向苏区用尽种种残酷的手段，实行屠杀焚烧抢劫，用尽欺骗的手段，收买富农、流氓、AB 团等组织、守望队、挨户团，企图收回他们的土地和恢复他们收租收债的剥削"。面对这样的现状，我们唯有斗争。接着，作者对今年的年关斗争，提出了具体的任务与策略。其一，白区的年关斗争，要发展广大群众，坚决不完债、不完租；其二，在年关斗争中，发动成年的工人斗争；其三，在年关斗争中，要加紧白军士兵运动；其四，在白区发动年关斗争时，需要组织赤少队准备开展游击战争，推翻地主豪绅的政权，发展新的苏维埃区域；其五，在斗争中动员广大群众的力量，严厉地镇压苏区的一切的敌人，彻底消灭 AB 团改组派的组织与活动。

1932 年 9 月 1 日出版的《列宁青年》第十八期，刊登《这样才是党对团的政治领导吗？》② 一文，对部分党员关于团组织的取消主义思想展开批评。报道说："我们自脱离立三路线转变到执行国际及四中全会的正确路线过程中，还表现着党对团的取消主义继续存在。"文章列举了茶陵高陇区泥江支部的事例来说明，高陇泥江支部的同志就对一个女同志说："加入共产青年团又要做这样，又

---

① 道一. 今年的年关斗争［N］. 湘赣红旗，1931 – 12 – 30.
② 潘祖浩. 肃清目前党内几点不正确倾向［J］. 茶陵实话，1932（13）.

要做那样，真是辛苦，你不要加入共产党。"个别党员的这种行为，不但不能加强对团的政治领导，反而破坏了团的政治影响。

1932年4月24日出版的《茶陵实话》第三期，刊登《肃清目前党内几点不正确倾向》①一文，就茶陵党内发生的一些不正确的倾向，进行了严厉的批评。文章从五个方面进行归纳。

一是批评悲观动摇思想。文章指出："当地革命运动大踏步向前发展，反革命为挽救他重〔垂〕死的狗命，无疑义的是要更残酷的进攻苏区和红军，却〔可〕是茶陵党内有些同志眼看着陈光中近来迫进二区，便希〔稀〕奇古怪认为革命是要失败，于是发生悲观动摇，上的上山打埋伏，躲的躲在家中守老婆，甚至长吁短叹仍〔任〕你什么支部和小组会总是一脚不往，甘愿受团体的处罚，开除党籍也是不要紧，这样的党员继续在党内生长着，而所属上级党部不切实予以纠正，又不设法将这些意识〔志〕薄弱的同志找回来编入支部或小组授课，加紧其教育训练，分配其一件或两件的工作，使他们对党有深刻的认识而安心为党工作。"

二是批评躲避斗争的行为。文章指出："上次敌人进攻小田时弄得各革命机关东逃西散，在严尧、湖口、舲舫等区委就变其〔起〕缩头乌龟来了，躲在毛坪和甘子山，想着那观山观水的美景，头也不敢伸出来，县委屡次指示他们移前去办公，一味的藉口说这样困难、那样困难，你推我我推你，结果各人都不去，就□□了背后县委再严格的指出，才各人移前去办公，这是犯了严重的错误，是躲避斗争的表现，是党内所不容许的，应该给以无情的打击。"

三是批评消极的情绪。文章指出："在此敌人严厉进攻苏区的当儿，每一个共产党员应如何拿出布尔什维克的精神，号召广大群众坚决向敌人进攻，那〔哪〕有安闲的日子？而是相反的有许多同志觉得革命苦一些，以为春天到了，想跑回家中作田或者看一看父母妻子，想着那家庭快乐生活，顿时党内请假的风声流行，在县委难隔九〔几〕天就要接到下级工作人员的请假信，真是忙于应负〔付〕，特别是二区的同志，若是分配他们到别区工作，多数不愿去，未上几天就装病向团体请假，如果不准许他们的要求，就以消极抵抗或者拿出他们的开小差的本领，一同跑步回去了，这是党内的妖怪，算不得无产阶级的战士，

---

① 这样才是党对团的政治领导吗？[J]. 列宁青年，1932（18）.

可说是革命的罪人。"

四是批评干部某些作风问题。巡视员到下级巡视工作，喜欢摆架子，指手画脚；下级对上级，则"认为党的巡视员好象大些，格外的恭敬，若是苏维埃工会其它机关的巡视员到了，只是表面上接洽一下敷衍了事，认为不关重要，好象不是他们的事情，不理睬也可以"。作者认为这是放弃自己的责任，是非常错误的，是绝对不容许的现象。

五是批评党员的某些作风问题。文章指出这样一种现象，有些同志自从加入了中国共产党，摆起党员的资格来了，支部小组会不到会，各种斗争也不参加，各种工作也敷衍了事。倘若有时参加会议，也只是听别人讲话，大声喊"赞成""没什么意见""出席人作结论"等，自己却不积极发言。作者认为这种党员是革命的愚人，算不得无产阶级的战士。

最后，作者大声疾呼："同志们，无产阶级的战士们，上面所发现这些不正确倾向是目前茶陵党内最严重的问题，我们应一刻不停留的一概洗刷一个干净，切实纠正过来，那么才能加强党的领导力量，巩固党的无产阶级基础，争取革命胜利。"

三、短小精辟的编者按

编者按是编者所写的按语，是依附于新闻报道或文稿的新闻评论。某一新闻稿发表时，有关编辑在它的前面、中间或后面写些简短的言论。它可以是针对稿件中的观点和材料，解释有关方针政策，直接表明编者的态度和建议。它常常突出强调稿件的中心思想和现实意义，突出点评稿件中最精彩的、结论性的意见；也经常补充提供一些背景材料，传播最近信息，以引起读者的注意，提高宣传效果，引导社会舆论。这就是编者按语。编者按语有文前按语、文中按语和编后。文前按语是加在文稿前的按语，它片言居要，提纲挈领，言简意赅。文中按语插入文中，附在某一句、某一段后面，它是有感而发，有疑就注，有错就批，表明编辑部的态度。编后附在文后，旨在深化稿件的主题或报道思想，是编辑对新闻稿件有感而发的一种抒情、联想和议论性的文字。

1933年7月10日，《湘赣斗争》第二期刊登题为《永新最近推销公债票所得的经验》的报道，介绍永新推销第二期公债十万元的经验。首先介绍里田区突击队的办法：进行政治上的宣传，鼓动深入群众中；实行有组织的动员工会、贫农团、妇女代表会，开会讨论推销公债；运用革命竞赛的方法，实行支部和支部比、个人与个人比、村与村比，充分发扬革命竞赛的精神。然后县委运用了他们推销公债的经验与办法，随即指示各区，各区即仿照他们的办法，同样去进行，就得到了很大的成绩。在文后，有一段编者按。

> 永新在短短的十几天中，推销第二期公债已获得了这些成绩，更加证明了旧省委机会主义动摇与污蔑群众的破产，然而，这些成绩还是不能令我们满意，因为他们在领导这一运动中，还有不少的缺点，这一运动的发动，还只限于党团的积极分子联席的热烈购买公债的运动，我们很少听到这些购买公债的"健将"在广大群众中怎样起他们应有的积极领导作用，（如组织突击队等），同时表现各种群众组织的动员，还是异常不够，特别是深入到小组会中去动员的不够，因此，政治动员还是不深入，同时，还没有从执行党的全部进攻路线来推销公债（如扩大红军、加紧模范师的动员、武装保护秋收、完成查田运动、实行劳动法以及各种群众运动与阶级斗争的深入中来发动群众推销公债），这些都是使我们这一工作不能收到最大的成绩的主要障碍，在目前，为要争取决战的全部胜利，准备与帝国主义直接作战，实行经济方面的动员，这就要运用过去的经验，并学习各地，和自己创造出更有效的新的方法来动员，特别是要反对旧省委机会主义动摇和罗明路线不相信群众与污蔑群众，加紧政治动员，坚决执行党的进攻路线，来完成我们伟大的革命任务。

这篇编者按，是针对永新县推销公债取得的经验展开的评论，要点有：

第一，文章肯定了永新推销第二期公债获得的成绩，指出了取得这一成绩的现实意义——证明机会主义动摇与污蔑群众的破产。

第二，借永新推销公债获得成绩一事，指出目前推销公债中存在的严重问题——政治动员不够深入。

第三，提出学习先进经验，创造更新、更有效的方法，加快经济方面的动员。

1931年1月15日，《红星》第七期刊登题为《反对形式主义的倾向——红军信基督教么?》的评论文章，批评了在红军部队里的一件事，就是早晚点名时候要唱歌和喊口号。作者认为，唱歌是可以的，比如出完操之后、休息的时候，唱歌可以增加勇气、增加快乐，但点名时唱歌有什么作用呢？口号是表现党在某一个时期的政治主张、工农群众的要求的，所以，喊口号要在新的政治环境或工作环境变动的时候，决定新的政治和工作任务的时候，才有必要。作者认为，"这样礼拜堂里的形式主义，不是真正的宣传鼓动工作，应当立刻改变的。"

1931年1月20日出版的《红星》第八期，刊登了"编者的话"，对早晚点名后唱歌和喊口号的事情展开评论，进行重新阐述。现摘录如下：

（一）早晚点名后唱歌不必拘定形式，天天只唱一段就算了事，应该把《国际歌》《少年先锋歌》《工农运动歌》《红军歌》《拥护苏维埃歌》等，不但全部学唱熟，并且，大家懂其唱的意义，因为革命歌曲都是有很重要的内容意义，现在我们有许多同志俨只知道歌名而不知道歌的内容和意义，同时唱国际歌少先歌第一段而不知道第二段第三段，就是只注重形式主义，这是我们要反对的。

（二）早晚点名后喊口号，本应由政治部依据某一时期政治的环境，工作的任务，部队的实际情形，规定简明而易喊的口号，在未喊之先，连政委应先详加解释，再鼓足精神大家高呼口号，扩大红军，可以规定口号，集守训练，向外发展，可以规定口号。行军遵守纪律，作战前的鼓动，可提出口号。纪念开会，反帝兴国运动，亦可规定口号，不过时的口号，必天天来喊，并且口号只能六个字至八个字一句，喊时要一字一字喊清楚。

这篇编者按，具有突出的特点：

第一，针对性强。文章既针对早晚点名后唱歌和喊口号的事情，同时也针对《反对形式主义的倾向——红军信基督教么？》这篇评论文章。因为早晚点名后唱歌和喊口号这件事是存在形式主义倾向的，对此进行批评是有道理的，而批评文章《反对形式主义的倾向——红军信基督教么？》的批评又有些缺陷，所以，编者才有了进一步批评的必要。

第二，目的明确。它针对早晚点名后唱歌和喊口号的事情及《反对形式主义的倾向——红军信基督教么？》这篇评论文章中的观点和材料，解释了有关方针政策，并对解决这些问题提出了合理的建议。

四、画龙点睛的议论

毛泽东在《普遍地举办〈时事简报〉》一文中，对新闻是否发议论阐述了自己的观点："也不是完全不发议论，要在消息中插句把两句议论进去，使看的人明白这件事的意义。但不可发得太多，一条新闻中插上三句议论就觉得太多了。插议论要插得有劲，疲沓疲沓的不插还好些。不要条条都插议论。许多新闻意义已明显，一看就明白，如插议论，就像画蛇添足。只有那些意义不明显的新闻，要插句把两句议论进去。"① 这种新闻，可谓真正意义上的短新闻。这样的新闻，从文字表达上看，可谓精而又精，容不得半句多余的话。

例如，1934 年 1 月 16 日，《红色湘赣》刊登了一则题为《美丽的银牌——赠给经济战线上的尖兵》的消息，全文如下：

> 省苏大会代表热烈购买公债的消息，已在大会日刊发表了，当时茶陵代表周克兴、吉安代表曾松林两同志买得最多。现省苏制了美丽的银牌两块赠给他们。
> 查田初步总结大会竞赛买公债，茶陵代表得了优胜，省苏又准备给奖。
> 同志们！大家来竞赛呵！争取经济动员突击的胜利！

文章在叙述完新闻事实之后，用议论的语句呼吁人们投身到竞赛中去，争取经济动员突击的胜利。

在消息中插入精练的议论，使看的人明白这件事的意义，主要是因为当时苏区的战士和群众文化水平普遍很低，文盲占多数。

第四节　追求表达通俗

1932 年，在中共湘赣省委关于《中共湘赣省委关于宣传鼓动工作的决议》中，明确要求："宣传工作要通俗艺术化纠正高谈阔论的大块文章，应当实行适

---

① 中央文献研究室. 毛泽东文集（第一卷）[M]. 北京：人民出版社，1993：261.

合工农心理的口头宣传，文字要通俗，废除那半知半解的'新名词'与文言文句，施用带地方性的'白话语'惟浅短文字。"对于湘赣苏区的报刊来说，它的宣传鼓动通俗化，有其重要意义。因为湘赣报刊的读者，大多是农民和战士，就是干部也大多来自农村，为了联系群众，联系实际，发挥宣传鼓动和组织作用，必须实行通俗化。报刊宣传通俗化的标准，是要使不识字的战士和农民听人家读报，基本上能听懂；刚脱盲的战士和农民看报，基本上能看懂。为了通俗化起见，报刊上的文字就要使用群众易懂的形式。

湘赣苏区的报刊，很好地落实了《中共湘赣省委关于宣传鼓动工作的决议》的要求，在通俗化方面，体现出以下几种形式：一是大量使用带地方性的"白话语"，即在文字表述中，不用或尽量少用百姓听不懂看不懂的文言文句，尽量使用口语、俗语；二是注重表达的具体生动，让群众听起来、看起来都觉得有味道；三是注意对新知识、新问题的解释说明，避免群众在阅读或听读时不会一知半解。

一、浅显明白的解释

新闻报道常常涉及一些政治、军事以及经济、文化等方面的专业性的知识、专业性的术语以及技术操作程序，这就需要解释，苏区媒体面对的读者文化知识有限，甚至识字能力都不强，因此，这种解释就必须通俗易懂、浅显明白。浅显明白的解释有利于扩大读者的知识面，同时，很多的术语、词语的解释，还起着提高人们思想认识的作用。

第一，对军事专业知识、专业术语以及技术程序的解释。

中央苏区出版的《红星》报设立"军事常识"专栏，浅显明白地向指战员介绍什么是围困战、堡垒战、游击战、地雷战、运动战等，怎样利用地形冲锋、刺杀、搏斗、夜袭、撤退、防毒、侦察以及怎样檫枪和用步枪打飞机等，使红军战士及时得到军事知识教育和交流作战经验。

中央苏区出版的《红色中华》设立"军语小词典"，介绍军事常识。第二〇〇期刊登的内容有："什么是'正面'？答：凡战士的面所向的方向和部队所占的横宽，这都叫正面。""什么是'翼侧'？答：队形的两边的终点便叫做翼侧，在左边的叫左翼侧，在右边的叫右翼侧，翼侧外旁没有比邻部队的叫暴露翼侧。""什么是'纵深'？答：纵队形的正面向后方的纵长便叫做纵深。"这样的解释既专业，又通俗易懂。

朱德总司令曾经写了一篇《怎样来研究战斗》的文章，发表在军事刊物《红色战场》第十三期上，文章的论述非常通俗。文章论述道："战斗是什么？是为达到我们战争的目的的直接采用的手段，即是用我们的枪炮刺刀与敌人斯打斯杀就叫战斗，这些动作已经是我们红色战士的家常便饭，我们应当有趣味的研究起来。"这里，对"战斗"的解释通俗易懂，浅显明白，普通的红军也能听得懂、看得懂。

冯雪峰在军事政治理论刊物《革命与战争》第八期发表了题为《一个小的战斗许多大的教训》的论文，深入浅出地论述了游击战的思想。该文写道："游击队动作应该是绝对的集中兵力，突然的冲击敌人。严肃侦察，了解敌人像了解自己五个手指一样，动作飘忽，使敌人看我们像浓云密雾一样，使敌人在昏迷不醒中经常受到我们的打击。""埋伏出击，应该是出敌意料之外，突然的猛烈开展，继之以白刃冲锋，整个埋伏部队对正在运动中的敌人在首长统一信号之下，伸手一把抓，像暴雷辟枯树样的使敌人心碎胆裂，第一步俘虏他的灵魂，然后再摆布他的肉体。"而"在袭击完毕之后，精神就不能为之松懈下去，应该更加紧张、迅速的处理俘虏胜利品。袭击不成时也同样在首长统一号令下，按照预定的集合地点和退却方向，闪电似的一溜烟，失影绝踪了"。这篇论文说明了游击战的战术是出敌意料之外的突击，和一般的战术不同。它写得简洁生动而明白晓畅。

第二，对政治方面的专业知识、政治术语的通俗解释。

湘赣苏区出版的《湘赣红旗》刊登《列宁与苏维埃》① 一文，对"苏维埃""国家"等专业术语，就运用了通俗的解释："苏维埃是什么？照列宁的意思，苏维埃是国家政权的一种形式。更明白一点说，是无产阶级专政，（或工农民主专政）的形式。""马克思、列宁的意思，国家是个阶级压迫个别阶级的特殊工具。"在《共产国际路线的图解》② 一文中，对"党的路线""立三路线"内涵的解释，也是浅显明白的。"什么叫做党的路线或叫政治路线？（一）某一个时期党对政治形势的估量；（二）党根据政治形势的估量提出总的政治任务；

---

① 瑞笙. 列宁与苏维埃 [N]. 湘赣红旗, 1932 - 01 - 15.

② 瑞笙. 共产国际路线的图解 [N]. 湘赣红旗, 1932 - 02 - 07.

（三）党要完成总的任务就要规定正确的策略；（四）执行正确策略的实际工作。"什么是立三路线？立三路线是反马克思列宁主义、反布尔什维克的路线"。

湘赣苏区出版的《湘赣红旗》还开辟了"工农词典"专栏，对很多政治性的术语进行通俗的解释。如1931年12月30日的专栏对"国民党"的解释："国民党是军阀买办、豪绅地主、贪官污吏结合的党，牠是专门保护有钱的人，压迫剥削穷人，所以说，国民党是刮民党就是这个道理。"这种解释不仅通俗，而且还很幽默。1932年1月15日的专栏对"无产阶级"的解释："一个人自己没有私产可以图利，不做工便没有饭吃的一类人，便叫做无产阶级。"

中央苏区出版的《红色中华》开辟"红色小词典"专栏，对常见的政治名词做通俗的解释。如1934年4月19日的专栏对"法西斯蒂"的解释："法西斯蒂是依靠暴力和白色恐怖来镇压革命的一个最反动的组织。"这种解释既通俗又一针见血。1934年5月28日的专栏对"傀儡"的解释："傀儡是提线戏中的木偶人，这木偶人的身体手足全系在线上，用线来控制他的动作演奏戏法，所以一切替帝国主义者做走狗的政府，都可以称为傀儡政府，帝国主义者就是提线变戏法的人，满洲政府与南京政府都是帝国主义的傀儡。""傀儡"是一种比喻的说法，这种比喻性的解释，既通俗而且非常贴切。

第三，对经济方面的专业知识、专业术语的通俗解释。

买办是殖民地半殖民地国家中，替外国资本家在本国市场上服务的中间人和经理人。在《湘赣红旗》1931年12月30日的"工农词典"专栏对"买办"一词的解释为："买办，是中国人在外国洋行或公司充当经理，替帝国主义做走狗，采买中国一切原料和出产品给与外国，甘愿送去本国的利益叫做买办。"这是从政治和经济的角度予以的解释，不仅很好地把握了其经济内涵，更从政治的高度对其性质进行了界定，因为通俗，读者一下子就能把握。

中央苏区出版的《红色中华》开辟有"红色小词典"专栏，在专栏中，也经常对经济方面的专业知识、专业术语进行通俗的解释。如1934年4月7日的专栏对"克朗""马克"的解释——克朗是瑞典钱币的名目，马克是德国钱币的名目；5月14日的专栏对"重工业""轻工业"的解释——重工业是准备生产工具和生产设备的工业，轻工业是制造人们直接消费品的工业。这些解释，虽然简短，但意思却非常明了。这些专业术语，不隶属某个阶级或国家，所以解释时没有褒贬色彩。

第四，对常见的地理名词做通俗解释。

对常见地理名词的通俗解释主要是为了扩大群众的知识面，同时也不排除其政治色彩。如中央苏区1934年4月7日出版的《红色中华》"红色小词典"专栏，对"华北"这一地名的解释："我们中国的北边地方，总称华北。南方就叫华南。现在日本帝国主义的军队，正在华北活动。"这里，不仅解释了华北所属的地域、范围，而且还就其现状进行了说明。4月10日的专栏对"阿富汗""印度"这些地理名词的解释："阿富汗，国名，在中国西边，和苏联、印度、波斯等国交界，阿富汗现在名义上是独立国，实际上等于英帝国主义的殖民地，政治和经济都操纵在英帝国主义手中。""印度，国名，在中国西南，和西藏交界，有三万万人口。现在是英帝国主义的殖民地，国内正生产着反对英帝国主义的民族革命斗争。"这里的解释非常通俗，它以中国的地理位置为参照物，很容易被读者接受；同时，这里的解释，不局限于阿富汗、印度这些国家所处的地理位置，还对其国家性质进行了说明，这种说明，是带有政治色彩的。

二、具体生动的描述

具体生动的描述也是通俗化的一个途径。

第一，在文中多用动词、形容词对场面进行叙述和描写。

动词、形容词的运用，使表述的对象具体生动，不仅能吸引读者，也能加深读者对内容的理解，起到通俗化的作用。

《茶陵严尧区游击队积极进攻敌人》[①] 一文，报道了茶陵地方革命武装积极进攻敌人的消息，写得非常精彩，文中有这样的描述："本月五日，躲藏在西陵口炮台里的豪绅地主，摇摇摆摆的从炮台里出来，被我英勇的游击队瞄准射击。"这里，不仅有关于消息时间、地点、人物、事件的具体叙述，还有生动的描写，一个"躲藏"显示了敌人的胆怯，一个"摇摇摆摆"又显示了他们的狂妄自大，一个"瞄准"更显示了游击队的善战。

在《布尔雪微克的年关结账》[②] 一文中，有这样一段文字："敌人现在还盘

---

① 茶陵严尧区游击队积极进攻敌人 [N]. 红色湘赣，1933 – 09 – 08.
② 甘泗淇. 布尔雪微克的年关结账 [N]. 湘赣红旗，1931 – 12 – 30.

踞在湘赣苏区内，厉行屠杀工农政策，抢谷米、烧房屋、奸妇女、劫东西……总计的算来，工农的损失，的确不少，而且有了少数地方，因为白军 AB 团的压迫与欺骗，甚至建立有守望队、挨户团，公开叛变了，这些事实，一方证实了我们的工作有些地方并未深入，同时也就使工农流血的换来的利益与自己血汗耕种出来的东西，冤冤枉枉的被反革命抢了一些去了。"这里，一个"抢"字、一个"烧"、一个"奸"、一个"劫"字，准确地刻画出敌人的凶残。

第二，山歌中的描写，生动形象，极富感染力，能起到通俗化的作用。

中央苏区出版的《青年实话》刊登了升才的《山歌三首》①，内容如下：

> 石榴花开心里红，
> 青年同志要英雄；
> 坚决斗争是出路，
> 加入红军最光荣。

> 山歌唱来句句真，
> 青年同志要听清；
> 一齐武装上前线，
> 消灭万恶的敌人。

> 日头一出东边红，
> 加紧查田的运动；
> 拥护全苏代表会，
> 击破敌人的进攻。

这三首山歌，巧妙地运用了比兴的修辞手法。所谓"兴"就是起兴，即借助其他事物作为诗歌发端，以引起所要歌咏的内容。第一首山歌，由"石榴花开心里红"起兴，引出希望青年同志加入红军、争当英勇的号召；第二首山歌，由"山歌唱来句句真"起兴，引出希望青年同志上前线杀敌的号召；第三首山

---

① 升才. 山歌三首 [J]. 青年实话, 1933, 2 (20).

歌，由"日头一出东边红"起兴，引出希望青年同志积极参加查田运动的号召。这种由美好事物的形象而引发出来的号召极有鼓动性，极富感染力。

第三，讲故事是群众喜闻乐见的一种形式，生动吸引人，也能达到通俗化的目的。

很多报刊努力宣传和普及马列主义，特别在国际共产主义运动的纪念节日，都会联系我们当前的形势与任务，对其思想、理论进行宣传。为了加强团员青年对马列主义思想的认识和了解，除较系统地介绍其思想理论外，还对他们的生平事迹以讲故事的形式表现出来。中央苏区出版的《青年实话》号召全团和青年群众在实际工作和斗争中，加紧学习马列主义，它强调在当前革命战争剧烈开展的时候，更要把自己的头脑和手脚武装起来。为此，它专门编辑了"纪念列李卢专号"和"纪念马克思逝世五十周年专号"，发表论文和列宁、马克思事迹简介，刊登马克思、列宁的故事。第二卷第一号刊登《列宁的故事》，讲述了列宁的品德与智慧。列宁只有24岁，就在莫斯科从事工人运动，27岁，被流放到西伯利亚，在西伯利亚，他成为农民的法律顾问，时常被群众围绕着——这是与群众打成一片的品德；列宁在被放逐西伯利亚时，为了和农民接近，学会打猎、溜冰，离开西伯利亚后，就不再玩这些游戏了，因为妨碍工作——这是他毅力坚强的品质；列宁在监狱里，还要指挥外面党的工作，他用面包做墨水瓶、用牛奶做墨水在书的空白书写重要的指示，然后将书巧妙地送到狱外，以此瞒过狱卒——这是卓越出众的智慧。第二卷第二十五号到第三十一号刊登了《列宁轶事》，第二卷第六号刊登了《马克思的故事》，第二卷第十六号刊登了《恩格斯传略》。这些故事、轶事有情节，能感人，也易于被群众接受。

三、直观可视的插图

插图在报刊上的作用具有独创的特点，它呈现给读者的信息是直观的、可视的，能使读者快捷而直接地理解内容。这对于识字少或不识字的苏区群众来说，大大降低了理解的难度，是表达通俗化的一个重要手段。同时，插图提供给读者的信息又是运动的、立体的，具有较强的感染力。由于一般插图所占的面积大于字符，而且着墨的面积墨色也较之一般字要重，因此，插图具有显而易见的强势效果，加之插图较之于一般的字体表现力更为丰富，具有一定的美感，特别是在一片文字之中，插图作为点缀的审美效果更加突出。

中央苏区出版的《红星》报注重插图的运用。评论、消息及通讯，甚至理论文章，常常配有图画，既能活跃版面，又形象生动，且一目了然，增强了宣传效果。第二十八期突出报道红军全国政治工作会议的消息，在第一版开幕词的文字旁边配上一幅插图，图面的内容是水流冲击水轮，水轮带动水碓舂米。水流代表着"政治工作"，水轮代表着"红军"，水碓代表着"战斗力"。一看这幅画，人们就知道政治思想工作是提高红军战斗力的重要源泉这样一个道理。第四十八期刊登陈毅写的《最近时期西北线游击斗争的检查》一文，同时配有八幅插图。当文章讲到游击战的意义和作用的时候，配上一幅插图，画的是一幅大象惊恐地用粗腿狠狠踏着一个老鼠洞不敢动。图画下面说明文字是："象虽然是庞然的动物，但是他最怕老鼠。如果他发现了一个老鼠洞，他整天把一只脚踏在洞上，不敢放松一步，游击队要使敌人和象怕老鼠一样，分散他的大部兵力。"当文章讲到穿插游击队时，又配有一幅插图。画着一只手拿针刺蜿蜒屈曲的蛇背。图画下面的文字说："游击队袭击敌人的堡垒战，是像针刺蛇背一样，刺激他一个小部分，牵动他的全局。"第六十一期刊登短评《要长大要结实》一文，批评后方做的草鞋型号小，不结实，配了一幅漫画：一只穿着小草鞋的脚，脚后跟全露在鞋底的外边，又有一只向前迅速跑动的脚，脚上穿的草鞋前梁全断了。短评说："后方的姐妹们，不要把这样的草鞋送给前方杀敌的红军哥吧！"《红星》上的这些图画，密切配合着文字宣传，既生动又形象。

在苏区，画报也能起到同样的效果。画报是以刊登和传播照片、图片为主的期刊，它用图片集中地、形象地报道事物。它们的突出特征是图画为主，文字为辅，追求阅读的直观性和强烈的视觉传播效果，具有形象性、报道性和艺术性融合等特点。但在苏区，由于条件所限，成册的画报较少，而大量的画报是将一组图画借助于空旷的场所挂于墙上或壁上，给附近的群众观看。《红色中华》发表戈丽的文章《宣传鼓动的又一性方式——画报演讲》①，具体生动地介绍了这种新的通俗宣传方式。文章介绍说，他们在合龙区做创造模范红属工作的时候，在一个祠堂里，挂了几幅争创模范公民和战争动员的图画，不久就被小孩子围住问这问那，之后是妇女同志和男同志，大家识字不多，但借助宣传员的讲解，却能清楚明白地理解画面的内容。

---

① 戈丽. 宣传鼓动的又一性方式——画报演讲 [N]. 红色中华, 1934 – 09 – 11.

四、使用地方性的"白话语"

地方性的"白话语"通常是指群众性的语言，口语、俗语，它具有浅显通俗的特点，生活气息浓厚，富有表现力。过去的书面表述多用文言文，群众很难理解其字面意思，与文言文相比，白话文表达就非常清楚。1931 年，毛泽东要求当时的《时事简报》，文字上要做到通俗浅白。他说："地方的《时事简报》要完全用本地的土话。从别处报纸抄下来的那些文字不通俗的新闻，要把原文完全改变。红军的《时事简报》，不会写本地的土话，也要用十分浅白普通话。"① 用地方性的"白话语"，是表达通俗化的一个途径。

第一，使用地方性的"白话语"，可以从口语化的新闻标题中表现出来：

《红报》第二十八期：

湘粤闽军阀来赣送枪 我军已有充分准备 一网打尽入赣军阀

这则标题较长，基本上把原因、结果都交代清楚了，这种口语化的表述，不仅简洁清晰，更是通俗易懂，"送枪"一词还很幽默。

《红色湘赣》第二十一期

军区的响亮回答　请求省苏再增发公债三万元

这种口语化的表述，使得诉求点非常清晰，而且有较强的鼓动性。

《列宁青年》第二十期：

当红军去！
送老公当红军去！
列宁室呢还是"柴屋""牛栏"呢？

这种口语化的表述，意思一目了然，群众听得懂、看得懂，不用再做任何

---

① 中央文献研究室. 毛泽东文集（第一卷）［M］. 北京：人民出版社，1993：261.

解释。

第二，使用地方性的"白话语"，可以从消息中表现出来：

1933 年 10 月 5 日，《红色湘赣》刊登了一篇题为《红袋子是国民党屠杀工农的新刑具》的消息，全文如下：

> 国民党军阀屠杀工农的手段多得很，七月底，在攸县边区捉到两个工农群众，不好杀掉，就做两个红干粮袋子挂到这两个群众身上，指为"共匪"，把他们杀掉，国民党军阀的"红袋子"就是屠杀工农群众的新刑具！

这是一篇简短的不足 90 个字的消息，揭露了国民党屠杀工农的罪行。全文基本上是用口语表述，"多得很""不好杀掉"等具有浓厚地方色彩。

第三，使用地方性的"白话语"，可以从文章中表现出来：

《列宁青年》1933 年第 24 期刊登了一篇题为《劳动青年当不得劳动委员吗?》的文章，全文如下：

> 谁都会晓得，劳动青年在苏维埃政权下是有选举权和被选举权的，这就是说，劳动青年可以选别人当苏维埃的代表、委员、主席，自己也有资格当苏维埃的代表、委员、主席，而吉安指阳区苏维埃执委旷桂玉同志到黄岗乡巡视工作，在选民大会上说：不要青年当苏维埃委员。难道青年当不得苏维埃委员吗? 这种十足的取消主义，我们应与他作无情的残酷斗争。

这篇文章不足 150 个字，对苏维埃的选举权进行解释，批评了吉安指阳区苏维埃执委旷桂玉同志的错误，有理有据；很多句子都是口语化的表述，还用了"当不得""晓得"等具有浓厚地方色彩的口语，通俗易懂。

《青年实话》1933 年第 2 卷第 22 期，刊登的《湘赣省的工农青年》一文，文中有这样的语句：

> 茶陵的群众听到红军打胜仗，集合了七八百人，配合红军在前方，继续缴到敌人枪枝一百多枝。特别是模范少队，真正英勇无双，用石头打死敌人八九名，缴获机关枪一架，步枪九枝，后方的青年群众，热烈的送饭

给红军，甚至宁愿自己不吃，送去给红军，并为红军担架运输。他们说："红军是自家人，是保护我们利益的啊！"

这里的很多语言都是老百姓的口语，明白晓畅，通俗易懂。

第四，使用地方性的"白话语"，可以从山歌中表现出来。

山歌是人们在田野劳动或抒发情感时即兴演唱的歌曲。它大量使用群众熟悉的口语、俗语，地方色彩浓郁，明白晓畅；它的内容广泛，结构短小，曲调爽朗、情感质朴、高亢、节奏自由，为群众喜闻乐见。当时的整个苏区，客家山歌、兴国山歌非常流行，也常见于报端。

胡耀邦在《列宁青年》1932 年第 13 期上发表了《拥护红军》的山歌，歌词如下：

（一）男唱

山歌开口不骂人，告诉朋友两件事，讨婆要讨贫家女，当兵要当我红军。

（二）女唱

一针一针又一针，做双鞋子送红军，先生老板我不想，不嫁红军不甘心。

（三）男唱

你我同意又合心，何不结成自由婚，自由婚姻结成后，你理家事我当兵。

（四）女唱

亲哥勇敢愿当兵，愿与亲哥就结婚，家中事情你莫念，望你努力杀敌人。

这首山歌，用男女对唱的形式表达拥护红军的主题。第一组对唱是对婚姻问题以及对参加红军的认识——"讨婆要讨贫家女，当兵要当我红军""不嫁红军不甘心"；第二组对唱是对自由婚姻的渴望以及对参加红军的拥护——"自由婚姻结成后，你理家事我当兵""望你努力杀敌人"。

1933 年 10 月 1 日，《红星》上刊登了一首兴国山歌，有一段歌词如下：

　　嗳呀来！一双草鞋千万针，难为后方姐妹们，穿上草鞋跑得快，红军哥！赶快冲上南京城。

　　这首山歌，表达了后方妇女群众鼓励前线红军英勇作战愿望。同年10月18日，在红军某师政治部工作的彭加仑写信给《红星》编委说："第9期上的山歌更给了我们战斗员以大的兴奋，他们随时随地都在歌唱着。这一类的文字是前线战士最爱读的。"彭加仑写的山歌《答秋香同志》①，表达前方战士答谢后方群众的心意。有两段歌词如下：

　　嗳呀来！山歌来自兴国城，句句唱来感动人，前方战士好兴奋，同志妹！更加有劲杀敌人。

　　嗳呀来！多谢姐妹一片心，百万草鞋送他们，穿了草鞋大胜仗，同志妹！缴获十万送你们。

第五节　讲究形式多样

一、编排讲究体例

　　报刊是许多新闻、文章、照片及图画的集合体，当这些材料随意、散漫地置于报刊的版面之上时，就变成阅读的阻碍，因此，对版面的编排就成为必然。遵循什么样的原则、追求什么样的效果、设计什么样的版面，是报刊编辑的责任所在。

　　纵观湘赣苏区的报刊，在编排上注意版面的设计，做到重要内容优先，能起到帮助读者选择阅读内容的作用；注意文字与图像结合，图文并茂，能起到美化版面、吸引读者的作用；注意读者对象、发行范围，能体现报纸的个性

---

①　彭加仑. 答秋香同志［N］. 红星，1933 – 11 – 12.

风格。

重要内容优先。合理的编排能帮助读者选择阅读内容。读者阅读报刊，一般都不会从头读到尾，是有所取舍的，但是，靠对内容的判断来选择是困难的，因为读者只有在通读内容的情况下才能了解内容。靠什么来帮助读者进行阅读的选择？除了标题外，更重要的就是编辑对版面的编排了。因为版面是全视角的，读者可以通过版面的特殊语言，很快地了解到编辑认为的稿件重要与否。例如，头版头条的位置非常醒目，那么，这个位置上的新闻内容无疑是重要的。如果一条非常重要的新闻被放在一个不显眼的位置，也可能被读者忽略。因此，从这个角度来讲，合理的编排就是通过版面语言提示读者哪些新闻是意义重大的，哪些是应该优先阅读的，帮助读者迅速选择阅读内容。

考察《红色湘赣》的头版头条，不难发现，主要是会议精神、会议决议以及针对目前重点工作的社论。《红色湘赣》作为湘赣省苏维埃政府机关报，必须围绕当时的中心任务、重大事件加以重点报道，而湘赣省委、湘赣省苏维埃政府的会议精神、会议决议无疑是报道的重点。例如，第六期的头版头条是社论《怎样来拥护二次全苏大会与三次省苏代表大会》，这篇社论介绍了大会的主要精神及我们目前的任务，要求大家用实际行动拥护大会的决议，出色地完成我们的工作。第七期的头版头条是社论《迅速完成查田运动》，查田运动是土地革命运动的一项重要内容，它既是当时的政治运动，又是当时重要的经济工作，这篇社论阐述了查田运动的重要性，在总结前阶段工作成绩的基础上，指出了存在的问题和不足。第八期的头版头条刊登的是《湘赣省苏维埃政府第三次执委扩大会议决议》，其内容就是湘赣省苏维埃政府第三次执委扩大会议关于粉碎敌人"五次"围剿的战争动员的有关决议。第九期的头版头条刊登的是《空前的九县查田运动大会》，其内容就是九县查田运动大会的有关决议。具体有通过决议订立竞赛条约、决定向地主富农捐款、请求增发公债等。

图文并茂。"图文并茂"中的"图"是指报纸上通过摄影和绘画、制图等方式所显示出的图像，具体的形式有照片、图画、图表、题饰、栏头、版花等，这些图像与文字一样起着传递信息的作用。图像与文字结合，能达到图文并茂的效果，深受读者的喜爱。在湘赣苏区的众多报刊中，《列宁青年》的图像是最为丰富多彩的。它的题饰、栏头、版花颇具特色，更重要的是，它穿插了一定数量的照片、图画，能吸引人。

　　题饰是标题的装饰。题饰为标题服务，突出标题的醒目，加深读者对标题的印象，帮助读者对标题的理解。我们以 1933 年 2 月 20 日出版的第二十四期为例。标题《纪念"三八"拥护湘赣全省妇女代表大会》的题饰是一位妇女的倩影；标题《埋葬帝国主义到坟墓中去》的题饰是一位士兵用锹埋葬鬼子；标题《反帝前进曲》（歌曲）的题饰是像波浪一样的符号；标题《团内斗争的炮火》的题饰是一位士兵架着机关枪在扫射；标题《北路团二次代表大会成功了》的题饰是一位可爱的儿童笑容满面地举着双手；标题《努力春耕消灭荒田》的题饰是站在田头的一位农民头戴着草帽，手握着农具。这些题饰的寓意都非常清楚。

　　《列宁青年》的照片和图画虽然不多，但还是很精彩的。第七期刊登一篇文章，题为《红总医院与地方工农的联系制度》，介绍该医院密切联系工农群众的经验，配了一幅插图，画着医院大门口，有一位农民代表挑担柴对穿军装的医院工作人员说："我特意砍柴，送给你们炙火。"《列宁青年》每一期的封面都由图片和文字组成，它的图片，栩栩如生，给人身临其境的感觉。更让人惊叹的是，图片和文字的风格和谐统一，仿佛自然天成：庄重严肃的图画搭配的是端庄的字体（如楷书），诙谐活泼的图画搭配的是自由随意的字体（如行书）。第十三期封面的图片，背景是喷薄而出的太阳，主体是右手高举着党旗、左手握着枪的红军战士骑在奔腾的骏马上一路向前的英姿，深刻的寓意通过明朗的画面表现出来。第十九期封面的图片和文字：图片的内容是在一条苏区与白区的分界线上，红军与白军对峙，红军用机枪、刺刀对准前来侵犯的敌人，阻止他们越过分界线，白军丢盔弃甲，做逃跑状；文字的内容是"苏区一寸土地，不让敌人蹂躏"。图与文互为表里，相得益彰。

　　体现个性。每一份报刊都有自己相对固定的读者群，也有一定的发行范围，因此，处于服务于不同读者对象、发行范围的考虑，报刊呈现出不同的个性风格。例如，《布尔什维克》作为中共中央的理论刊物，侧重于舆论的宣传和思想的引导；《红色中华》作为中央苏区政府创办的报刊，其报道重点是刊登政府法令条例、决议通告，总结和交流苏维埃政权建设的工作经验，报道各级苏维埃政府的工作。《湘赣红旗》是在湘赣省委直接组织领导下、为了肩负起宣传教育的责任而创办的，其党报委员会的成员非常特殊：党报委员会书记甘泗淇，是中共湘赣省委的宣传部部长，其他四人分别为省委书记、组织部长、省苏维埃政府副主席和少共省委书记。因此,《湘赣红旗》大部分稿件由领导亲自撰写,思想性强、指导性强。中国共产青年团湘赣苏区省委创办的《列宁青年》,面向全省工农青年、团的干部和红军中的青年战士,它的内容广泛,体裁多样。它大力宣传省委提出的各项主要工作,报道工农青年群众、少先队、童团的活动,尤其是"自我批评""轻骑兵"专栏,尖锐,针对性强,教育意义突出。

二、专栏体现特色

专栏是报刊上专门刊登某一内容稿件的版面,一般都有固定的名称和位置。专栏在报刊版面中具有相对独立性,可以进行单独而集中的稿件组合。专栏一旦确定,一般都延续很长时间,并且在位置、篇幅、风格乃至读者群都有相对的稳定性。

专栏具有较好的传播效应。专栏在版面中有较为独立的空间,与其他部分的区别较为明显,比较容易抢眼,特别是较为固定的连续性的专栏,一旦办得成功,就能吸引一批固定的读者,长久地引发他们的阅读期待和兴趣,在某种意义上,会成为读者对某张报纸有兴趣的"看点"。同时,专栏所占的版面空间较大,并有一个较大的栏题,容易形成视觉强势,并在内容上比较集中,共同性也得到强化,相对来说,传播的效果较好。

湘赣苏区报刊根据自身的宣传任务和特点设置多种专栏,力求丰富多彩,具有特色,吸引读者。有的是定期性的固定的专栏,几乎各期都有;有的是短期的非固定的专栏,在某一阶段或某些版面上出现。

专栏丰富多彩。共青团湘赣省委出版的《青年实话》,是供湘赣苏区青年团员学习的,针对青年学习的需求,开辟了"工农大众文艺""赤色体育""有奖游戏""故事笑话讲座"等专栏,这些专栏力求青年化,努力组织适合青年特点的活动,不仅让青年学习了文化知识,还丰富了青年的业余生活。共青团中央出版的《青年实话》以宣传贯彻党、团中央及中央级的决议、指示,加强对团的工作的指导为自己的重要任务,所以,它设置了"团的建设""红军中的青年工作""青工工作""青年妇女工作""少年先锋队工作""儿童栏"等专栏,总结和交流团的工作经验。在这些专栏中,刊登了不少有针对性的文章,例如

《怎样做"青年团礼拜六"》①《怎样来转变团的工作》②《怎样进行团内斗争》③
《怎样在红军中做个好团员》④《怎样动员模范队到前方作战》⑤ 等，着重对团
的领导方式、工作作风和工作方法问题展开讨论与研究。因为这些专栏文章指
导性强，所以受到各级团干部的欢迎。

专栏突出主题。《红星》报围绕红军建设这个主题，设置的专栏，丰富多
彩。它一共开辟了 20 多个专栏，除"社论"专栏外，还辟有"论文""要闻"
"专电""前线通讯""捷报""党的生活""支部通讯""革命战争""扩大红
军""新的工作方法""列宁室工作""群众工作""军事纪律""红板""铁锤"
"自我批评""军事测验""问题征答""军事常识""卫生常识""猜谜""小玩
意""诗歌"等专栏。在每一期的版面上安排有 10 多个专栏。其中，"前线通
讯"专栏刊登了许多具体生动的报道红军战斗胜利的通讯，特别为红军指战员
所欢迎。"党的生活""列宁室工作"等专栏，着重政治思想理论建设。"扩大
红军""军事纪律"等专栏反映红军工作。"群众工作"专栏，反映军民关系，
介绍开展群众工作的方法。这些专栏刊登了不少对红军建设具有指导性的文章。
"卫生常识"专栏，介绍怎样防治一般常见病、多发病以及战场救护等医药卫生
常识。"军事常识"与"军事测验"专栏办得很生动活泼。这两个专栏紧密配
合革命战争，通俗地向指战员介绍战略战术知识。尤其是"军事测验"专栏，
刊登具有启发性和实用性的试题吸引了广大的红军指战员。例如，1933 年 9
月 24 日的"军事测验"专栏有一道军事测验题是这样的："有一个侦察员搜
索到了河边，看见河的上游有许多木片流下来，这个时候侦察员怎样判断敌
情呢？"10 月 1 日，该专栏给出了答案，指出敌情可能有两种："一、可以判
断河的上游有敌人准备架桥。二，上游如果是森林，也可判断敌人部队正在
上游河岸通过。"像这样的军事测验题，既传播了军事知识，同时又活跃了红
军文化生活。

专栏贴近读者。一些青年报刊和儿童报刊，都注意使自己的专栏具有青年

① 作霖. 怎样做"青年团礼拜六"［J］. 青年实话，1931（2）.
② 文彬. 怎样来转变团的工作［J］. 青年实话，1931（3）.
③ 作霖. 怎样进行团内斗争［J］. 青年实话，1932（14）.
④ 传遴. 怎样在红军中做个好团员［J］. 青年实话，1932（16）.
⑤ 爱萍. 怎样动员模范队到前方作战［J］. 青年实话，1932（31）.

特点和儿童特点，生动活泼。湘赣《列宁青年》除了一般的新闻报道文章外，还辟有定期性的固定专栏"自我批评""轻骑队"以及非固定专栏如"山歌""儿童栏"等，这些专栏反映了团组织开展的相关工作，尤其是批评与自我批评工作。苏区中央儿童局主办的刊物《时刻准备着》，设置的专栏也比较多，有"小小无线电""政治常识""模范的皮安尼儿""故事""童话""游戏""诗歌""谜语""皮安尼儿作品""笑话""图画识字"等。"图画识字"栏教一个"跑"字，就配上插图：白军见了红军，白军赶快逃跑。"模范的皮安尼儿"栏，介绍模范儿童团员的事迹。如1933年1月5日第三期，刊登了表扬儿童团员苏流明的图画和一首诗，这首诗写道："小同志苏流明，做了一件大事情，监视地主的行动，查出三罐银，大家学他的样，做个拥护苏维埃的小尖兵。"这些专栏有知识性和趣味性，受到苏区广大儿童的欢迎。

三、体裁丰富多样

消息的主要任务是传递信息，具有时效性和客观性的特点；通讯在详细报道新闻信息的同时，又能起到教育读者和感染读者的作用；新闻评论是对新闻事实展开评论，具有教育性和指导性。湘赣苏区的报刊既有传达文件和会议的精神的任务，又有反映各种工作情况和思想状态的任务；既要向受众提供新闻信息，又要起到宣传鼓动的作用，因此，需要运用多种新闻体裁才能完成任务。

（一）消息

消息是对新近发生和发现的、有新闻价值的事实简明扼要、迅速及时的报道，具有简明扼要、篇幅短小的特点。毛泽东在谈到写新闻特别是写消息的时候，要求要写得短，怎样才能把消息写得短呢？他强调指出："不做文章，只登消息。"① 怎样理解"不做文章"？"不做文章"就是不要借题发挥，把新闻事实说清楚即可。我们仅以《红色湘赣》为例，来考察一下新闻尤其是消息怎样做到篇幅短小，语言精练的。如其在1933年6月12日刊登了《被敌暂时占据区域的群众拥护红军的热忱》一文，全文如下："茶陵舲舫区，现被敌人暂时占领两个年头了，工农群众还耕了红军公田，并把收获红军公田的谷子，变卖大洋，

---

① 中央文献研究室. 毛泽东文集（第一卷）[M]. 北京：人民出版社，1993：261.

送到茶陵县苏财政部来了。"在同年 9 月 8 日刊登了《茶陵坑口区游击队截敌胜利》一文，全文如下："湖南敌人约两团之众，由茶陵调往宁冈，路经坑口，被我坑口游击队截击敌人后尾，缴获敌人军用品甚多，俘虏敌兵数名。"当日还刊登了《红独一团又获两次胜利》一文，全文如下："红独一团配合红独三营，于上月卅日进攻驻南北岸敌人，结果获敌步枪一杆，左轮一条，击死豪绅地主数名。"以上三则消息的正文，分别只有 55 字、48 字、43 字，却把新闻事实说得一清二楚。

（二）通讯

通讯是一种详细、生动的新闻报道体裁。与消息相比，通讯更能报道新闻事实的全貌、全过程，更能完整地演绎新闻的诸种要素，更能展示新闻事实和新闻人物的细节。通讯在使人获得丰富的新闻信息的同时，因为其详细、生动的笔墨，还能使人受感动、受感染。

《红星》报为加强军队建设服务，刊登了不少反映红军历次战斗经过及经验教训的通讯。毛泽东以子任的笔名为《红星》报撰写了总结经验的通讯故事，题为《吉安的占领》①。吉安是赣西重镇，1930 年 2 月到 8 月，红四军、红五军、红六军和中共赣西南特委曾经调动正规部队与地方武装，八次围攻吉安。同年 10 月，红一方面军主力在毛泽东、朱德率领下，第九次攻打吉安，并占领了吉安城。《吉安的占领》一文有很强的现场感，生动和口语化的现场描写，给人身临其境的感觉。《红星》报从创刊起，就重视发表通讯作品。1933 年 9 月上旬，它开辟"前线通讯"专栏，刊登了许多报道红军重大战斗经过的通讯。其中国平的《关于夺取沙县的战斗》② 一文，很有代表性。该文简明扼要地叙述了夺取沙县战斗的经过，着重反映红军开展的政治工作和红军战士不怕艰苦、英勇顽强的战斗精神，说明了这场攻城战胜利的重要意义，给读者以鼓舞。《红星》报的"前线通讯"专栏刊登的通讯，很受红军指战员的欢迎。1934 年 8 月，《红星》报将这个专栏中的通讯加以选编，汇集成册，印刷出版，取名为《火线上的英雄》。红军战士和苏区工农干部群众争相购买传阅，成为当时的一本畅销书。

---

① 毛泽东. 吉安的占领［J］. 红星，1933（2）.

② 国平. 关于夺取沙县的战斗［J］. 红星，1933，（28）.

《红色中华》也经常发表通讯作品。其中有国外通讯、白区通讯、前线通讯，也有反映苏区各县工作的通讯和反映苏区工农群众生活和斗争的通讯，内容广泛。不少通讯洋溢着生活气息。例如，《有了苏维埃政权我们是主人——军委印刷所工人生活素描》① 一文，作者明云从"新的生活""在工场上""战争动员"等方面描写出当家做主的苏区工人新的生活和他们提高生产、支援战争的热情。1934 年 8 月底，兴国县在国民党军队进攻下成了战地，《红色中华》在9 月间及时刊登了来自兴国的战地通讯，用许多具体事例报道兴国群众参战的热潮，感人至深。1934 年 9 月 26 日刊登的《在敌人直接进攻下兴国群众热烈参战动员》一文，由 6 位通讯员合写而成。文章由六个部分组成："精壮男子热烈加入红军""妇女群众也奋勇上前线""组织游击组袭击敌人""供给一切物资材料给红军""慰劳伤病员的运动"。文章全方位地展示了兴国县群众保卫兴国苏区的英勇事迹。如在"精壮男子热烈加入红军"小标题下，报道了赤少队、共产党员、积极分子、领导干部积极加入红军的先进事迹，描写了 65 岁的肖福奎同志自动要求到前线的情景。

（三）新闻评论

新闻评论与消息、通讯一样，都是一种新闻体裁，但它与消息、通讯不同，它的重点不是报道新闻事件，而是发表观点，让人们提高认识、明辨是非。在数量上，它远远不及消息，但在重要性上，它又远远超过消息及通讯，它是媒体的旗帜，它代表组织发声。新闻评论和媒体上其他文体一样，是客观事物的反映，是人们对客观事物的认识，但它与只记述事实的文章，与形象化反映现实的文艺作品均有不同，它对客观事物的反映，是概括了的和抽象化了的，即通过对客观事物的分析，来进行议论和阐述，通过讲道理来表明自己的主张，并以此去影响、感化和说服读者。新闻评论总是针对现实生活中典型的新闻事件和群众普遍关心的重大问题，直接阐明编辑部和作者的立场和态度，反映舆论和引导舆论。实践表明，作为直接影响社会舆论的重要宣传形式，新闻评论尤其受到各种新闻舆论工具的重视。新闻评论呈现出自己的特点。第一，具有显著的新闻性。和其他新闻体裁一样，新闻评论的首要特征是它的新闻性，这

---

① 明云. 有了苏维埃政权我们是主人——军委印刷所工人生活素描 [N]. 红色中华, 1934 - 06 - 01.

是由新闻传播的性质决定的，也是新闻评论与其他评论的重要区别。新闻评论的新闻性，主要是指它的评论对象本身就是新闻，或具有新闻所要有的真实性，体现出强烈的现实针对性。而其他评论，比如文学评论，其评论的对象是文学作品或文学现象，并不是通常所说的新闻，不具备新闻所具备的素质，也不具备新闻评论所要求的现实针对性。新闻评论所体现的某种新闻性，要求它所评论的对象，或是真实的人，或是确实发生过的事，或是客观存在的社会现象，而不是虚拟的人、事、社会现象。第二，具有鲜明的政治性。新闻评论的政治性，也是取决于新闻传播工具的性质的。新闻宣传总要反映一定的观点和倾向，代表一定的阶级、政党或政治集团的利益。新闻评论的政治性，主要表现在它针对那些具有政治意义的问题发言。它总是围绕着重大的政治问题以及在贯彻执行政党的中心工作过程中产生的各种思想问题，进行实事求是的具体分析，从而阐明政党的立场和主张。第三，具有广泛的群众性。新闻评论的群众性，首先表现在它的内容是广大民众最关心和最感兴趣的，是同民众的利益密切相关而又能反映民众的要求和呼声的。第四，具有极强的逻辑性。新闻评论作为一种议论类文体，与同属于新闻文体的消息、通讯相比，表现出极强的逻辑性。这种逻辑性首先体现在论点、论据和论证之间的严密的逻辑关系上，论点要合乎逻辑，论据要能支撑论点，论证是运用论据证明论点的逻辑过程。逻辑性其次体现在论证推理的严密上，相当多的新闻评论，都是在层层推理过程中进行的。

四、标题准确生动

有人说，标题是报纸的向导，标题是新闻的眼睛，是新闻的灵魂和生命，这就表明了标题的意义、功能和作用。

新闻标题也就是消息的题目。它以简短的文句概括新闻内容，是新闻价值的集中体现。新闻标题引导受众阅读，具有导向作用；新闻标题可以或显或隐地表明对新闻事实的态度和看法，进而影响社会舆论，引导受众的是非观和价值观。从标题的形式上看，有单一型标题，有复合型标题。如《湘赣红旗》《湘赣斗争》《列宁青年》等报刊基本上都是单一型标题，很难发现其他形式；《红色中华》《红色湘赣》等报刊上经常出现复合型标题，有由正题和副题组成的，有由引题和正题组成的，形式较为多样。但不论是什么形式的标题，对新闻事实的概括都非常准确，有些还非常生动。

第一，湘赣苏区报刊的标题非常准确。

我们以《红色湘赣》第六期（1933年9月8日）第四版、第五版的标题为例：

(1) 红军克复宁冈新城

(2) 白军李营长率领全营士兵投诚

(3) 车湖避白群众黑夜捕杀反动首领

(4) 茶陵坑口区游击队截敌胜利

(5) 红军消灭李思慕部三团

(6) 红军东方军又击溃十九路军一团

(7) 北路地方武装胜利

(8) 红独一团又获两次胜利

(9) 宁冈独立营击溃保卫匪团

(10) 攸县游击大队出击胜利

(11) 白区工农群众反抗成立守望队

(12) 红军消灭万安寨匪

(13) 湘赣红军工人营成立

(14) 永新象形区查田胜利

(15) 萍乡查田斗争激烈

(16) 茶陵严尧区游击队积极进攻敌人

(17) 粤赣省苏维埃政府成立

(18) 觉悟的白区士兵不断的投诚

(19) 永新城市防空防毒的演习

(20) 新泉地方武装击溃团匪的胜利

以上20篇消息的标题，有两种形式。一是（1）到（17）的标题模式，在语法上是"主语+谓语"或"主语+谓语+宾语"的结构，而这种语法结构对事实的陈述是非常完整的；从新闻的角度来看，这17则标题都是"何人+何事"或"何地+何事"的形式，非常准确地把新闻事件的核心价值提炼出来，读者从标题中就能知晓新闻事实的关键信息。二是（18）（19）（20）的标题模式，在语法上是"定语＋中心词"的结构，这种语法结构对事实的陈述是不完整的，但新闻事实的核心要素在标题中仍然出现了，其意思也是准确的。

第二，湘赣苏区报刊的标题除准确外，还追求生动的表达。

有运用对比手法来表现的。例如：

活了的赣州和死了的锦州

《红旗周报》1932 年 1 月 25 刊登的《活了的赣州和死了的锦州》这则新闻述评分析的是原国民党统治下的赣州和锦州，一个因人民推翻了国民党统治，建立了民主政权的苏维埃，走上了活路，另一个则因蒋介石的"攘外必先安内"政策被国民党双手奉送给了日本侵略者，更陷落到地狱的最深层。作者运用反义对比、互相映衬的方法制作标题，巧妙地把苏维埃的赣州和沦陷区的锦州同时引入标题，一个用"活了的"正面歌颂，一个用"死了的"从反面进行针砭，富于哲理，耐人寻味。

有通过制造悬念来表现的。例如：

巩固新战士模范的"无"团①

《巩固新战士模范的"无"团》这则新闻报道的内容是介绍训练新红军战士的经验。概括起来，有两个方面：一方面是军事训练，旨在培养他们的作战能力；另一方面是政治素质训练，旨在提高他们的政治觉悟。从标题的关键词"巩固""新战士""模范"可以看出，某团在训练新红军战士方面取得了成绩，而"'无'团"一词则给人以悬念，吸引眼球。

---

① 巩固新战士模范的"无"团［J］. 红星，1933（49）.

有描写进行时状态来表现的。例如：

（1）铁拳向着苏维埃红军的害虫①

（2）向着游击队赤卫队突击②

（3）各个战线正在激战中③

（4）蓬勃发展着的游击战争④

（5）巩固新战士的怪现象在"进"团⑤

（6）东北战线上纵横赤化二百里⑥

（7）红二军积极赤化黔北川南⑦

（8）战斗的"五一"⑧

以上的 8 则标题，有一个共同的特点，就是描写出了一种正在进行时的状态，营造了一种新闻事件进行时的氛围。标题（1）（2）中的"向着"、（3）中的"正在"、（4）中的"蓬勃发展着"、（5）中的"在"、（6）（7）中的"化"与后文所指对象结合，无疑都再现了一种正在进行的状态、一种正在发生的情形。标题（8）中虽然没有类似的词语，但仍然呈现出一种"战斗着"的状态。

有巧妙运用形容词来表现的。例如：

（1）龙岩反动派异常恐慌⑨

（2）国民党进行绝望的五次"围剿"⑩

---

① 铁拳向着苏维埃红军的害虫［J］. 红星，1933（26）.

② 向着游击队赤卫队突击［J］. 红星，1933（27）.

③ 各个战线正在激战中［J］. 红星，1933（39）.

④ 蓬勃发展着的游击战争［J］. 红星，1933（48）.

⑤ 巩固新战士的怪现象在"进"团［J］. 红星，1933（50）.

⑥ 东北战线上纵横赤化二百里［J］. 红星，1933（41）.

⑦ 红二军积极赤化黔北川南［J］. 红星，1933（49）.

⑧ 战斗的"五一"［J］. 红星，1931（34）.

⑨ 龙岩反动派异常恐慌［J］. 红星，1931（3）.

⑩ 国民党进行绝望的五次"围剿"［J］. 红星，1933（4）.

（3）猛烈扩大红军①

（4）宁化工农群众潮涌般的加入红军②

　　以上的 4 则标题，形象生动，标题（1）中的"异常恐怖"一词，形容反动派在红军和苏区人民强大的进攻面前惊慌失措的丑态；标题（2）中"绝望"一词，说明了国民党面对蓬勃发展的苏区的无奈之举；标题（3）中的"猛烈"是一个表程度的词语，说明了当时非一般的"扩红"运动；标题（4）中的"潮涌般"一词，表现了群众参加红军的高度热情。

　　巧用标点和数学符号，增强标题的趣味性。标点符号不是文字，但它与语言一样，能表情达意。在新闻标题中，对于标点符号的使用是有所控制的，能不用就尽可能不用。这样做，是为了使标题更为简洁。但在某些特定的情况下，在标题中用一些标点符号，可以增强标题的情趣。而恰当地运用数字，有时也会带来相当不错的效果，例如：

　　惊人！一百五十余条③

　　这一则标题的特点之一，是感叹号"！"的运用，而感叹号用在"惊人"一词之后，能给人深刻的印象；这一则标题的特点之二，是用数字吸引人。

　　打锣送菜要得吗?④

　　《打锣送菜要得吗?》是"自我批评"栏目中的一篇文章，批评了永新个别的苏维埃代表"一边打锣一边喊：南瓜冬瓜豆梗就要，辣椒就不要"的事情。标题采用问号形式，提出读者关心的问题，引起读者的关注。

---

① 猛烈扩大红军［J］. 红星，1933（9）

② 宁化工农群众潮涌般的加入红军［J］. 红星，1933（9）

③ 惊人！一百五十余条［J］. 红星，1933（51）.

④ 打锣送菜要得吗?［J］. 列宁青年，1932（13）.

有用复合型标题来表现的。例如：

（引题）国民党各派争权夺利

（正题）在上海互斗丑态

（副题）争占党部　抢夺黄色工会

　　　　争夺商会　互相暴露罪恶

　　　　一切黑幕均揭露　国民党反动权威扫地无余①

这一组标题通过引题的提示、副题的生动描写，把国民党在上海互斗的丑态淋漓尽致地表现出来。

---

① 红色中华，1932－01－27.

第六章

湘赣苏区红色新闻的传播价值

红色新闻作为一种特定的文化形态，具有重要的价值。在苏区，红色新闻的传播不仅促进了苏维埃政权的巩固和发展，确立了共产党的领导地位，也提高了苏区群众的政治觉悟，促进了革命和建设的发展，其历史价值是巨大的。红色新闻传播不仅具有深厚的历史价值，而且具有重要的当代价值。"红色文化"的当代价值渗透在中国特色社会主义现代化建设的方方面面，在思想建设领域和文化建设领域尤为突出。

第一节　红色新闻传播的历史价值

苏区的红色新闻报道，是中国共产党、苏维埃政府、红军部队和军事机关、群众团体进行宣传教育的重要手段，红色新闻传播有着重要的历史作用。

一、促进了苏维埃政权的巩固和发展

苏维埃政权是在井冈山的基础上建立的，但那时"各级苏维埃是普遍的组织了，但是名不副实。工农群众乃至党员，多数还没有认识苏维埃意义……名副其实的苏维埃组织并不是没有，却是少极了。"① 有的因国民党的"共产共妻"的宣传而畏惧，有的甚至得出共产党和国民党一样的结论。人民群众对革命的认识不是十分清晰，革命觉悟也不高，疑虑担忧、迟疑动摇、畏惧反抗的

---

① 王建国.《井冈山前委对中央的报告》探析［J］. 毛泽东思想研究，2006（6）.

情况都有。"一般老百姓对红军地位轻视,把群众中捣乱不受支配的,或过于老小不壮的,以至犯罪不应处死刑的分子送到红军里来。"① 胜利县枚春区有人"报了三次名去当红军,可是每次去当红军只当十多天,就开小差回来,结果报了三次名,就开了三次差"。他当红军"不是为着革命战争,而是为了借此骗取群众赠送的物品"②。从以上现象不难发现,群众对参加红军的态度是消极的。要改变现状,就得把群众发动起来,媒体作为党和政府的喉舌,就要义不容辞地担负起做群众动员工作责任。

在湘赣苏区,媒体配合省委和省政府的领导,广泛宣传和动员,促进了苏维埃政权的巩固和发展。湘赣苏维埃政府成立后,从上到下都进行了一次改造,将不良分子清除出去,将斗争坚定分子选拔进来,并在省苏维埃之下设立办事处,实行分片路管理,在省政府内设立土地、军事、财政、裁判、内务、文化等部门,后又增设国民经济、粮食、农业、教育、交通、对外贸易等部门,实行系统化管理。这些组织机构的建立与健全,推动了苏区社会动员各项事业的发展,巩固了苏维埃政权。本着"建立代表工农劳苦群众解决一切问题的真正代表他们利益而奋斗的苏维埃政府"③,根据这一宗旨,湘赣省委、省苏维埃政府又逐步建立和完善了工会、妇女、共青团、反帝大同盟、革命互济会、儿童团、贫农团等各级群团组织,从组织上杜绝苏维埃工作由党代办的现象,保证各项工作的有序开展。

在湘赣苏区,媒体配合省委和省政府的领导,广泛宣传和动员,促进了苏区一切力量的整合。随着苏区内政权组织和群众组织的广泛建立,几乎所有的群众都被纳入其中。通过普遍建立的儿童团、共青团、妇女委员会、互济会、赤色工会等组织,共产党把民众组织起来,将年幼的编入童子团,任务是站岗、放哨、查路票。其次是少年先锋队和游击队,他们带有作战性。妇女编入鲜花队、慰劳队。年老的编入运输队、炊餐队、缝纫队、浆洗队。也就是说,苏区群众无论老、弱、妇、孺、残都必须接受政治与军事训练,并按具体的需要来

---

① 中共龙岩地委党史资料征集研究委员会,龙岩地区行政公署文物管理委员会. 闽西革命史文献资料 [M]. 龙岩:中共龙岩地委党史资料征集领导小组编辑出版,1982:6.

② 嘉宾. 借当红军的名来做骗子 [N]. 红色中华,1932 – 08 – 30.

③ 江西省档案馆. 湘赣革命根据地史料选编(上册) [M]. 南昌:江西人民出版社,1984:286.

分配工作。他们中的每一个人实际上成了革命机器上的一个零部件，只要共产党一声令下，机器就可以运转起来。白崇禧曾经指出："共匪占领区之组织是结合党政军民一体，也是总体之组织、面之组织、全民之组织。"① 应该来说，共产党此时已基本上完成了以"面"打"点"的战略建设。对于这一战略的威力，参加"围剿"的十九路军官兵可能最有感触。他们在接受记者采访时谈道："江西的民众都是赞助红军的。当红军从某地撤退时，当地的民众便完全跟着他们跑掉。等我们到达该地方时，他们已去的无影无踪，所有的粮食也都带走了……与红军作战非常困难，因为我们得不到米盐油等吃的东西。"② 仅从这次"坚壁清野"的行动中，我们就可以看出那些素来散漫的、无组织、无纪律的群众已经被组织起来了，并形成了一股强大的战斗力。

通过媒体的宣传，"苏区范围内的农民，无论男女老幼，都能明白十骂反革命，十骂国民党，十骂蒋介石，红军歌曲及各种革命歌曲，尤其是阶级意识强，无论三岁小孩，八十老人，都痛恨地主阶级，打倒帝国主义，拥护苏维埃及拥护共产党的主张，几乎成了每个群众的口头禅，最显著的是许多不识字的工农分子都能做很长的演说，国民党与共产党，乱民政府与苏维埃政府，红军与白军，每个人都能理解。"③ 中共在苏区宣传动员工作的普及和深入，使苏区民众的不理解、逃避转化为一定的理解和参与，获得了苏区民众的拥护。在苏区出现了"无论穷乡僻壤，都普及了党的政治标语，群众到处找共产党"④ 的局面，党的威信在群众中得到树立。苏区民众的拥护，为反"围剿"战争奠定了群众基础。

二、提高了苏区群众的政治觉悟

要广泛动员苏区群众加入苏维埃运动之中，必须先培养他们的政治意识，

---

① 贾廷诗，等. 白崇禧先生访问纪录（上）［M］. 北京：中央研究院近代史研究所，1985：122.
② 李皓. 与十九路军士兵谈话的记录［N］. 红旗周报，1930-03-24.
③ 江西省档案馆. 中央革命根据地史料选编（上册）［M］. 南昌：江西人民出版社，1983：355.
④ 江西省档案馆. 中央革命根据地史料选编（上册）［M］. 南昌：江西人民出版社，1983：341.

其基本前提是提高苏区群众的政治素养和文化素养。列宁曾经强调"教育'不问政治',教育'不讲政治',都是资产阶级的伪善说"①。列宁还认为任何人不可能自发地就能产生马克思主义理论思想,必须采用灌输的方式才能形成。对此,列宁提出了马克思主义理论灌输论。在苏区,农民阶级的小生产意识比较严重,文化知识水平也相对低下,同时又受到宗派主义和家庭观念的影响,理论基础非常薄弱。要提高苏区群众的政治素养和文化素养,就要运用一切宣传和教育手段。苏区各级党组织、苏维埃政府、红军部队和群众团体,十分重视政治思想教育工作,始终把对苏区军民进行马克思列宁主义教育,提高他们的政治觉悟放在首要地位。1931年11月中央苏区党的第一次代表大会通过《党的建设问题决议案》,更把做好出版工作当作提高苏区军民政治觉悟的重要手段和方法。指出:"注意马克思列宁主义基本理论教育工作:在这些教育工作和思想斗争中,必须要很灵活地联系到马克思列宁主义的基本理论和党的政纲及目前的任务,以达到提高党员理论水平的效果。"②

苏区报刊在这方面发挥了不可替代的作用,它们都有强烈的目标意识,对象明确。针对苏区工农群众与红军战士识字能力偏低、无法独立阅读报纸的现状,制定了组织或者引导群众读报活动的计划。《红色中华》给该报的通讯员规定了多项任务,其中的一项就是"建立读报小组,争取广大的读者"。《红色中华》办报100期的时候,李富春在《"红中"百期的战斗纪念》一文中对该报今后的发展提出了意见,其中强调"每乡每村的识字班和夜校及俱乐部,应有读报组的组织,团聚群众向他们讲解每一期《红中》的主要内容"③。《青年实话》在激励群众尤其是青少年阅读报刊方面的规划更为具体。第二卷第四号刊登了《〈青年实话〉的革新计划》,其中提出要发展读报运动,特别是在少先队儿童团中,要指定有人宣读,各学校可以将报刊作课本用。各级共青团及其他青年团体,要组织读报组。这里提到的读报运动以及把报刊作课本使用,显然可以扩大报纸的传播与影响范围。值得特别强调的是,《青年实话》还在第三卷

---

① 中共中央马克思恩格斯列宁斯大林著作编译局. 列宁全集(第三十九卷)[M]. 北京:人民出版社, 1986:400.

② 江西省档案馆. 中央革命根据地史料选编(上册)[M]. 南昌:江西人民出版社,1982:644.

③ 李富春. "红中"百期的战斗纪念[N]. 红色中华, 1933–08–10.

第八号中开辟"文盲的学校"栏目，专门刊登一些扫盲的读物，以发挥报纸在知识与文化领域的传播功能。根据《红星》报的记载，带有读报内容的列宁室在红军中较为普及。该报还开办了"列宁室工作"专栏，该栏目 1931 年第 3 期刊登的《列宁室的工作怎样做》一文，提到列宁室里专门设有读报班，作者提出办好列宁室的第六个办法是："墙报要经常出版，墙报的内容和技术要经常有计划地改善，墙报内容最好能够适合于下层士兵群众的需要，读报班、识字班、讲演会，要经常的进行。"当时苏区盛行的读报活动，提高了群众的政治觉悟。《红色中华》刊登过一封署名赖家彬的公开信，在此信中，写信者表示从识字班里，了解到《红色中华》上说"国民党把北部几省的地方送给日本，再把军队调到南边来进攻我们"，大家都积极投入备战的行列中，希望前线的战士们不要挂念家庭，勇敢地到前线杀敌。①

报纸的传播对于苏区群众文化素养与思想水平的提升具有直接的推动作用。中共赣西南特委书记刘士奇在写给中央的报告中，结合案例，说明苏区干部群众文化水平与思想觉悟得到明显提高的状况：自从参加了革命以后，通过各类形式的学习与培训，不识字的女孩子很快就能粗通文墨，工农同志可以在法庭上辩得法官哑口无言。尤其是其中还引用了国民党江西省政府主席兼第九路军总指挥鲁涤平给蒋介石的电文：在"赣西南，三岁小孩，八十老人都是'共匪'"。《民国日报》的文章也说："共产党可恶，其教育群众的方法可学，不识字的农民，他们都能使之讲得很多道理。"② 这更加反衬出苏维埃区域文化知识与革命理论传播深入人心，成效显著。虽说这种成效是通过多种途径取得的，但可以肯定的是，报刊传播是其中极为重要的一种。

三、调动了苏区群众的革命积极性

群众革命积极性的调动是革命胜利的保障。中共采取了积极有效的社会动员，极大地唤起了民众。在这期间，苏区报刊卓有成效的宣传工作功不可没。

由于当时特殊的形势，扩充红军队伍是苏区的一项常规性工作。在当时条

---

① 赖家彬. 一封邮务工友的家信 [N]. 红色中华，1934 - 07 - 28.
② 江西省档案馆. 中央革命根据地史料选编（上册）[M]. 南昌：江西人民出版社，1982：355 - 356.

件下，苏区扩红运动所取得的实际成效，应该说是非常理想的。扩红运动的宣传报道上，苏区的报刊采取的方式主要有两种。第一种表现为肯定性的报道，从正面对此项工作进行激励。这类作品往往是综述一县一乡在一段时期内"扩红"的进展，而且注重营造一种相互竞赛的气氛。1933 年 6 月，中华全国总工会苏区中央执行局的机关刊物《战斗》设立了"看赛跑"专栏，刊登"扩红"运动的进度表，定期公布各地工人志愿加入工人师的统计数字，还专版报道永丰、胜利等县扩大工人师的先进事迹。《红星》报 1934 年第 2 期出版的"扩大红军"专栏，首先刊登了一篇统计材料，反映瑞金、兴国、西岗三地继续突击扩红的情况；接着以《又有四县完成了》为标题，公布杨殷、博生、长胜、乐安四县的统计数字；最后以《最落后的县份》为标题，指出汀东、上杭、新泉三县的不理想。在这里，有表扬，有激励，也有提醒。另一种推动形式是采写和编发批评性的报道，对"扩红"运动中出现的错误言行，展开不留情面的揭露与抨击。《红色中华》1933 年 11 月 23 日刊发的《一个月扩大三个红军》一文，批评杨村区一个月只增补了三个红军。"扩红"工作是一项紧迫性很强的任务，一般都会要求在特定的时间内富有成效地完成工作。但是在这里一个月只送出三个人上前线，成效甚微。其原因就是工作松懈，缺乏足够的力度。

在湘赣苏区，人们踊跃参军参战，在 1933 年两次扩兵运动中苏区男子积极参军。详情见表 6 – 1。

表 6 – 1　两次扩兵运动各县参军数目①

县名	时间	时间
	参军人数	参军人数
永新	700	2800
莲花	280	1300
吉安	160	780

---

① 湖南省财政厅. 湘赣革命根据地财政经济史料摘编［M］. 湖南人民出版社，1985：
　630.

续表

县名	时间	时间
	参军人数	参军人数
安福	290	1100
茶陵	310	1000
分宜	330	850
河西	220	1000
萍乡	52	380
攸县	14	200
酃县	26	200
遂川	0	200
宁冈	0	230
合计	2382	9940

作为苏区更动人的一幕，那些曾经只是端茶做饭的妇女也积极加入进来。中央苏区总女工部1933年发出扩大红军计划，永新女工部立刻响应，订出了半个月的工作计划，详情见表6－2。

表6－2　永新县女工部扩红计划表①

区别	埠前	象形	南阳	环浒	洲湖	里田	天河	牛田	作述	老居	关背
数目	廿三	八	十四	三	十二	四十	二	二	九	三	二

被动员起来的苏区人民，除了军事上大力支持革命外，还从物质上积极予以保障。他们一方面上交田地税，另一方面纷纷认缴公债。在购买公债的群众中，不乏贫穷之人，他们用微薄之力支援革命。从酃县推销公债的记载中就能看得出：在梁桥乡，8月23号总共并先前购买的公债一百二十三元五角，其中

---

① 江西省档案馆. 江西苏区妇女运动史料选编［M］. 江西人民出版社，1986：366.

谢书林一元收票、吕连英一元、姜丙桂曾长连二人一元、刘根杨五角、薛盛发五角、陈茂成李正茂二人一元、周名亮五角、阳庚风五角、谢书田五角、曾华开五角、曹前风五角、黄桂保五角……①

被动员起来的苏区群众，从战争物质上也积极支持战争。无论为士兵所需的布鞋、草鞋、袜子，还是动员挑夫，他们都积极参与。从表6-3和表6-4中可以得到很好说明。

表6-3　竞赛物资表②

县名	布鞋	草鞋	袜子
永新	2500	2500	2500
龙市	5000	5000	5000
莲花	4500	4500	4500
吉安	2500	2500	2500
安福	3000	3000	3000
茶陵	2100	2100	2100
分宜	3200	3200	3200
新峡	2200	2200	2200
遂万泰	400	400	400
萍乡	3300	3300	3300
攸县	200	200	200
酃县	200	200	200
遂川	300	300	300
宁冈	200	200	200

---

① 湖南省财政厅. 湘赣革命根据地财政经济史料摘编［M］. 长沙：湖南人民出版社，1985：527.

② 湖南省财政厅. 湘赣革命根据地财政经济史料摘编［M］. 长沙：湖南人民出版社，1985：652.

表6-4 动员挑夫表①

组别	第一组						第二组				附注
县别	永新	吉安	安福	莲花	茶陵	城市	宁冈	遂泰	攸县	萍乡	动员长期夫子，各县在本月底送一半，明年1月10日全部解送完毕，并要有组织地送来
数目	八百名	三百名	三百名	四百名	二百五十名	二十名	二十名	一百名	五十名	六十名	

四、促进了苏区农村经济的发展

在革命根据地的创建和发展过程中，党把经济建设放在一个十分重要的地位。因为经济问题是否解决，与苏维埃政权的基础是否稳固和群众的斗争情绪是否高涨有着密切的关系。改造根据地原来的经济关系，建立起新的经济制度是建立工农政权和争取革命胜利的主要条件。正是基于对经济建设重要性的认识，党非常地注重经济领域的斗争和建设，这为农村经济的发展提供了强大的推动力。在革命根据地成立之前，绝大部分土地被地主豪绅占有，革命根据地形成后，工农革命政权随即建立起来了，这时苏区进行土地革命的条件趋向成熟。为了改变旧的生产关系，摧毁封建土地制度，满足农民对于土地的需求，从而调动他们生产的积极性和创造性，党和苏维埃政府就必须开展形式多样和内容丰富的思想政治工作，目的是使广大农民群众了解到"什么是土地革命""土地应该归谁所有""土地革命如何进行"等问题。媒体作为共产党在苏区执政的主要"喉舌"，在苏区的经济建设中起到了良好的推动作用。媒体配合省委和省政府的领导，对土地革命政策进行宣传，唤醒农民群众的政治觉悟，使他们对其经济利益的认识更加清晰明了。省委和省政府集中力量，在广大农村进行暴风骤雨般的土地革命，得到了群众的热烈反响和支持。土地革命使得广大农民群众获得了生产的重要资料——土地，极大地解放了农村的生产力，调动

---

① 湖南省财政厅. 湘赣革命根据地财政经济史料摘编 [M]. 长沙：湖南人民出版社，1985：653.

了农民生产的积极性和创造性。

同时，整个苏区经济滞缓，生产力不足，各种生产资料短缺，发展农业生产、发展工商业都是迫在眉睫的任务。

通过对发展农业生产的报道和宣传，苏区农业得到了较好的发展，增加了群众的农产品，改善了群众的生活，使苏区人民免受粮食短缺的困扰。合作社的壮大以及中央对土地税缴纳的细化，使得各区的垦荒力量急剧增强，1933年，在苏区开垦的土地中，兴国、瑞金等地区超前完成了开垦荒田的数量，根据统计共计22万多担。当时，苏区的农业发展可以说是成绩斐然。另外，为解决经济建设的资金问题，苏区发行了300万元的公债，不仅可以帮助发展国家经济，还可帮助各区合作社不断壮大。苏区的信用合作社也开始运作起来。这样做不仅能够开发生产，而且还能够以适当的价格出售农业产品，并以低价从白区购买食盐和布匹分给人民。这些经济措施对于突破国民党政府的经济封锁，抵制不法商人的剥削发挥了极大的作用，逐步发展了苏区的经济，改善了苏区人民的生活条件，大大增加了中央苏区的财政收入，为巩固共产党在苏区的局部执政做出了巨大的贡献。同时，村镇建设摈弃了小规模的生产方式，立足于乡村地方文化，充分动员、鼓励和支持农民互助合作，从而提高了农业生产水平，提升了百姓的生活质量，促进了乡村经济的建设，推动了革命运动的蓬勃发展。除此之外，苏区还鼓励和支持农民开展互帮互助，这不仅是对本土文化的延伸，也是对国际现代合作运动理念的吸收，它对促进农村经济发展和现代化跨越式发展起着重要的作用。毛泽东曾在报告中指出："与国民党黑暗时代相较，百姓的生活节节高升。以前苦难的时候吃树皮或者吃糠秕，甚至还有很多吃不饱的情况，现在的生活节节高升。不仅可以丰衣足食，还有剩余。"①

通过对发展工商业的报道和宣传，苏区工商业得到了较好的发展。比如，对犁牛合作社的介绍，不仅可以使各区学习成功的经验，还可以鼓励更多的百姓加入当中，壮大合作社的发展。犁牛合作社除了能够规范和调整保护耕牛发展耕牛外，还给老百姓带来很大的收益。过去，耕种需要借牛耕田，不仅要养牛，还要每亩耕田交牛税谷物五斤。没有谷子交就没有耕牛可以用。组织犁牛

---

① 江西省档案馆，等. 中央革命根据地史料选编（下册）[M]. 南昌：江西人民出版社，1983.

合作社的出现，只需要百姓缴纳很小一部分租金，就可以使用耕牛。长远来看，几年的租金比自己去养牛所消费的资金要少，这样老百姓获得的就多了。毛泽东同志对这一时期的工业生产给予高度的赞扬，他指出："两年，特别是1933年上半年，因为我们开始注意生产合作社发展，许多手工艺和个别的工业现在是开始走向工业化，而且自己织布、药和自己制糖……之前并没有开展的产业，现在如雨后春笋般，发展起来，并且还取得了很好的成果。"① 由此可以看出，工商业的发展水平确实得到了迅速的提升。

媒体对财政工作也进行了报道和宣传。如，《红色中华》1934年7月26日登刊的收集60万担谷子的《中共中央委员会中央人民委员会关于在今年秋收中借谷六十万担及征收土地税的决议》指出：第五次"围剿"是一次长期的割据战争，敌人不会等待着红军"喘气"，为此更要求我们发动全部的人民去帮助在前线浴血奋战的红军。所以，粮草的及时补充成为重要的依据。决议要求在9月15号之前完成粮食的收集、运输与保管任务。为了按时收集到60万担谷子，《红色中华》除了刊发训令文件外，还及时报道筹集粮食的经验和近况，通过汇报模范区的成绩，引导各区群众齐头并进，在这期间也对进度缓慢者进行督促和批评，这不仅唤起百姓对中央公正不阿态度的尊敬，更使得地方政府得到监督，通过转变工作方法实现训令的要求。媒体对财政工作进行报道和宣传最突出的贡献，是动员全体军民购买公债。从中央媒体到省级媒体再到县级媒体，无一例外，《红色中华》《湘赣红旗》等都用大量的篇幅刊登购买公债的政策，阐述其意义和作用，报道购买公债的成果。毛泽东在《向全体选民工作报告书》中指出："60万元的革命公债券对于发展壮大革命队伍给予了强大的帮助，第二期公债，同志们积极购买，就是为革命战争工作奉献了巨大的力量。"②

在当时物资极其缺乏、条件异常艰难的环境中，根据地人民群众为农村经济发展做了大量的工作，搞活了根据地的经济，战胜了财政经济困难，筹得了革命战争经费，保障了革命战争的供给，促进了农村经济的发展。这些成绩的取得是我党努力拼搏的结果，但媒体在其中所做的贡献也是不可磨灭的。

---

① 中共中央文献研究室. 毛泽东选集（第一卷）［M］. 北京：人民出版社，1993：118.
② 毛泽东. 中华苏维埃共和国临时中央政府成立周年纪念向全体选民工作报告书［R］. 红色中华，1932－11－07.

第二节　红色新闻传播的当代价值

习近平总书记强调："要把红色资源利用好、把红色传统发扬好、把红色基因传承好。"① 湘赣苏区红色新闻是一种不可多得的"红色资源"，它真实地记录了无数苏区人民救亡图存的斗争和苦难深重而又辉煌壮丽的历史，具有独特的感染力和强烈的情感力量。湘赣苏区的新闻，体现了革命领袖及革命者的艰苦卓绝，体现了勇往直前的大无畏革命精神、积极向上改天换地的革命豪情、不怕牺牲排除万难的奉献精神以及抛头颅洒热血的献身精神，具有强烈的教育性和引导性。传播湘赣苏区的新闻，有无数可歌可泣的事迹可供缅怀，有无数革命先烈的理想和信念可供瞻仰，有无数仁人志士的勇敢和智慧可供学习。

一、在思想建设领域，具有教育和引导功能

红色新闻是马克思列宁主义先进思想与中华民族革命历程紧密融合而形成的优秀文化，红色新闻对于中华民族取得胜利起到了精神引领的作用，红色新闻中蕴含着革命必胜的政治思想价值。在战争年代，苏区红色新闻报道，促进了苏维埃政权的巩固和发展，确立了党的领导地位，现在，红色新闻的宣传能够推动党员先进意识的形成，这是红色新闻政治思想价值的重要体现。

（一）红色新闻是培育社会主义核心价值观的有力推手

中国共产党第十七届六中全会指出，社会主义核心价值体系是兴国之魂，是社会主义先进文化的精髓。红色新闻具有深刻的内涵和独有的品质，其弘扬和传播，有助于推进社会主义核心价值体系建设，有助于增强社会主义意识形态吸引力和凝聚力。

当今，我国处于全面深化改革的时代背景下，多元多样日渐成为我国社会现状的重要特征之一。与改革开放前相比，今天的民众呈现出多样、多元的特点，社会结构调整和利益格局变化所带来的阶层分化以及思想意识、价值观念

---

① 习近平. 贯彻全军政治工作会议精神 扎实推进依法治军从严治军 [EB/OL]. 新华网，2014 - 12 - 15.

的多样等，是当下多元化的大众的重要表现。这也是我们培育社会主义核心价值观首当其冲应当探讨的问题。阶层分化、利益分化，必然引发更多的民众从不同角度、层面理解社会主义核心价值观。具体而言，一是不同阶层价值意识、价值取向的多样性，对社会主义核心价值观的认知、认同具有内在差异性。当前，我国社会发展不可回避的现实是贫富差距的逐渐扩大，城乡之间，东部、中部和西部地区之间，不同行业、部门、单位之间，以及不同阶层之间的收入有显著的差距。社会主义核心价值观是社会主义意识形态的内在本质，实现共同富裕是社会主义社会的内在本质。如果社会主流意识形态宣传的价值目标与社会现实之间不一致甚至有所冲突，就必然引起大众对主流意识形态的逆反、厌恶心理。而现实生活中的贫富差距居高不下，势必使得大众对社会主义核心价值观的真理性与价值性产生质疑。倘若如此，践行核心价值观便无从谈起。二是相同阶层思想观念的多样性不断发展，对社会主义核心价值观的认识也存在差异性。不同阶级、阶层的价值观念、价值取向多元多样，这是显而易见的。但价值观念的多样化是以利益的分化作为前提和基础的，因而，同一阶层、阶级内部基于利益的差异性也存在不同的价值观念、价值取向。

红色新闻作为红色文化的一部分，其核心价值因素，能够反映苏区民众的思想意识、道德规范、价值观念等。立足于新的时代形势，挖掘这些核心价值要素，能够为我们培养核心价值观提供思想资源与文化素材。

第一，红色新闻中蕴含的崇高理想信念符合国家层面核心价值观的内涵。从国家层面倡导富强、民主、文明、和谐，并将富强列为社会主义核心价值观的首位要素，这体现了马克思主义唯物史观生产力标准的根本要求，也体现了中华民族的千年夙愿和中国共产党人的奋斗目标。理想信念是红色文化的重要价值内涵，也是社会主义核心价值观的思想渊源。中国共产党成立时就是以共产主义远大理想为最终奋斗目标，并根据不同历史时期的中心任务制定最低纲领。正是在最低纲领与最高纲领统一的基础上，中国共产党号召受苦受难的人民大众团结奋斗，朝着美好的目标前进。在艰苦卓绝的革命年代，无论形势如何变幻莫测，中国共产党始终坚守真理，坚定目标。即使是面对生死抉择之际，无数共产党员依然发出了惊天地、泣鬼神的浩然正气。这背后是理想的力量、信念的力量在发挥作用。正是凭着这种坚定的理想信念，以毛泽东为代表的老一辈无产所级革命家创建了井冈山革命根据地，将星星之火燃遍祖国大地。

第二，红色新闻中蕴含的自由平等思想符合社会层面核心价值观的内涵。自由、平等、公正、法治体现了社会建设的目标理想。这一层面是联系国家层面和个人层面的桥梁和枢纽。一个社会的自由程度、是否平等公正、法治建设如何，直接影响到公民价值准则的践行与国家价值目标的实现。中国共产党领导苏区的斗争，就是为了争取人民的民主和自由，实现中国光明的命运。红色新闻传播了这种思想，其内涵反映了中国共产党与受苦大众同呼吸、共命运、心连心的崇高品质，指引动员着人民大众积极参加革命斗争，争取民族独立与解放，追求人身自由与平等权利。这与社会层面的核心价值观具有内在的自洽性。

第三，红色新闻中蕴含的高尚道德品质符合个人层面核心价值观的内涵。爱国、敬业、诚信、友善是个人层面的基本价值准则和道德行为标准，体现要培养什么样的公民。红色新闻蕴含着丰富的道德内容。爱国情感、诚实守信、团结互助、无私奉献等道德观念，彰显了中国共产党的道德信仰，是中华优秀传统文化、革命道德与时代精神的有机结合，包含了践行社会主义核心价值观的时代要求。

（二）红色新闻是开展政治思想教育的强大武器

红色新闻是开展政治思想教育的强大武器，在于它与中华民族优秀传统文化一脉相承。中国共产党在南昌发动了武装起义，创建了第一支新型革命军队；在井冈山建立了第一个革命根据地，闯出了农村包围城市武装夺取政权的正确道路；在瑞金成立了中华苏维埃共和国临时中央政府，第一次在局部地区成功执政，南昌、井冈山和瑞金遂成为人民军队、中国革命和共和国的摇篮。马克思指出："人们创造自己的历史，但他们并不是随心所欲地创造，并不是在他们自己选定的条件下创造，而是直接碰到的、既定的、从过去继承下来的条件下创造。"① 中国共产党在如火如荼的斗争中，将马克思主义融入传统文化，将科学理论与传统文化相结合。南昌起义的勇士们在四面白色恐怖包围里，打响了武装反抗国民党反动派第一枪，掌握了"枪杆子里面出政权"真理，形成了追求真理、坚定信念、勇于拼搏、不怕牺牲、敢为人先、开拓创新的"八一"精神，红色割据的官兵们在"艰难奋战而不溃散"中，坚信星火燎原，走上了一

---

① 马克思，恩格斯. 马克思恩格斯选集（第一卷）［M］. 北京：人民出版社，1986：603.

条胜利的道路，演绎出坚定信念、艰苦奋斗、实事求是、敢闯新路、依靠群众、勇于胜利的井冈山精神；苏维埃政权的领袖们在呼唤群众同心协力革命的时候于政治、经济、军事、文化、教育等方面，产生了关心群众生活、注意工作方法、深入调查、从实际出发、自力更生、艰苦奋斗，实行军事、政治、经济三大民主的苏区精神。党的十五大报告第一次明确地把文化提到"综合国力"的高度，指出"有中国特色社会主义的文化，是凝聚和激励全国各族人民的重要力量，是综合国力的重要特点"。红色新闻作为红色文化的重要组成部分，在发扬红色文化、提高综合国力方面是有一定的作用的。

红色新闻从人们的世界观、价值观和人生观等，到日常生活的衣食住行，淋漓尽致地反映了先进政党和共产党人的优良作风和品质，毋庸置疑地成为当今广大人民群众塑造新形象、建设红色文化与和谐社会、实现中国梦的历史依据和现实诠释。从周恩来为"坚定的主义去奔走"，到血染南昌城头的革命战士；从朱德"愿意继续干革命的跟我来"的铿锵号召，到贺龙在起义受挫后却毅然加入共产党的果敢行为；从首次实践"革命的中心任务和最高形式是武装夺取政权"这个"不论是在中国在外国，一概都是对的"的马列主义学说，到提出和部分实行了土地革命纲领，充分体现了"八一"精神"追求真理、敢为天下先"的品质，这正是塑造新形象、建设和谐社会的必要条件。从"星星之火，可以燎原"的寄语，到"红色政权为什么能够存在"的回答；从"红米饭，味道香""干稻草，软又黄"为主旋律的革命乐观主义和浪漫主义，到不畏"草要过火，石要挨刀，人要换种"的革命英雄主义，充分体现了井冈山精神"坚定信念、敢闯新路"的品格，这正是塑造新形象、建设和谐社会及德育工作者必备的魂魄。从"苏区干部好作风，自带干粮去办公，穿着草鞋干革命，夜走山路打灯笼"的山歌，到"吃水不忘挖井人，时刻想念毛主席"的碑铭；从"没有调查，没有发言权"的论断，到"贪污和浪费是极大的犯罪"的警示；从"反对本本主义"的教诲，到"从斗争中创造新局面"的真谛，充分体现了苏区精神"一心为民、求真务实"的品德，这正是塑造新形象、建设和谐社会及德育工作者必备的作风。因此，红色新闻资源是开展政治思想教育的强大武器。

（三）红色新闻是开展德育教育的有效载体

"道德教育是指一定社会或阶级为了使人们接受并遵循其道德体系的要求而

有目的、有计划、有组织地对人们施加道德影响的教育活动。"① 在现阶段我国社会主义道德教育的内容应当包括两个主要方面：一是进行社会主义道德规范教育，把社会主义道德建设的要求不断地灌输到全体社会成员特别是党员干部和青少年的头脑中去，使人们明白对错、懂得善恶、知道美丑，从而认清道德选择方向，掌握道德评价尺度，自觉履行道德义务；二是进行道德理论的教育，普及马克思主义的基本知识，使人们不但知其然，而且知其所以然，从而能够自觉地把道德原则和规范上升到道德观和道德信念的高度，以求道德教育的长效之功。红色新闻蕴含了丰富的道德规范、价值取向和行为方式，是进行德育教育的有效载体。红色新闻的传播可以激发人们坚持真理的勇气、追求真理的意志和献身真理的精神，可以引导我们去思考人生的意义和价值，塑造高尚的道德情操。

不同的时代有着不同的德育载体，德育载体必须随着社会的发展和变化而不断变更。红色新闻展现了一定历史时期形成的革命精神。这种精神是中华民族传统精神与时代精神相结合的产物，是对历史传统精神丰富和发展而形成的新的民族精神，它既有一定历史条件下的特定内涵，又有与时俱进、价值永恒的普遍意义。因此，红色新闻资源是德育教育的鲜活教材，是新时期开展德育的有效载体。红色新闻之所以是开展德育的有效载体，是因为其承载、传导的文化因素符合德育的目的、任务、原则和内容，且蕴藏在人们社会生活的方方面面，能为教育主客体所运用，教育主客体可借此相互作用和交流，因而具有极强的灵活性、普遍性和自觉性。随着我国经济发展和改革开放的深入，德育环境及主客体身份等已明显出现了新的社会发展态势，因而迫切需要一种覆盖面更广、承载思想信息更多的载体。红色新闻资源正是适应这种形势而将德育功能得以充分发挥的一种新型的有效载体。

通过红色新闻资源开展德育教育是一种理想的德育范式。根据现代教育学的观点，教育系统的基本要素，包括教育主体、教育客体、教育介体和教育环体等。红色新闻在德育活动的开展过程中同时承担着介体与环体的角色与功能。作为德育活动的载体，红色新闻能够承载和传递光荣革命传统、先进革命精神及优良民族品质等，使教育主体与教育客体之间形成一种良性的互动；作为德

---

① 杨立新. 当代中国先进文化建设论 [M]. 北京：中国社会科学出版社，2001：182.

育活动的环体，红色新闻为德育活动的开展提供了现实生动的环境，最终使德育活动达到最佳效果。因此，通过红色新闻资源开展德育教育是一种理想的教育范式。

德育与红色新闻资源的结合是与时俱进的一种创新。内容的脱离实际和泛主题倾向，教育观念的陈旧和教育方法的单一，是传统德育范式的弊端，这迫切要求我们对德育的内容与形式加以创新。针对不同受众的特点和接受能力，新时期的德育要丰富内容、创新形式、生动感人，以增强针对性，提高实效性。红色新闻资源内容丰富，直观生动、感染力强，为德育教育的开展提供了丰富而强大的精神支持。德育与红色新闻资源的结合不仅可以发扬红色新闻的精神价值，而且可以不断创新德育形式，营造红色新闻育人的浓厚氛围，创新红色新闻的育人机制，使人们在潜移默化中接受革命传统教育。德育与红色新闻资源的结合是一种必然的历史选择，也是与时俱进的一种创新。井冈山精神、苏区精神是中国共产党在苏区将马列主义与中国革命实践相结合的产物。红色新闻既与中华民族精神一脉相承，是其在近现代的表现形式和载体，又是苏区乃至全国推进社会主义物质文明、政治文明和精神文明建设的宝贵财富和独特优势。

二、在文化建设领域，具有传承和发扬功能

（一）具有文化传承的功能

文化是特定历史的成果与展现，同时也是历史积淀的延续，在新的时空条件下不断丰富与发展的文化要素有其深远的影响意义，即文化的传承性。苏区红色文化是在炮火硝烟的革命战争年代孕育的奇葩，是在新时期社会主义建设和改革事业热火朝天的和平年代丰富和发展的瑰宝。它强大的历史文化内生力使其具有顽强的生命力，在中国革命、社会主义建设和改革开放的伟大实践中不断得到传承、丰富与发展。苏区人民吸取儒家文化重道义、崇气节、尚正直的文化精髓，并使之不断得到完善和升华，形成特色独具、内涵深刻的苏区红色文化，承载和传递着光荣的革命传统、先进的革命精神以及优良的民族品质，今天依然催人奋进。

了解过去，目的是启迪和指导未来。红色文化的传承价值功能表现在：一是红色文化是马克思主义中国化理论成果发展进程中的重要环节。中国共产党

就是马克思主义同中国工人运动相结合的产物，从成立的第一天起，就以马克思主义作为自己的指导思想。在中国革命的征程中，中国共产党人创造性地形成了指导中国革命走向胜利的先进文化，又传承了中华民族五千年积淀而成的优秀传统文化，它们一脉相承又与时俱进。二是红色文化提炼和凝聚了中国共产党人的革命精神，并在中国革命、建设和改革开放的实践中得以传承。中国共产党在领导中国革命的征程中形成的革命精神，是激励人们开拓进取、矢志不渝的强大精神支柱，实现中华民族的伟大复兴需要弘扬这些红色精神。

（二）有利于推进社会主义先进文化建设

文化是民族的灵魂，是哺育和传承民族生命力的载体。苏区红色文化的有效传播能够消除和防止文化垃圾的滋生，其自身蕴含的优秀文化内涵与元素，对社会主义先进文化建设具有强有力的推动作用。目前我国发展社会主义先进文化面临的难题与挑战主要有如下几个方面：（1）市场经济的负面影响：市场经济活动具有利益驱使性，一些人盲目追求金钱，拜金主义势头增长；市场经济活动具有满足需求性，一些人把享乐当作人生的最终目的，挥霍无度，向往骄奢淫逸的生活；市场经济活动具有个人主体性，一些人把个人利益作为做事为人的唯一尺度，利己主义盛行，社会责任感丧失、公共道德感淡漠，把人际关系视为赤裸单一的金钱交易关系；市场经济活动具有自发调节性，诱使一些人奉行自由主义和分散主义，集体主义、全局观念、组织性和纪律性完全被遗忘。（2）传统文化的消极因素：宗法性因素。封建文化中的家长制作风、等级观念、独裁制度，造成了个人专制集权和"官本位主义"思想盛行。非理性因素：封建迷信思想在相当长的时期内愚弄了广大民众，荼毒民智，在今天一些迷信活动又沉渣泛起并且有抬头之势。保守性因素：中国传统文化信奉"天不变，道亦不变"的宇宙观，崇古薄今是整个古代社会普遍的心态。这种反进步性的因素，造成了国民因循守旧、故步自封和盲目排外的心理，影响了社会先进文化的发展。（3）西方文化的威胁：西方的资产阶级自由化思潮，使我国的马克思主义意识形态受到挑战。世界发达资本主义国家利用自身发展优势大肆宣扬信息共享，凭借发达的传播媒介向别国推销和渗透自己的价值观念与意识形态，企图彻底影响和颠覆社会主义国家。西方文化通过文化扩张和渗透，使外国文化产品大量涌入国内，这使我国文化产业受到很大冲击，造成了一定程度上的文化认同危机，甚至威胁到我国的文化安全。

面对这些难题与挑战，我们要发展社会主义先进文化就必须坚持中国特色社会主义文化发展道路和前进方向，巩固马克思主义的指导地位，坚持社会主义的前进方向。要做到这些，红色文化无疑是最好的选择，苏区红色文化更是其中的杰出代表。无论是以马克思主义为指导还是坚持对社会主义、共产主义的理想追求，无论是艰苦奋斗、无私奉献的道德情操还是崇尚科学追求民主的现代理性，苏区红色文化所独有的优秀品质和丰富深邃的文化内涵使其为发展社会主义先进文化提供了良好的文化氛围，对社会主义先进文化建设起到了强有力的推动作用。

（三）有利于增强文化自信

文化自信是一个民族、一个国家以及一个政党对自身文化价值的充分肯定和积极践行，并对其文化的生命力持有的坚定信心。党的十八大以来，习近平在多个场合提到文化自信，传递出他的文化理念和文化观。在 2014 年 2 月 24 日的中央政治局第十三次集体学习中，他提出要"增强文化自信和价值观自信"①。2014 年 9 月 24 日，他在纪念孔子诞辰 2565 周年国际学术研讨会上发表重要讲话，他认为，"文明特别是思想文化是一个国家、一个民族的灵魂。无论哪一个国家、哪一个民族，如果不珍惜自己的思想文化，丢掉了思想文化这个灵魂，这个国家、这个民族是立不起来的"；因为中国优秀传统文化，"可以为治国理政提供有益启示，也可以为道德建设提供有益启发"，"我国今天的国家治理体系，是在我国历史传承、文化传统、经济社会发展的基础上长期发展、渐进改进、内生性演化的结果"；更因为"只有坚持从历史走向未来，从延续民族文化血脉中开拓前进，我们才能做好今天的事业"，"没有文明的继承和发展，没有文化的弘扬和繁荣，就没有中国梦的实现"。② 他在 2016 年"七一"讲话中指出："在 5000 多年文明发展中孕育的中华优秀传统文化，在党和人民伟大斗争中孕育的革命文化和社会主义先进文化，积淀着中华民族最深层的精神追求，代表着中华民族独特的精神标识。"③

---

① 习近平. 习近平治国理政（第一卷）［M］. 北京：外交出版社，2018：164.
② 习近平. 在纪念孔子诞辰 2565 周年国际学术研讨会上的讲话［EB/OL］. 新华网，2014
－09－24.
③ 习近平. 习近平治国理政（第二卷）［M］. 北京：外交出版社，2017：36.

在党的十九大报告中，习近平指出："中国特色社会主义文化，源自于中华民族五千多年文明历史所孕育的中华优秀传统文化，熔铸于党领导人民在革命、建设、改革中创造的革命文化和社会主义先进文化，植根于中国特色社会主义伟大实践。发展中国特色社会主义文化，就是以马克思主义为指导，坚守中华文化立场，立足当代中国现实，结合当今时代条件，发展面向现代化、面向世界、面向未来的，民族的科学的大众的社会主义文化，推动社会主义精神文明和物质文明协调发展。"① 我们要进一步增强文化自信，大力发展中国特色社会主义文化，为实现中华民族伟大复兴的中国梦，凝聚起中华儿女团结一致、脚踏实地、不畏艰险、奋勇攻坚的精神力量。其语境更为庄严，观点更为鲜明，态度更为坚决，传递出这既是文化理念又是指导思想。文化自信于是成为继道路自信、理论自信和制度自信之后，中国特色社会主义的"第四个自信"。

苏区红色新闻作为红色文化的一部分，传承马克思主义的思想，扎根于中国传统文化的沃土之中，是中华民族优秀传统文化和中国共产党几代领导人的智慧相结合的文化结晶，是中华民族特有的先进文化。在实现中华民族伟大复兴的历史新时期，传承和发展红色文化，有利于增强人们对中华文化的认同感和归属感，增强"文化自觉、文化自信和文化自强"，夯实国家文化软实力的根基。

（四）有利于发展文化产业

随着后工业时代的到来，文化消费成为人们提高生活质量的一个重要标志。文化产业作为一个以精神产品的生产、交换和消费为主要特征的产业体系自身蕴含巨大的经济价值。红色新闻资源作为传承和体现苏区红色文化内涵和精髓的载体，是稀缺的文化产品，无论是新闻作品中陈述的革命历史事件的发生地、军事战场遗址，还是名人故居，都具有良好的知名度和品牌效应，为全国人民所熟知。新时期苏区红色旅游蓬勃兴起，红色文化产业发展迅猛，逐渐成为区域经济新的增长点。井冈山、瑞金、兴国、永新、茶陵等地的红色旅游带动经济发展取得了显著成效，增强人文优势与经济优势互补，促进经济结构优化，形成特色产业，实现餐饮娱乐、交通电信等相关行业的带动发展，增加就业，

---

① 习近平. 决胜全面建设小康社会夺取新时代中国特色社会主义伟大胜利——在中国共产党第十九次全国代表大会上的报告 [M]. 北京：人民出版社，1991：40-41.

缓解社会压力，使革命老区得到和谐发展。

"一定的文化是一定的政治和经济的反映，又给予伟大影响和作用于一定社会的政治和经济"①，红色文化在社会主义革命、建设和改革过程中得到不断的丰富、发展与完善，成为人民不断奋斗的动力源泉。红色文化中的不怕牺牲、不怕困难、积极进取、开拓创新的积极精神追求，经过长期的传承与积淀，会内化为苏区人民的一种心理常态，在其影响和感召下，使人们自觉做出应有的价值判断和取舍，形成符合社会主义市场经济健康发展要求的经济道德与经济思想，从而对整个社会的价值取向和经济行为起到规范和导向作用，防止和杜绝经济建设错位隐患，为经济建设营造健康的舆论环境、诚信互利的市场贸易环境和安定祥和的社会心理环境。

"经济发展的过程实质上是一个文化发展的过程，文化是现代经济的'发动机'，区域文化中有利于经济发展的潜在因素决定着对经济发展道路的选择，区域文化发展与经济变革相适应的程度决定着区域经济发展的速度，区域文化的增长力成为提高区域经济社会发展质量的强大推动力。"② 拥有独具特色、内涵丰富而又深刻的红色区域文化可以使本地区对外成功地树立起一个良好积极的区域形象，对于该区域文化产业招商引资、吸引人才、加强与外部的经济交流与合作无疑具有极大的推动作用；在内部则有利于红色企业文化的形成，为企业的长远发展提供绵延不绝的思想动力和精神文化。苏区红色文化知名度高、影响力大，其中的艰苦奋斗、无私奉献精神使得外界都为勤劳勇敢的苏区人民所感动和震撼，并因此使苏区的红色企业和项目受关注度大幅提高，吸引外来资本与之合作，推动区域经济发展。

---

① 中共中央文献编辑委员会. 毛泽东选集（第二卷）［M］. 北京：人民出版社，1991：663.

② 张佑林. 区域文化与区域经济发展［M］. 北京：社会科学文献出版社，2007：86.

第三节 红色新闻传播的启示

一、只有发挥新闻宣传的政治优势，才能提高党和政府自身的凝聚力、号召力、战斗力

新闻宣传是党争取群众、团结群众参加革命战争，教育群众提高政治文化水平，坚强政治立场的有力武器，是扩大党的政治影响、加强群众对党的印象的手段。列宁说，一张传单的效力，要胜过十万枪炮的射击。通过新闻宣传，党凝聚了民心，增强了号召力，切实宣传了政治主张，将党的口号、思想传播到广大群众中去，提高了领导革命的战斗力。湘赣省委特别重视在政治上宣传动员群众，指出为了扩大革命战争，每个贫苦群众都有当红军的权利，使群众了解到，要保障自己的利益，只有争取革命战争的胜利，为了争得这一胜利必须扩大红军，发动工农群众自动参加红军。动员群众执行苏维埃的政纲法令，扩大苏维埃的政治影响，提高苏维埃的威信，发动群众监督并批评苏维埃的工作，反对官僚主义腐化现象，创造健全而有工作能力的苏维埃政府。正如《湘赣省苏维埃第二次代表大会决议之四》指出："苏维埃的新社会是从封建资本主义社会脱胎而来的，一切文化制度及艺术文学，都不能把旧社会遗留下来的恶根一时消灭净尽，必须经过思想上的斗争，创造新社会。所以在目前革命过程中，宣传工作是肃清反动思想、建设新社会的有力武器。"①

二、只有贴近群众、贴近实际、贴近生活，新闻宣传工作才能真正起到动员群众的作用

新闻宣传工作主要建立在群众的基础上，是一种有组织的工作，不能采用不切实际、空洞说教、夸夸其谈、命令强迫的方式。湘赣省委规定了新闻宣传工作的方针是："面向群众"，"到生产中去"，"着重口头宣传"，"注意政治口

---

① 江西省档案馆. 湘赣革命根据地史料选编（上册）［M］. 南昌：江西人民出版社，1984：541.

号与群众实际生活的联系"。① 这些方针非常简洁管用，到今天都闪烁着思想的光辉。湘赣革命根据地的新闻宣传，虽然在方法上还存在不足，但是当时省委已经有了很好的认识，并且在不断地改进。《中共湘赣省委关于宣传鼓动工作的决议》强调为彻底改变工作，必须做到宣传部或宣传科真正有人负责，每个支部应协同各革命团体的会员，组织各种研究小组研究反帝运动、共产党政纲、苏维埃法令等。宣传鼓动工作必须紧密联系组织工作，要通俗艺术化，纠正高谈阔论的大块文章，应当实行适合工农心理的口头宣传，文字要通俗，废除那半知半解的"新名词"与文言文句，用带地方性的"白话语"引起群众的兴趣。②

在和平时期，党和政府更加需要通过新闻宣传的方式来动员广大人民群众参与改革开放的新的革命中，湘赣革命根据地新闻宣传员的启示对今天仍然具有很强的指导作用。

---

① 江西省档案馆. 湘赣革命根据地史料选编（上册）［M］. 江西人民出版社，1984：569.

② 江西省档案馆. 湘赣革命根据地史料选编（上册）［M］. 江西人民出版社，1984：496 －498.

主要参考文献

一、苏区报刊及其他报刊

[1] 中共苏区中央局：实话，1932—1934.

[2] 中共苏区中央组织部：党的建设，1932—1933

[3] 中共苏区中央局：斗争，1932—1934

[4] 中央工农民主政府机关：红色中华，1931—1935.

[5] 中央通讯协会筹委会：工农报，1933—1934.

[6] 中华苏维埃共和国中央革命军事委员会：红星，1931—1935.

[7] 中共中央宣传部：红旗日报，1928—1931.

[8] 中国共产主义青年团苏区中央局机关：青年实话，1931—1933.

[9] 中国共产党中央委员会：红旗周报，1931—1934.

[10] 中国共产党中央委员会：布尔什维克，1927—1932.

[11] 中国共产主义青年团中央局机关：列宁青年，1928—1934.

[12] 中华苏维埃中央革命军事委员会：苏维埃，1931—（?）.

[13] 中共湘赣省委党报委员会：湘赣红旗，1931—1933.

[14] 中共湘赣省委、中共湘赣省党团机关：湘赣斗争，1933—1934.

[15] 湘赣省苏维埃政府：红报，1932—1933.

[16] 湘赣省苏维埃政府：红色湘赣，1933—1934.

[17] 湘赣省苏维埃政府：红色湘赣副刊，1934.

[18] 湘赣省军区政治部：湘赣红星，1932—1934.

[19] 少共湘赣省委机关：列宁青年，1932—1934.

[20] 茶陵农民运动讲习所：茶陵农民运动讲习所周刊，1927.

[21] 中共茶陵县委：茶陵实话，1932.

［22］共青团（少共）茶陵县委团报委员会：茶陵列宁青年，1932.

［23］群益书社：新青年，1915—1926.

［24］国民党宣传部：政治周报，1925—1926.

［25］湖南大公报社：大公报，1926—1936.

［26］国民党湖南省政府机关：湖南国民日报，1929—1933.

［27］长沙市商会机关：长沙市民日报，1932—1934.

［28］国民党湖南清乡司令部：湖南清乡公报，1928—1929.

［29］湖南全民日报社：湖南全民日报，1932—1934.

二、档案文献类

［1］江西省档案馆.湘赣革命根据地史料选编（上、下册）［M］.南昌：江西人民出版社，1984.

［2］江西省档案馆.江西革命历史文件汇编（1927—1928）［M］.南昌：江西省档案馆，1983.

［3］江西省档案馆.井冈山革命根据地史料选编［M］.南昌：江西人民出版社，1986.

［4］江西省档案馆，中共江西省委党校党史研究室.中央革命根据地史料选编（上、下册）［M］.南昌：江西人民出版社，1982.

［5］中国社会科学院经济研究所中国现代经济史组.革命根据地经济史料选编（上、下册）［M］.南昌：江西人民出版社1986.

［6］湖南省财政厅.湘赣革命根据地财政经济史料摘编［M］.长沙：湖南人民出版社，1985.

［7］江西省档案馆.江西苏区妇女运动史料选编［M］.南昌：江西人民出版社，1986.

［8］井冈山革命博物馆，等.井冈山革命根据地［M］.北京：中共党史资料出版社，1987.

［9］湘赣革命根据地党史资料征集协作小组.湘赣革命根据地（上、下册）［M］.北京：中共党史资料出版社，1991.

［10］湘鄂赣革命根据地文献资料编选组.湘鄂赣革命根据地文献资料［M］.北京：人民出版社，1985.

［11］中国社会科学院近代史研究所翻译室. 共产国际有关中国革命的文献资料（第一辑）［M］. 北京：中国社会科学出版社，1981.

［12］中央档案馆. 中国共产党第二次至第六次全国代表大会文件汇编［M］. 北京：人民出版社，1981.

［13］中央档案馆. 中国共产党第一次代表大会档案资料（增订本）［M］. 北京：人民出版社，1984.

［14］湖南省地方志编纂委员会. 湖南省志·新闻出版志·报业［M］. 长沙：湖南出版社，1993.

［15］湖南省地方志编纂委员会. 湖南省志·新闻出版志·出版［M］. 长沙：湖南出版社，1991.

［16］中央档案馆. 中共中央文件选集（第六册）［M］. 北京：中共中央党校出版社，1991.

［17］中央档案馆. 中共中央文件选集（第九册）［M］. 北京：中共中央党校出版社，1991.

［18］中共党史资料出版社. 湘赣革命根据地（上册）［M］. 北京：中共党史资料出版社，1990.

［19］中国社会科学院新闻研究所. 中国共产党新闻工作文件汇编（上、中、下）［M］. 北京：新华出版社，1980.

［20］中国人民政治协商会议湖南省委员会文史资料研究委员会. 湖南文史资料（第18辑）［M］. 长沙：湖南人民出版社，1986.

［21］苏维埃中国（第二集）［M］. 中国现代史资料编辑委员会翻印，1957.

［22］江西省文化厅革命文化史料征集办公室，福建省文化厅革命文化史料征集办公室. 中央苏区革命文化史料汇编［M］. 南昌：江西人民出版社，1994.

［23］政协茶陵县文史学习委员会. 茶陵文史（第一辑）［M］. 茶陵（内部发行），1986.

［24］江西永新县志办公室. 永新苏区志［M］. 海口：南海出版公司，1990.

［25］湖南省茶陵县地方志编纂委员. 茶陵县志·军事篇［M］. 北京：中

国文史出版社，1993.

　　［26］中共龙岩地委党史资料征集研究委员会，龙岩地区行政公署文物管理委员会. 闽西革命史文献资料［M］. 龙岩：中共龙岩地委党史资料征集领导小组编辑出版，1982.

　　［27］中共茶陵县委党史资料征集研究办公室. 茶陵党史丛书（第三辑）［M］. 茶陵（内部发行），1991.

　　三、专著类

　　［1］纪怀民，陆贵山. 马克思主义文艺论著选讲［M］. 北京：中国人民大学出版社，1983.

　　［2］马克思，恩格斯. 马克思恩格斯选集（第一卷）［M］. 北京：人民出版社，1986.

　　［3］中共中央宣传局. 马克思主义新闻工作文献选读［M］. 北京：人民出版社，1990.

　　［4］中共中央文献研究室，新华通讯社. 毛泽东新闻工作文选［M］. 北京：新华出版社，1983.

　　［5］中共中央文献编辑委员会. 毛泽东选集（第一卷）［M］. 北京：人民出版社，1991.

　　［6］中共中央文献编辑委员会. 毛泽东选集（第二卷）［M］. 北京：人民出版社，1991.

　　［7］中共中央文献研究室. 毛泽东文集（第一卷）［M］. 北京：人民出版社，1993.

　　［8］中共中央文献研究室. 毛泽东文集（第二卷）［M］. 北京：人民出版社，1993.

　　［9］毛泽东. 毛泽东农村调查文集［M］. 北京：人民出版社，1982.

　　［10］中共中央文献编辑委员会. 毛泽东著作选读［M］. 北京：人民出版社，1986.

　　［11］中共中央马克思恩格斯列宁斯大林著作编译局. 列宁全集（第四卷）［M］. 北京：人民出版社，1984.

　　［12］中共中央马克思恩格斯列宁斯大林著作编译局. 列宁全集（第五卷）

［M］. 北京：人民出版社，1986.

　　［13］中共中央马克思恩格斯列宁斯大林著作编译局. 列宁全集（第二十一卷）［M］. 北京：人民出版社，1992.

　　［14］中共中央马克思恩格斯列宁斯大林著作编译局. 列宁全集（第三十九卷）［M］. 北京：人民出版社，1986.

　　［15］中国社会科学院新闻研究所. 马克思恩格斯论新闻［M］. 北京：新华出版社，1985.

　　［16］中共中央马克思恩格斯列宁斯大林著作编译局. 斯大林全集（第6卷）［M］. 北京：人民出版社，1956.

　　［17］习近平. 习近平治国理政（第一卷）［M］. 北京：外交出版社，2018.

　　［18］习近平. 习近平治国理政（第二卷）［M］. 北京：外交出版社，2017.

　　［19］习近平. 决胜全面建设小康社会夺取新时代中国特色社会主义伟大胜利——在中国共产党第十九次全国代表大会上的报告［M］. 北京：人民出版社，1991.

　　［20］张闻天选集编辑组. 张闻天文集（第三卷）［M］. 北京：中共党史出版社，1995.

　　［21］瞿秋白. 瞿秋白选集［M］. 北京：人民文学出版社，1985.

　　［22］梁启超. 梁启超文集［M］. 北京：燕山出版社，2009.

　　［23］孙中山. 孙中山文集（上下）［M］. 北京：团结出版社，2016.

　　［24］陈独秀. 独秀文存［M］. 合肥：安徽人民出版社，1987.

　　［25］陈独秀. 陈独秀文章选编（下）［M］. 北京：生活·读书·新知三联书店，1984.

　　［26］恽代英. 恽代英文集（第二卷）［M］. 北京：人民出版社，1984.

　　［27］山东省高等学校中共党史讲义编写组. 中国共产党历史讲义［M］. 济南：山东人民出版社，1981.

　　［28］人民教育出版社历史室. 中国近代现代史［M］. 北京：人民教育出版社，2003.

　　［29］中国共产党江西出版史编写组. 中国共产党江西出版史［M］. 南昌：

南昌人民出版社，1994.

[30] 沙健孙. 中国共产党通史（第三卷）[M]. 长沙：湖南教育出版社，2000.

[31] 胡昭镕. 湖南革命出版史（新民主主义革命时期）[M]. 长沙：湖南人民出版社，1997.

[32] 严帆. 中国革命根据地出版史 [M]. 南昌：江西高校出版社，1991.

[33] 中共湖南省委党史委. 湖南人民革命史（新民主主义革命时期）[M]. 长沙：湖南出版社，1991.

[34] 郑保卫等. 中国共产党新闻思想史 [M]. 福州：福建人民出版社，2004.

[35] 徐培汀，裘正义. 中国新闻传播学说史 [M]. 重庆：重庆出版社，1994.

[36] 中共中央党史研究室. 中国共产党简史 [M]. 北京：中共党史出版社，2001.

[37] 胡太春. 中国近代新闻思想史 [M]. 太原：山西人民出版社，1987.

[38] 方汉奇. 中国新闻事业史（第二卷）[M]. 北京：中国人民大学出版社，1996.

[39] 程沄. 江西苏区新闻史 [M]. 南昌：江西人民出版社，1994.

[40] 中共株洲市委党史工作办公室. 中国共产党株洲历史（第一卷）[M]. 北京：中共党史出版社，2007.

[41] 中共湖南省委党史研究室. 中国共产党湖南历史（第一卷）[M]. 长沙：湖南人民出版社，2008.

[42] 中国人民解放军战士出版社. 星火燎原 [M]. 北京：中国人民解放军战士出版社1979.

[43] 茶陵县档案室志局. 中国共产党茶陵历史（第一卷）[M]. 北京：中共党史出版社，2007.

[44] 梅黎明. 星火燎原——全国革命根据地要览（修订版）[M]. 北京：中国发展出版社，2014.

[45] 童兵. 理论新闻传播学导论 [M]. 北京：中国人民大学出版社，2000.

[46] 蓝鸿文. 新闻伦理学简明教程 [M]. 北京：中国人民大学出版社，2001.

[47] 李良荣. 新闻学导论 [M]. 北京：高等教育出版社，1999.

[48] 胥亚. 新闻导论 [M]. 长沙：湖南人民出版社，2001.

[49] 邵志择. 新闻学概论 [M]. 杭州：浙江大学出版社，2003.

[50] 林枫. 马克思主义新闻观——中国视角的系统阐释 [M]. 北京：新华出版社，2005.

[51] 张育仁. 自由的历险——中国自由主义新闻思想史 [M]. 昆明：云南人民出版社，2002.

[52] 张昆. 大众媒介的政治社会化功能 [M]. 武汉：武汉大学出版社，2003.

[53] 陈邵桂. 政治文化与新闻传播 [M]. 长沙：湖南人民出版社，2005.

[54] 蒋晓丽. 中国近代大众传媒与中国近代文学 [M]. 成都：四川出版集团，2005.

[55] 余习惠. 信息时代的现代新闻写作 [M]. 北京：现代教育出版社，2012.

[56] 余习惠. 茶陵红色新闻研究 [M]. 长沙：湖南人民出版社，2009.

[57] 李抱一，黄林. 李抱一文史杂著 [M]. 长沙：湖南人民出版社，2009.

[58] 赵增延，赵刚. 中国革命根据地经济大事记（1927—1937）[M]. 北京：中国社会科学出版社，1988.

[59] 陈信凌. 江西苏区报刊研究 [M]. 北京：中国社会科学出版社，2012.

[60] 严帆. 万里播火者 [M]. 南昌：江西高校出版社，2005.

[61] 陈毅，萧克，等. 回忆中央苏区 [M]. 南昌：江西人民出版社，1981.

[62] 胡文龙，等. 新闻评论教程 [M]. 北京：中国人民大学出版社，2005.

[63] 杨立新. 当代中国先进文化建设论 [M]. 北京：中国社会科学出版社，2001.

［64］张佑林. 区域文化与区域经济发展［M］. 北京：社会科学文献出版社，2007.

［65］方汉奇. 中国新闻传播史［M］. 北京：中国人民大学出版社，2002.

［66］郭庆光. 传播学教程［M］. 北京：中国人民大学出版社，2011.

［67］魏永征. 新闻传播法教程［M］. 北京：中国人民大学出版社，2002.

［68］刘建明. 媒介批评通论［M］. 北京：中国人民大学出版社，2001.

四、论文类

［1］陈青娇. 湘赣苏区报刊研究［J］. 党史文苑，2008（11）.

［2］陈青娇. 中央苏区报刊研究［J］. 井冈山学院学报（哲学社会科学），2008（3）.

［3］黄道炫. 第五次反"围剿"失败原因探析——不以中共军事政策为主线［J］. 近代史研究，2003（5）.

［4］钟华. 中央苏区反"围剿"战争的财政供给［J］. 江西财经大学学报，2001（1）.

［5］陈胜华. 井冈山"洗党"——党史上鲜为人知的第一次整党运动［J］. 江西师范大学学报（哲社版），2004（5）.

［6］睦传厚，章剑鸣. 湘赣革命根据地肃反斗争若干问题的探讨［J］. 井冈山师范学院学报（哲社版），2003（6）.

［7］钟昌火. 论中央苏区时期政治动员的特点［J］. 中共福建省委党校学报，2011（6）.

［8］胡军华，唐莲英. 论中央苏区的妇女政治动员［J］. 江西社会科学，2013（3）.

［9］吴晓荣. 中共在苏区成功动员农民探析［J］. 农业考古，2010（6）.

［10］李明. 苏维埃革命初期的中共政治动员分析［J］. 赣南师范学院学报，2009（4）.

［11］邓文. 简论苏区政治动员的形式及内容［J］. 党史文苑，2008（2）.

［12］孙西勇. 中央苏区经济动员立法研究［J］. 江西师范大学学报，2010（1）.

［13］刘贺宇. 中央苏区经济政策过程中的经济动员及其策路论析［J］. 黑

龙江史志，2013 (19).

[14] 邱松庆. 略论中央苏区的农业生产 [J]. 中国社会经济史研究，2002 (4).

[15] 刘维菱. 中央苏区合作制经济研究 [J]. 江西社会科学，2001 (6).

[16] 王沛然，何奇松. 井冈山根据地与中央苏区军事经济动员之比较 [J]. 党史文苑，2006 (18).

[17] 蒋海曦，蒋瑛. 毛泽东在中国土地革命时期的经济学贡献 [J]. 政治经济学评论，2014 (3).

[18] 张宏卿，肖文燕. 查田运动与中央苏区民众动员 [J]. 江汉大学学报，2008 (5).

[19] 魏本权. 民间互助·合作运动·革命策略：中央苏区农业互助合作运动再研究 [J]. 赣南师范学院学报，2010 (2).

[20] 许海南，程永奎. 中央苏区消费合作社战时动员之探析 [J]. 牡丹江大学学报，2012 (5).

[21] 齐凤. 土地革命时期中央苏区的节省运动 [J]. 文史精华，2013 (281).

[22] 李美玲，唐正芒. 略论中央苏区的节省运动 [J]. 中州学刊，2007 (2).

[23] 刘晓泉. 中央苏区"二期公债"政策及其当代启示 [J]. 江西财经大学学报，2017 (2).

[24] 陈洪模. 论湘赣苏区第二期革命公债发行量 [J]. 南方文物，2005 (4).

[25] 万立明. 中央苏区的公债发行述论 [J]. 苏区研究，2017 (3).

[26] 孙启正. 略论查田运动的战略性转向 [J]. 历史教学，2015 (4).

[27] 王观澜. 叶坪乡的查田运动 [J]. 星火燎原，1979 (2).

[28] 刘洋. "扩红"与"筹款"——发动查田运动的现实原因 [J]. 党史研究与教学，2004 (1).

[29] 唐国平. 论中央苏区"扩红"运动中的宣传工作 [J]. 求索，2010 (3).

[30] 沈成飞，连文妹. 论红色文化的内涵、特征及其当代价值 [J]. 教育

与研究, 2018 (1).

[31] 田义贵. 试论红色经典的传播效果 [J]. 北方论丛, 2005 (3).

[32] 王国梁. 论湘赣革命根据地的宣传动员工作 [J]. 黑龙江史志, 2013 (21).

[33] 陈志强, 吴廷俊. 中央苏区时期报刊发行的途径与效果研究 [J]. 南昌大学学报 (人文社会科学版), 2010 (6).

[34] 张卫鹏. 红军时期的列宁屋 [J]. 湘潮 (下半月), 2012 (7).

[35] 徐冬先. 土地革命时期党的媒体宣传及其当代启示 [J]. 长白学刊, 2015 (2).

[36] 凌步机. 论苏区精神 [J]. 中国井冈山干部学院学报, 2006 (2).

[37] 少群, 赖宏. 中央苏区精神及其时代价值 [J]. 中共中央党校学报, 2010 (2).

[38] 肖小华. 中央苏区思想政治教育的实践及经验 [J]. 理论月刊, 2009 (10).

[39] 刘英姿. 析梁启超早期新闻思想的变化 [J]. 娄底师专学报, 2003 (3).

[40] 王建国.《井冈山前委对中央的报告》探析 [J]. 毛泽东思想研究, 2006 (6).

[41] 王长付. 中国共产党在苏区政治动员分析 (1927—1937) [D]. 长春：东北师范大学, 2007.

[42] 王兴东. 土地革命时期中共政治动员概述 [D]. 长春：吉林大学, 2008.

[43] 梅雪霞. 论民主革命时期中国共产党的政治动员 [D]. 哈尔滨：哈尔滨理工大学, 2009.

[44] 张建涛. 危机下中国共产党的政治动员——以土地革命战争时期为例 [D]. 开封：河南大学, 2010.

[45] 查丽华. 论土地革命时期党对农民的思想政治教育 (1927 - 1937) [D]. 杭州：杭州师范大学, 2012.

[46] 刘渊洁. 土地革命战争时期中国共产党思想政治教育的基本经验研究 [D]. 西安：西北农林科技大学, 2013.

［47］吴浩然. 苏维埃时期民众的政治动员［D］. 长春：吉林大学，2012.

［48］谢思明. 中央苏区时期思想政治教育研究［D］. 成都：西南交通大学，2014.

［49］张小健. 论湘赣革命根据地的社会动员［D］. 武汉：华中师范大学，2008.

［50］陈正良. 略论中央苏区时期的粮食工作［D］. 湘潭：湘潭大学，2010.

［51］张凯. 中央苏区经济动员研究［D］. 南昌：江西财经大学，2016.

［52］赵梓彤.《红色中华》与中央苏区经济动员［D］. 南昌：江西财经大学，2018.

［53］王爱智. 沂蒙红色文化的当代价值及其实现研究［D］. 曲阜：曲阜师范大学，2013.

［54］杨宇光. 中央苏区红色标语的历史考察与当代价值研究［D］. 南昌：南昌大学，2010.